ISBN 978-1-334-90755-5
PIBN 10630854

1 MONTH OF
FREE
READING

at

www.ForgottenBooks.com

By purchasing this book you are eligible for one month membership to ForgottenBooks.com, giving you unlimited access to our entire collection of over 1,000,000 titles via our web site and mobile apps.

To claim your free month visit:

www.forgottenbooks.com/free630854

English
Français
Deutsche
Italiano
Español
Português

www.forgottenbooks.com

Mythology Photography **Fiction**
Fishing Christianity **Art** Cooking
Essays Buddhism Freemasonry
Medicine **Biology** Music **Ancient
Egypt** Evolution Carpentry Physics
Dance Geology **Mathematics** Fitness
Shakespeare **Folklore** Yoga Marketing
Confidence Immortality Biographies
Poetry **Psychology** Witchcraft
Electronics Chemistry History **Law**
Accounting **Philosophy** Anthropology
Alchemy Drama Quantum Mechanics
Atheism Sexual Health **Ancient History**
Entrepreneurship Languages Sport
Paleontology Needlework Islam
Metaphysics Investment Archaeology
Parenting Statistics Criminology
Motivational

Héliog Chauvel.

A.Maire Imp.

La Vierge au Donateur ou Vierge d'Autun

de Jean Van Eyck (Musée du Louvre)

Tableau commandé par Nicolas Rolin pour l'hospice de Beaune

en 1442 et donnant le portrait du Chancelier

Plon-Nourrit & Cie Edit

UN CHANCELIER AU XVᵉ SIÈCLE

NICOLAS ROLIN

1380 — 1461

PAR

ARSÈNE PERIER

ANCIEN PRÉSIDENT DE L'ORDRE DES AVOCATS
AU CONSEIL D'ÉTAT ET A LA COUR DE CASSATION

Avec un portrait en héliogravure

PARIS

LIBRAIRIE PLON

PLON-NOURRIT ET Cⁱᵉ, IMPRIMEURS-ÉDITEURS

8, RUE GARANCIÈRE — 6ᵉ

—

1904

Peut-être y a-t-il quelque témérité à évoquer aujour-
d'hui la figure depuis longtemps oubliée du chancelier
Rolin : à une époque agitée comme la nôtre, trop
absorbée par la précipitation des événements contemporains pour chercher dans un passé lointain des exemples et des conseils, tout ce qui s'écarte du cercle étroit
des préoccupations immédiates court risque de se
heurter à de dédaigneuses indifférences. Et pourtant
ces préoccupations, qui semblent si nouvelles à la génération présente, ceux qui nous ont précédés ne les ont-
ils pas connues? Les troubles profonds, les divisions
politiques qui nous absorbent n'ont-ils pas avant nous
agité les consciences, excité les passions, engendré
les luttes et les déchirements? Et au milieu de ces
conflits, l'histoire ne nous montre-t-elle pas, pour les
conduire et les apaiser, de grands noms, des esprits

a

supérieurs, fermes, avisés, qui, dans des rôles divers, ont contribué par leur habileté ou leur énergie, quelquefois par leurs vertus, à la prospérité de leur patrie, et ont donné dans leur vie des leçons que nul de leurs descendants n'a le droit d'écarter?

Le chancelier Rolin a été un de ces hommes : parvenu d'une origine modeste à la plus haute situation, vivant dans un siècle troublé, ministre d'un des plus puissants princes de son temps, il a pendant un demi-siècle tenu un des premiers rôles sur la scène politique de l'Europe; aucun des événements tragiques de cette longue période ne lui a été étranger.

Notre temps a vu une figure qui peut lui être comparée : celui qu'on a appelé le Chancelier de fer a, lui aussi, régné à côté d'un autre et sous son nom; il a marqué sur les événements contemporains qui ont modifié la face de l'Europe l'empreinte de sa volonté et de son génie; les destinées de sa patrie ont été entre ses mains; comme Rolin il les a conduites au plus haut point de prospérité, et, comme lui, sa longue vie s'est terminée sans que rien pût lui laisser pressentir la fragilité de son œuvre.

Sans poursuivre davantage une comparaison qui, dans les détails et en dehors des grandes lignes, manquerait d'exactitude, la vie d'un homme dont le nom a rempli son siècle, autant que celui du Chancelier de fer a tenu en éveil la seconde partie du siècle dernier, ne peut-elle être de quelque intérêt pour ceux qui pensent que l'histoire se renouvelle sans beaucoup changer, et qui trouvent dans ses répétitions plus de calme parmi des vicissitudes que leurs pères ont connues, et de confiance au milieu de difficultés dont leur patience et leur énergie ont triomphé?

NICOLAS ROLIN

CHAPITRE PREMIER

ENFANCE ET JEUNESSE — ROLIN AVOCAT

Naissance de Rolin. — État de la France et de la Bourgogne à cette
époque. — Origine et famille du chancelier. — Écoles d'Autun.
— Rolin à Dijon. — Cour de Philippe-le-Hardi. — Rolin, avocat
à Paris. — Parlement de Paris. — Barreau. — Éloquence et
mœurs judiciaires. — Création de la langue française. — Rolin,
avocat de Jean sans Peur.

L'histoire ne présente guère de période plus troublée,
plus dramatique que le quinzième siècle, avec son cortège
de tragiques surprises, de violences et de crimes, parfois
aussi de hauts faits, de nobles et grandes actions. Et dans
la période que remplit la vie de Rolin (1380-1461), quels
revirements! C'est d'abord la France retombée, après le
règne réparateur de Charles V, dans les désastres de la
guerre de Cent Ans; sur le trône un roi fou, un gouvernement avili, Jean sans Peur meurtrier de son cousin
d'Orléans, assassiné à son tour; Paris ensanglanté par
les Armagnacs et les Bourguignons; Azincourt et l'invasion anglaise, le roi d'Angleterre sacré roi de France à
Notre-Dame de Paris; c'est presque la fin de la France.

Et puis voici le réveil; Jeanne d'Arc, Orléans délivré,
la série des victoires, le sacre de Reims, la patrie française
presque reconstituée; voici enfin le duc Philippe de Bour-

gogne, plus puissant que le roi de France, arbitre entre
les deux nations divisées par la lutte centenaire, hésitant
longtemps avant de sacrifier ses vengeances filiales et de
se souvenir qu'il était fils de France, vendant enfin chèrement à Arras son adhésion définitive à l'alliance française et à la paix.

Tel est le cadre d'un drame dans lequel toutes les passions humaines se sont le plus violemment exaltées, où
les haines politiques, les crimes et les bassesses de l'ambition ont mis en relief le contraste des actes les plus
héroïques du patriotisme et de l'esprit religieux. Quelle
influence le chancelier Rolin a-t-il exercée sur cette
époque, tout à la fois néfaste et féconde? Quelle lumière
cette figure, aujourd'hui un peu effacée et de second
plan, a-t-elle jeté sur une scène occupée par des noms
plus illustres? C'est ce que nous voudrions indiquer dans
les récits qui vont suivre.

Nicolas Rolin naquit en 1380, d'après l'opinion la plus
généralement adoptée (1). A cette date et depuis onze
ans, Philippe le Hardi régnait sur la Bourgogne. Il était
le fondateur de cette seconde et illustre maison ducale
qui, sous les quatre règnes de ses princes, eut une si
grande influence sur les destinées de la France; tour à
tour elle en compromit et rétablit la grandeur nationale,
jusqu'au jour où la fin tragique de l'héritière de tant de
couronnes que les successions ou les alliances avaient
successivement accumulées sur la tête des chefs de sa
maison, fit rentrer dans l'unité de la mère patrie la grande
et noble province dont le nom servait de titre aux maîtres
des états divers réunis sous le même sceptre.

---

(1) Voir BIGARNE, Étude historique sur le chancelier Rolin, *Nouvelle Biographie universelle*, t. XLII. — D'ARBAUMONT, *Revue nobiliaire*, 1865. Bibl. nat., ms. fr., Fontette, portefeuille n° 35, fol. 269.

Philippe le Hardi avait reçu du roi Jean, son père, donation du duché de Bourgogne, donation confirmée, à la mort de Jean, par son fils, le roi Charles V, frère aîné de Philippe (8 avril 1364). Le roi Jean, en faisant à son fils ce cadeau royal, ne prévoyait pas à coup sûr les calamités qu'il préparait à ses successeurs et à son pays : il se conformait aux traditions des familles souveraines de son temps et obéissait aux sentiments de son affection pour son fils préféré.

En 1380, date de la naissance de Rolin, le duc Philippe avait depuis longtemps déjà consolidé son pouvoir, encore limité au seul duché : marié à Marguerite de Flandre, il ne devait hériter que quelques années plus tard (1384) de ces possessions du nord qui, sous son règne et sous celui de ses successeurs, englobant les Flandres, la Hollande, la Zélande et la Frise, soumirent au « grand-duc d'Occident » une seconde nation plus puissante que la première, séparée d'elle par des états intermédiaires, sans lien commun et qui firent de la maison de Bourgogne une puissance un peu cosmopolite, sorte de colosse aux pieds d'argile, que toutes les prévisions de ses chefs n'empêchèrent pas de se désagréger à la première secousse.

A la date précise où nous nous plaçons, le roi d'Angleterre, Édouard III, venait de mourir, suivant de près dans la tombe son fils le prince Noir, et avec eux disparaissaient les tristes souvenirs de Crécy et de Poitiers ; la sagesse du roi Charles V avait réparé en partie les fautes et les malheurs de son père et de son aïeul, et, pour cette tâche, il avait trouvé dans son frère Philippe de Bourgogne un auxiliaire reconnaissant et chaleureux. La Bourgogne n'avait pas été le théâtre de la guerre : sagement gouvernée par un prince « de très grand savoir,

de grand travail et de grande volonté (1) », respectueux
des franchises qu'il avait juré de garder en prenant possession de son duché, mais préoccupé avant tout de la
grandeur de sa maison, elle jouissait de la tranquillité et
d'un bien-être aussi complets que le comportait cette
époque (2).

La ville d'Autun, *Ostun*, comme on écrivait au moyen
âge, était une des plus importantes du duché ; très déchue
de son ancienne grandeur, l'antique Bibracte, *soror et
æmula Romæ*, après avoir été longtemps le séjour des
ducs de Bourgogne de la première race, avait été aban-
donnée pour Dijon en 1276. Nicolas Rolin vint au monde
dans cette ville, encore remplie des souvenirs et des
monuments de Rome, au cœur de ce Morvan, d'aspect si
caractéristique dans son massif bien limité, terre de
granit, de grands chênes, de rochers sauvages, d'aspect
âpre et rude et d'horizons boisés, terre d'hommes robustes,
énergiques et obstinés.

Rolin avait puisé dans le sol natal les qualités domi-
nantes de ses habitants : l'entêtement des hommes du
Morvan est chose proverbiale autant que leur finesse
rusée ; Rolin fut un entêté ; entêté de travail et d'ambition pour lui-même et pour les causes qu'il servait, il fut
aussi le plus fin des diplomates : habile, on le verra, à
conduire une négociation sans laisser deviner sa pensée,
parleur éloquent, versé dans toutes les subtilités de la

(1) Christine de Pisan
(2) La statue de Philippe le Hardi, œuvre de Claus Sluter, conservée à Dijon, « le fait revivre sous son grand manteau, les mains
jointes, sa large figure un peu empâtée, son air de bourgeois satisfait et majestueux, son front sérieux et réfléchi, et son regard droit
et dominateur ». LAVISSE, *Histoire de France*, t. IV. Cette statue
existe au portail de l'église de l'ancienne chartreuse de Dijon,
aujourd'hui hospice départemental des aliénés ; la statue de Marguerite de Flandre, femme du duc, lui fait face.

procédure à une époque où les principes sur lesquels reposent l'administration de la justice et la direction du gouvernement étaient singulièrement embrouillés et con— fondus, rompu aux subtilités politiques comme aux chi- canes judiciaires, insinuant dans la faveur des princes, aimant le pouvoir pour le pouvoir et aussi pour les béné- fices trop sensibles qu'il en a retirés, il conserva dans le développement de sa carrière et de sa haute fortune poli- tique ces qualités natives qui restent comme le goût de terroir de certains esprits, et il eut au suprême degré le tempérament bourguignon, dont on a dit qu'il est moins fait d'imagination que de ferme bon sens et de clarté (1).

Son origine n'a rien d'illustre; il était « de petit lieu ». Son nom de Rolin, que les textes du quinzième siècle reproduisent avec les variantes de Raulin, Rollin, Roulin, contracté de Raoulin, diminutif de Raoul, avait été porté à Autun par deux générations de bourgeois. Ceux-ci fai- saient partie de cette classe riche et instruite qui devint de plus en plus prépondérante à la cour des ducs de Bourgogne, où elle finit par occuper presque tous les emplois (2), et qui plus tard, grâce au développement de l'enseignement, favorisé sous le règne de Philippe le Bon par la création des universités de Dole et de Louvain, fournit à la dynastie ducale un personnel de conseillers et de gens de loi qui travaillèrent à l'établissement d'une administration centralisatrice, organisée sur le modèle des institutions du royaume de France (3).

Cette famille Rolin, honorable d'ailleurs, possédait depuis longtemps à quelques lieues d'Autun le fief de la

---

(1) H. Chabeuf.
(2) BULLIOT, *Mém. de la Société éduenne*, t. X.
(3) LAVISSE, t. IV, 2ᵉ partie.

Roche-Bajot (1). Elle était originaire de Poligny et pro-
priétaire de terres dans le comté de Bourgogne : on peut
du moins faire ressortir cette origine du texte d'une donation faite à l'église collégiale de Poligny par le cardinal
Rolin, fils du chancelier, après la mort de son père : l'ancien rituel de cette église porte en effet : « fundatio Reve-
rendissimi Domini Jeannis Ranlin, *de Polignio oriundi,*
sanctæ ecclesiæ romanæ cardinalis. » Le Chancelier est
aussi nommé avec plusieurs autres personnes de Poligny
dans les fondations de cette église et il y est indiqué que
ces fondations sont faites pour le repos de leurs âmes (2).

L'aïeul du chancelier, qui n'a laissé aucune trace dans
l'histoire, mourut en 1398 et fut enterré dans la cathédrale d'Autun; son épitaphe porte : *Hic jacet Girardus
Rolin de Hedua qui obiit die octava mensis januarii anno
Domini millesimo trecentesimo nonagesimo octavo. Anima ejus
per misericordiam Dei requiescat in pace* (3).

. Son père, Jean Rolin, bourgeois d'Autun, qualifié
avocat au Parlement de Paris (4), possédait à Autun une
maison sise au château, tout proche de l'église Notre-
Dame (5). On ne connaît pas l'époque de sa mort; ce qui
est certain, c'est qu'elle est antérieure à 1392, car un
arrêt de la chambre des comptes de cette date qualifie
Amée Jugnot de veuve de Jean Rolin et tutrice de ses
enfants. Amée Rolin, qui donnait en cette année 1392 le
dénombrement de propriétés qui lui appartenaient dans
le bailliage d'Autun, épousa en secondes noces N. Mairet.

(1) BIGARNE, *op. cit.*
(2) DUNOD, *Nobiliaire du comté de Bourgogne*, p. 164. Voir aussi :
CHEVALIER, *Mémoires de Poligny*, t. II.
(3) Bibl. nat., ms. fr. 29017. Fontette, portefeuille n° 35,
fol. 271.
(4) Collection de Bourgogne, t. 51, p. 259 v°.
(5) D'ARBAUMONT, *Revue nobiliaire*, 1865.

Ce Mairet eut un fils, Jean, à la fortune duquel son frère utérin, devenu chancelier de Bourgogne, ne fut sûrement pas étranger, car on le trouve en 1429 désigné sous le titre d'écuyer et nommé le 14 août de cette année gruyer des bailliages de Chalon, Autun, Montcenis et Charolles (1).

Jean Rolin fut inhumé dans l'église Notre-Dame d'Autun, à l'entrée du chœur ; mais la pierre de son épitaphe « a été tant de fois remuée qu'on n'y connaît plus rien » (2). Il avait eu de son mariage avec Amée Jugnot quatre enfants, dont le troisième fut Nicolas, le futur chancelier, et le quatrième une fille, mariée à Jean le Mancetz, bailli du Charolais. L'aîné, Jean, fut curé de Saint-Agnan, au diocèse d'Autun : « Le 15 novembre 1414 alla de vie à trépas, en l'hôtel de Guiot Jugnot à Beaune, maître Jehan Rolin, curé de Saint-Agnan... laissant pour héritier son frère Nicolas, plus tard chancelier de Bourgogne et personnage des plus marquants de l'époque, alors simple avocat au parlement à Paris (3). »

Le second des enfants le Jean Rolin s'appelait Jean, lui aussi, comme son père et son frère ; nous devons, pour n'avoir pas à y revenir, rappeler ici ce qui en apparaît dans l'histoire, car il mérita, par son savoir et son habilité, d'avoir une place à côté de son illustre frère : membre du conseil de Philippe le Bon, lieutenant du chancelier, garde des sceaux au siège d'Autun en 1423, contrôleur du grenier à sel d'Autun en 1424, maître des

(1) Registre de la Chambre des comptes de Dijon, fol. 201 v°.
(2) Bibl. nat., ms. fr., Fontette, portefeuille n° 35, fol. 273.
(3) Recherches sur les actes de l'état civil aux quatorzième et quinzième siècles, à propos d'un registre de paroisse de l'an 1411, par Harold de FONTENAY (*Bibl. de l'École des chartes*, 1869, p. 550). Nicolas Rolin n'accepta la succession de son frère que sous bénéfice d'inventaire, lequel lui fut accordé par lettres royaux datés de Paris, le 12 janvier 1415.

requêtes en 1429, il pouvait aspirer aux plus brillantes destinées, lorsque la mort le surprit en cette même année 1429. Philippe le Bon, en lui conférant successivement tous ces emplois, avait voulu le récompenser de ses services dans deux négociations dont son père Jean sans Peur l'avait chargé en 1414 : la première, d'ordre purement privé, était relative à un différend judiciaire existant entre le comte de Savoie (1) et le duc Jean depuis la mort de son père Philippe le Hardi, au sujet d'une vente faite au comte de Savoie, par un sire de Villars, de ses terres de Bresse et du Bugey : arrêt du parlement de Dole du 5 mai 1401, refus du comte de Savoie de s'y soumettre, violente opposition du duc de Bourgogne; les choses s'envenimaient, on était sur le point d'en venir aux mains. Enfin le roi Charles VI s'entremit et réunit à Paris les chanceliers de Bourgogne et de Savoie pour régler la question, le 16 mai 1412; de nouvelles difficultés surgirent, et les parties convinrent d'y mettre fin dans une nouvelle réunion : une « grosse assemblée » fut tenue à cet effet à Chambéry le 24 août 1414, et Jean Rolin, « licencié ès lois », fut un des députés du duc de Bourgogne et celui qui concourut le plus efficacement à cet accord définitif. On profita de cette réunion pour régler le payement de la dot de la comtesse de Savoie, sœur de Jean sans Peur (2).

La seconde affaire pour laquelle le duc Jean fit appel au savoir du légiste d'Autun était d'ordre plus grave; il s'agissait d'une ambassade au comte de Savoie, et, de là, au Pape, pour les prier de s'entremettre auprès du roi de France en vue de la paix. Jean Rolin accompagnait dans cette circonstance Simon de Saulx, abbé de Moustier-

---

(1) Les comtes de Savoie ne prirent le titre de duc qu'en 1416.
(2) GUICHENON, *Histoire de Bresse*, 3ᵉ partie.

Saint-Jean (1). Cette ambassade n'eut d'ailleurs et ne
pouvait avoir aucun résultat, car, à cette date précise de
1414, Jean sans Peur, jouant entre la France et l'Angleterre le double jeu qui fut la caractéristique constante de
sa politique et comme une résultante de son tempérament,
avait engagé des négociations secrètes avec le roi d'Angleterre Henri V, l'engageant à venir conquérir, sauf à
lui en réserver une part, les territoires appartenant aux
princes du parti armagnac, ce qui ne l'empêchait pas de
se réserver l'avenir du côté du roi de France. Une ambassade en faveur de la paix, quand il attendait d'importants
bénéfices de la guerre, n'était donc qu'une démonstration
mensongère pour tromper l'opinion. On voit dans tous
les cas, par le choix des ambassadeurs, qu'il avait été
frappé du talent de Jean Rolin, dont le frère puîné
devait jouer auprès de lui un rôle autrement important.

Le futur chancelier naquit dans la maison que possédait son père rue des Bans (2), près de l'église Notre-
Dame, où il fut baptisé. Cette maison, dont une partie
existe encore, fut désignée jusqu'à la Révolution sous le
nom d'hôtel de Beauchamp, du nom d'une des nombreuses
seigneuries de Rolin. Au moyen âge on l'appelait *palatium
Rolinorum*. La façade de la cour est bien conservée et les
ouvertures du quinzième siècle sont intactes. Rolin eut
toujours une affection profonde pour la maison paternelle : il la transforma, en l'agrandissant, en 1413 (3); il
y donna de grandes fêtes lorsque, ainsi qu'on le verra, il
y reçut Philippe le Bon, et c'est là qu'il vint mourir. Cette

---

(1) D'Arbaumont, *op. cit.*
(2) Bigarne, *op. cit.*
(3) Il résulte, en effet, des comptes de l'époque qu'il acheta cette
année même pour ces embellissements trente pieds de chênes secs
de la forêt de Planoire. Voir *Mém. de la Société éduenne*, t. X.

vaste habitation, classée parmi les monuments bistori-
ques, a été achetée le 24 janvier 1878 (1) par la Société
éduenne, pour en faire le siège de ses séances et pour y
installer ses collections. Pour mieux rappeler le souvenir
du grand chancelier, on a fait peindre dans la salle des
séances de la société les armes de Rolin et celles de ses
deux femmes et placer au-dessus de la porte d'entrée
de l'hôtel l'inscription suivante :

ANCIEN HOTEL DE BEAUCHAMP
DIT AUSSI LE DONJON
RÉSIDENCE DE NICOLAS ROLIN
CHANCELIER DE BOURGOGNE
QUI Y MOURUT EN L'AN
MCCCCLXI

C'est à Autun que Rolin fit ses premières études ; elles
furent brillantes : « Il n'y a, écrit Courtépée, point de
ville dans la province, ni même dans le royaume, qui
puisse se vanter d'avoir eu des écoles aussi anciennes et
aussi célèbres que celles d'Autun (2). » Sans remonter à
l'époque romaine et aux quarante mille étudiants que la
tradition a donnés comme armée à la sédition de l'Éduen
Sacrovir (3), on peut affirmer que les écoles établies dans
les cathédrales dès le temps de Charlemagne acquirent à
Autun, sous le règne de ce monarque et sous celui de son
fils, un éclat qui jusqu'au quinzième siècle ne fit que grandir. Rolin fut un des glorieux élèves du collège que les
évêques d'Autun entretenaient dans des bâtiments sur
l'emplacement desquels s'élève aujourd'hui le petit sémi-
naire de cette ville. Il est permis de penser toutefois qu'à
cette époque le niveau de ces études, resserrées dans les

(1) Arrêté ministériel du 14 juillet 1877.
(2) Duché de Bourgogne, t. II.
(3) ROSNY, Histoire d'Autun.

limites d'un programme trop étroit, n'était déjà plus en rapport avec les besoins du temps (1). Aux jours de sa puissance, Rolin, voulant élargir dans sa ville natale le cercle d'un enseignement trop spécialement circonscrit, fit ouvrir par Philippe le Bon, à Autun, des écoles publiques qui devinrent en Bourgogne un centre important d'études littéraires et scientifiques et dont de nombreux élèves illustrèrent cette province : à côté de noms oubliés, comme ceux de Poillot, procureur général au parlement de Dijon, ambassadeur de François I⁰ʳ en Angleterre, de l'astronome Thurel, de Chasseneuz et d'autres, on peut citer, parmi les gloires de ces écoles éduennes, le prési-dent Jeannin, une des plus grandes et des plus nobles figures du seizième siècle, fils d'un tanneur d'Autun, et qui, successivement président au parlement de Bour-gogne, premier président du parlement de Paris, ambas-sadeur, surintendant des finances, partagea avec Sully la confiance d'Henri IV.

Ses études terminées, Rolin quitta la maison paternelle et vint à Dijon, où le séjour de la cour ducale, le nombre des savants, des lettrés, des artistes qui, à ce moment, concouraient à rendre glorieuse la fin du règne de Philippe le Hardi, les relations utiles à la carrière d'un débutant devaient attirer l'étudiant d'Autun, compléter sa forma-tion intellectuelle et orienter son avenir. On a peu de renseignements sur les incidents et la durée de ce séjour. On doit penser pourtant que Rolin le mit à profit et qu'il sut trouver l'accès de la faveur du prince; très peu d'années après, en effet, il était en possession de la confiance de l'héritier de Philippe le Hardi qui, dès cette époque sûrement, avait été mis à même d'appré-

(1) Voir sur l'enseignement dans les écoles capitulaires, LAVISSE, t. IV, 1ʳᵉ partie.

cier à Dijon les brillantes qualités du jeune Autunois.

Celui-ci pouvait difficilement trouver d'ailleurs un milieu plus propre à compléter son instruction et à développer les goûts artistiques qui firent plus tard de lui un des Mécènes de son temps, que cette cour de Dijon, alors le rendez-vous des maîtres les plus célèbres de l'époque. C'est en particulier le moment où brillait de son plus vif éclat cette école, dite de Bourgogne, où les artistes du nord, appelés et protégés par le duc, souverain des Flandres, préparaient ou achevaient d'admirables œuvres : la chartreuse de Champmol, le Saint-Denis de la seconde maison de Bourgogne, commencée en 1383 aux portes de Dijon, venait de se terminer ; la dédicace en avait eu lieu le 24 mai 1388 (1). Claus Sluter, le plus illustre des sculpteurs de cette école, venait de livrer les admirables statues du portail et travaillait à son fameux *Puits de Moïse*, piédestal merveilleux d'un calvaire aujourd'hui détruit, œuvres maîtresses qui ont inspiré toute la sculpture française du quinzième siècle Et à côté des sculpteurs, c'étaient les peintres flamands du duc de Bourgogne, Jean de Beaumetz, de Hainaut ; Jean Malwell, du pays wallon, et surtout Melchior Brœderlam, d'Ypres, le précurseur des Van Eyck, dont les travaux qui nous restent constituent l'œuvre la plus parfaite produite jusque là par l'école bourguignonne (2).

Rolin, parmi les carrières qui se présentaient devant lui, suivit celle pour laquelle la nature l'avait plus particulièrement favorisé. Il avait une incroyable facilité pour l'art oratoire (3) ; il avait fait du droit une étude aussi approfondie que le permettait son âge : il se décida pour

(1) Voir *la Chartreuse de Dijon*, par Cyprien MONGET, 1898.
(2) LAVISSE, *op. cit.*
(3) BIGARNE, *op. cit.*

le barreau. Mais pour un homme ambitieux, et Rolin l'était, il n'y avait qu'une scène sur laquelle pût briller un avocat d'avenir, c'était celle du parlement de Paris.

Les institutions judiciaires, dont nous aurons l'occasion d'indiquer le développement sous l'influence et la direction de Rolin, n'avaient pas, en Bourgogne, dans les dernières années du quatorzième siècle, l'assiette et la fixité qu'elles acquirent au siècle suivant : la juridiction des *Grands jours*, qui devint le parlement, avait le grave inconvénient de n'être si sédentaire ni permanente, et, dès le règne de Philippe le Hardi, on en réclamait la fixité. A chaque session de cette haute cour de justice, dont les assises se tenaient à Beaune, pour le duché, le duc nommait des délégués qui remplissaient les fonctions de juges et qui étaient recrutés tout à la fois dans les rangs de la noblesse et du haut clergé et parmi les jurisconsultes les plus en réputation du conseil ducal. Aucune limitation de durée n'était impartie pour la tenue de ces justices ambulantes, qui se prolongeaient suivant l'importance des affaires qui leur étaient soumises (1). Les appels des litiges ainsi réglés par les Grands jours ou le parlement de Bourgogne étaient portés devant le parlement de Paris, dont la juridiction comprenait tout le royaume de France On verra au cours de cette histoire quels furent les efforts de Philippe le Bon pour échapper à cette intervention de la haute cour parisienne dans les affaires de ses sujets et à cette suprématie judiciaire qu'il jugeait humiliante pour ses prétentions de prince souverain.

C'était donc le barreau du parlement de Paris qui seul pouvait tenter l'ambition d'un docteur de vingt ans et lui donner l'occasion, sur un plus grand théâtre, d'attirer

_____
(1) DE LACUISINE, *Histoire du parlement de Bourgogne.*

l'attention de son souverain, dont Paris était le séjour fréquent et nécessaire à sa politique.

Le parlement, définitivement fixé depuis saint Louis au palais de la Cité et qui devait recevoir un demi-siècle plus tard une réglementation plus complète (ordonnance de Montils-lès-Tours) était déjà, dans les grandes lignes de son organisation, tel qu'il reste connu dans l'histoire, avec sa chambre des enquêtes chargée des instructions, des informations, des enquêtes sur les lieux; sa chambre des requêtes qui jugeait, en première instance, les causes civiles des personnes ou des établissements jouissant du droit de *committimus*, c'est-à-dire du droit d'être jugé par des magistrats spéciaux; et surtout sa grand'chambre, où étaient portés les appels des causes jugées par la chambre des requêtes : c'est à la grand'chambre que se plaidaient toutes les grandes causes; le roi venait y siéger et les grands seigneurs laïques et ecclésiastiques y avaient entrée (1).

Le barreau du parlement de Paris, successivement réglementé par le roi Philippe le Hardi et par Philippe le Bel, avait reçu son organisation définitive du parlement le 13 novembre 1340. C'est alors, un demi-siècle avant que Rolin y prît place, « que se trouva fondée dans des conditions qui jusqu'à la Révolution ne subirent que peu de changements, une corporation que devaient illustrer tant de jurisconsultes éminents (2). »

Pour être avocat au parlement, un certain nombre de conditions étaient nécessaires : il fallait avoir seize ans révolus (3) : Rolin en avait vingt; il était nécessaire d'être licencié en droit civil ou en droit canonique, et les auteurs

---

(1) Aubert, *Parlement de Paris*, t. I.
(2) Delachenal, *Avocats au parlement de Paris*, introd.
(3) Aubert, *op. cit.*

donnent à Rolin le titre de licencié ès lois (1). Il professait, comme l'exigeait encore le règlement, la religion catholique. Enfin une enquête était prescrite sur la moralité et la valeur du candidat, « les juges ne recevant l'avocat au serment que s'il l'avaient reconnu d'abord idoine à la fonction d'avocasser (2) ». Cette enquête fut sûrement favorable à Rolin, puisqu'il prêta le serment exigé et fut inscrit au rôle, on dirait aujourd'hui au tableau : *juratus et in rotulo nominum advocatorum scriptus* (3). Il est même probable qu'il se soumît à l'usage en vertu duquel l'avocat payait après sa réception deux écus pour entretenir la chapelle du palais, dédiée à saint Nicolas, et qu'il entra, comme les autres stagiaires, dans la confrérie placée sous le patronage de ce saint populaire (4).

La durée du stage que tout avocat devait faire après sa réception, et qui dépendait du talent du stagiaire et aussi de la faveur (5), fut sans doute très abrégée pour lui en raison des succès qui marquèrent ses débuts et qui firent promptement de lui un orateur écouté : car, dès 1401, on le voit, en vertu du privilège des avocats du parlement de Paris, qui, ayant seuls le droit de plaider devant la cour, pouvaient également porter la parole devant toutes les juridictions du ressort du parlement, plaider au parlement de Beaune un procès contre Guillaume de Mollo, seigneur d'Époisses (6). Il avait à ce moment vingt et un ans.

Il se fit bientôt un nom dans ce grand barreau de Paris, dont la fortune n'a jamais été plus brillante que dans les

---

(1) DUNOD, *Nobiliaire du comté de Bourgogne.*
(2) BOUTILLIER, *Somme rurale.*
(3) DELACHENAL, *op. cit.*
(4) AUBERT, *op. cit.*
(5) DELACHENAL.
(6) Bibl. nat., ms. fr., Fontette, portefeuille n° 35, fol. 269.

cinquante dernières années du quatorzième siècle, au
moment ou Rolin y prit place.

Il y trouvait vivants des noms illustres alors, oubliés
aujourd'hui : ceux de Pierre de la Forêt, de Jean et de
Guillaume de Dormans, de Pierre d'Orgemont, devenus
tous quatre chanceliers de France; l'éclat de la parole,
la science du droit, lorsqu'ils avaient honoré le barreau,
étaient alors des titres assurés de l'entrée de l'avocat dans
les rangs de la magistrature ou dans le conseil des princes,
et Rolin en est un des plus glorieux exemples; à cette
période du quatorzième siècle, on voit des avocats célèbres,
Jacques d'Andrée, Guillaume de Sens, Jean de Popincourt,
Jacques de Rully, Henri de Marle, et le plus illustre de
tous, Jean Pastouret, remplir plus tard les fonctions de
président, de premier président, de maîtres des requêtes,
de président de la cour des comptes.

Au quatorzième siècle, plus qu'à une autre époque, on
comprend le motif de ces choix, dont on verra plus loin
de nouveaux exemples dans les hautes juridictions bourguignonnes. On se trouve en effet à une période de transformation du parlement : comme l'exprime très bien un
auteur, les évêques et les barons qui jusque-là avaient
presque exclusivement composé la cour du roi, devenue
le parlement, cédèrent peu à peu la place aux légistes, et
la cour devint un tribunal plus exclusivement composé
d'hommes de loi. Aussi les avocats ne pouvaient manquer
de jouer un rôle important dans cette organisation nouvelle. L'exercice même de leur profession les préparait à
remplir les fonctions judiciaires, et ils se trouvaient tout
naturellement désignés au choix du roi ou à celui de la
cour lorsque les vacances se produisaient (1).

(1) DELACHENAL.

Il est sans doute difficile de se rendre compte aujour-
d'hui de ce qu'était l'éloquence judiciaire au début du
quinzième siècle ; les registres du greffe, qui ont été conservés et sur lesquels le greffier, en donnant le compte
rendu de l'audience, résumait les plaidoyers, en autorisant
les corrections des avocats, ne peuvent apporter qu'un
très pâle reflet, une analyse sèche et froide d'effets oratoires assez appréciés pour qu'une audience du parlement
fût une des distractions toujours offertes aux étrangers
de haute marque de passage à Paris. Ce qu'on y trouve
surtout, c'est l'excès des citations, une érudition à côté,
une grande méthode dans l'argumentation, mais des divisions sans nombre, sans compter les subdivisions, l'abus
de la chicane et des ruses de procureur, une part trop
limitée aux faits de la cause et trop largement faite à des
arguments qui y sont complètement étrangers ; ces plaidoyers sont un peu l'écho du bel esprit d'alors, le miroir
d'une société dont l'éloquence politique était nulle et dont
la langue était comme à l'état de formation : et c'est ici
qu'apparaît le service immense que le barreau et la magistrature à cette époque ont rendu au pays : il ne faut pas
oublier, en effet, au milieu de toutes les citations latines
dont sont émaillés les registres du parlement, que c'est bien
en français que l'on plaidait au barreau, *propter excellentiam
linguæ gallicanæ* (1) — à moins toutefois que la présence
d'un souverain ou d'un ambassadeur étranger, venu pour
assister à une audience, n'obligeât de se servir du latin,
langue universelle ; — et le parlement rendait ses arrêts
en français.

C'est grâce à ces usages que naquit et se développa
une langue judiciaire dont la précision dépassa bientôt

(1) Henri Estienne, *Essai sur la précellence du langage français*,
1579.

les limites du palais, se propagea dans ces conseils dont
Rolin fera partie et s'imprima dans les conventions, les
actes diplomatiques, les traités dictés par lui ou rédigés
sous son inspiration (1), aussi bien que dans les ordonnances des rois.de France. Froissart rapporte à cet égard
dans ses chroniques (2) qu'en 1396, dans une négociation
entre les rois de France et d'Angleterre, au sujet des conditions d'un traité, les Anglais « qui comprenoient difficilement les paroles... proposées de la partie des François... pour eux raisonnablement excuser, disoient que
le françois qu'ils avoient appris chez eux d'enfance n'étoit
pas de telle nature et condition que cil de France estoit et
duquel les clercs de droit en les traités et parlures usoient. »
C'est donc un grand honneur pour le barreau d'avoir
ainsi aidé à créer le droit national, grâce à une langue qui
rapidement devint, par sa précision, l'instrument nécessaire des relations diplomatiques, et fut dès lors celle du
pays.

A côté de ce rôle brillant, il y a malheureusement
des ténèbres épaisses et le barreau subit, comme la magistrature, l'influence des fléaux de toute nature, des troubles
incessants de cette époque désastreuse : la lutte pour la
vie y avait déchaîné, avec la cupidité, toutes les passions
basses, et les chroniques du temps retentissent de plaintes
contre les mœurs des magistrats et des avocats : « Mes-
sieurs du parlement, prêchait le cordelier Menot, ont la
plus belle rose qui soit en France (la rosace du palais de
justice), mais elle a été teinte du sang des pauvres criant
et pleurant après eux. » Et que dire de ces lamentations,
qui n'ont pas entièrement perdu leur actualité, sur la longueur des procès, « les clameurs du peuple qui journel-

---

(1) FROMENT, *Essai sur l'éloquence judiciaire*, 1874.
(2) Liv. IV, chap. XXXV.

lement recourt au roi en grande et piteuse exclamation que les procès intentés et pendants ès cours et juridictions royales sont immortels (1)? Et cette admirable harangue prononcée devant Charles VI en 1405 par Gerson, une des plus nobles figures de cette époque : « Comme justice ne doit point être vendue, ainsi les officiers ne doivent être institués par prix ou argent, ou violences de prières armées, mais par prud'hommie et suffisance. Comment ne vendrait la justice qui tant cher l'a achetée? Il la vendra, croyez-moi, et se garde d'y perdre; il fera les droits au poids et jugera, coup d'un, coup d'autre, et le plus pesant de la balance l'emportera... Dieu veuille que la justice soit conservée sans être enfreinte pour le grand ni pour le petit, car autrement se vérifierait le dict de Anastase le philosophe : que les lois ou arrêts des juges sont comme les toiles d'araignées qui retiennent les pétites mouches et laissent aller les grosses. »

Les avocats avaient une large part dans les critiques populaires : « Fait-il bon voir, s'écriait le cordelier Maillard, que la femme d'un avocat aille vêtue comme une princesse et qu'elle ait de l'or sur la tête, au col, à la ceinture, ou autre part? Vous dites que votre état le comporte. A tous les diables, et votre état aussi... » « Lorsque vous êtes au palais, disait un autre prédicateur, que vous plaidez les uns contre les autres, il semble que vous soyez prêts à vous entre-dévorer et que vous ayez un vif désir de protéger l'innocence; mais lorsque vous êtes sortis de l'audience, vous allez à la buvette, et là vous dévorez la substance de vos clients. Vous êtes semblables à des renards qui paraissent disposés à s'entre-déchirer, mais qui se précipitent tous en commun sur le poulailler pour

(1) Cité par FROMENT, *op. cit.*

dévorer leur proie. » Le niveau moral du barreau à cette
époque n'était pas, on le voit, à la hauteur de son talent
et de sa brillante fortune; il faudra atteindre le seizième
siècle pour trouver, avec la réforme des études juridiques,
les grands exemples de Cujas et de Dumoulin et l'influence morale de L'Hôpital.

Rolin, on doit le craindre, ne fut pas exempt des passions de son temps, et l'âpreté au gain, trop souvent
manifestée dans le cours de sa longue vie, a laissé, au
moment de son passage au barreau, une trace dans la
note suivante du journal de Nicolas de Baye, greffier du
parlement de Paris (1) : « Lundi neuvième jour de mai :
pour ce que, par information faite à l'encontre de maistre
Nicolas Raulin, avocat assez jeusne, céans, à la requeste
de Lorenz des Bordes, icelluy Nicolas a esté trouvé coul-
pable de plusieurs cas usuraires, la Court a ordonné que,
selon les informations, proposera vendredi prouchain
publiement le procureur du Roi et ledit Lorenz contre
ledit Nicolas sur les diz cas qui lui touchent, ne pacisce
ne s'accorde avec ledit Nicolas, et se accordé a (et s'ils
s'accordent) la Court ne tient et ne tiendra ledit accort
jusques à ce que autrement en sera ordonné, et ce sera
signifié au dit Lorens. » D'ailleurs on lit en marge, de la
main du greffier : « *Nihit effectus secutum est* ». On n'a
nulle autre indication sur cette affaire. S'agit-il même du
futur chancelier, comme le fait penser la similitude complète du nom et du prénom? Le procès-verbal du greffier,
qui est de 1412, qualifie Rolin d'avocat, « assez jeune »,
et semble ainsi donner au fait signalé une excuse tirée
de l'âge d'un débutant. Or Nicolas avait à ce moment
trente-deux ans, et, marié pour la seconde fois en 1412,

(1) T. II, p. 64.

avait déjà une situation acquise et prépondérante à la cour du duc de Bourgogne. Dans tous les cas, il s'agit là peut-être d'une dénonciation hasardeuse (1), d'une affaire légèrement engagée, puisqu'elle n'a pas de suites, à moins toutefois que les hautes influences dont pouvait disposer Rolin à cette époque n'aient réussi à l'étouffer.

L'avocat autunois franchissait rapidement en effet les étapes de sa brillante carrière; à cette époque il arrivait fréquemment que les princes, les évêques, les abbayes, les villes, les corporations, aimaient à s'assurer le concours des avocats les plus en renom du grand barreau de Paris, en leur assurant une situation stable et lucrative; ces avocats-conseils portaient le titre de pensionnaires; ils recevaient un salaire fixe, généralement vingt livres parisis au quatorzième siècle et vingt écus d'or au quinzième, souvent des cadeaux; ils plaidaient toutes les causes de leurs clients, sans qu'il leur fallût, à chaque affaire, justifier d'un mandat spécial (2). Le roi avait ses avocats pensionnaires, qui devinrent au seizième siècle les avocats généraux. Ces situations étaient fort enviées lorsque celui auquel l'avocat donnait ainsi ses conseils était un grand personnage, et c'est souvent par cette porte que s'ouvrait une carrière politique.

Il en fut ainsi pour Rolin; il avait conservé avec l'hôtel d'Artois, résidence des ducs de Bourgogne à Paris, des relations qu'autorisait son titre de compatriote, et, quand sa réputation d'avocat, de jurisconsulte avisé, son érudition peu commune l'eurent mis hors pair, il fut tout naturellement désigné à la confiance de son souverain d'origine. Aussitôt après son avènement en 1404, Jean sans Peur, qui avait sûrement distingué à Dijon le jeune licencié,

<hr>

(1) DELACHENAL, op. cit.
(2) AUBERT, op. cit.

l'attira auprès de lui et s'occupa de son avenir; il usa
de ses conseils et eut recours à son talent; on trouve en
effet, à la date du 30 novembre 1407, un ordre du duc de
payer à Nicolas Rolin quarante-deux écus d'or à lui dus
« pour avoir vacqué avec soin... pour aider à conseiller
les dits procès qui y ont été jugés (à Beaune) depuis le
7 octobre dernier » qu'il arriva à Beaune, « jusqu'au lundi
veille de Toussaint suivant (1) », et, en 1408, satisfait de
ses services, il le nomma, par lettres données à Lille le
23 octobre, son avocat aux gages de vingt écus d'or.

En 1406 il lui avait fait épouser Marie des Landes,
fille de Berthod des Landes, valet de chambre du roi,
général maître des monnaies de France, seigneur de
Maigneville et de Beaurepaire, et de Philippa Culdoë, fille
de Michel Culdoë, prévôt des marchands de Paris. C'était
pour le jeune bourgeois d'Autun une alliance des plus
honorables. Cette famille des Landes était fort ancienne
et originaire de Gênes (2). Le grand-père de Marie, Pierre
des Landes, était venu s'établir à Paris, où le roi Jean lui
avait donné le titre de changeur du trésor royal. La
famille des Landes s'est fondue au dix-huitième siècle,
avec celles de Lamoignon et de Flexelles (3). Le duc Jean
s'intéressait au jeune ménage; on le voit accepter, suivant un usage, d'ailleurs assez fréquent à cette époque
chez les grands seigneurs, d'être le parrain d'un des fils
de son avocat et faire don à cette occasion à l'accouchée
d'un service de vaisselle de soixante écus d'or (4). Marie
des Landes mourut en couches en 1410.

(1) Collection de Bourgogne, t. 56, fol. 95.
(2) Son blason était « d'argent à la bande d'azur chargée d'une
oie becquée et membrée. » (*Mém. de la Société éduenne*, t. X).
(3) D'ARBAUMONT, *Généalogie de Rolin*.
(4) LA BARRE, *Mém. de Bourgogne.*

Cette même année aussi on voit Rolin occupé par les soins de son ministère à un procès contre le duc de Bourbon, l'abbé de Saint-Pierre et autres ; Jean sans Peur lui alloua trente écus « pour les écritures » de ce procès (1). Mais ces premiers succès au barreau n'étaient que le commencement d'une fortune qui, à partir de ce moment, devait être rapide.

(1) Bibl. nat., ms. fr., Fontette, portefeuille n° 35, fol. 269.

CHAPITRE II

Dès le début de son règne, Jean sans Peur avait voulu
opérer, dans le gouvernement de ses provinces bourguignonnes et dans l'administration de la justice, des réformes
importantes, et le 15 juin 1405 il avait institué une commission pour y donner suite et prendre des mesures nécessaires à la répression de délits qui restaient impunis. Le
25 février 1406, puis le 26 février 1407 et enfin le 7 avril
1415 il rendit des ordonnances qui apportaient des modifications profondes à la composition et au rôle de la
chambre des comptes de Dijon, dans le but de régulariser
les recettes, de diminuer les dépenses par des suppressions
de pensions, et de procurer au duc les ressources nécessaires à l'accomplissement de ses desseins politiques.

Rolin était tout indiqué pour seconder ces vues : il fut
nommé conseiller du duc, et même, lorsque Jean sans
Peur se fut emparé du gouvernement de Charles VI,
conseiller du roi, dont il prenait le titre dans un acte
passé par lui en 1418 (1).

(1) Bibl. nat., ms. fr., Fontette, portefeuille 35, fol. 269.

On le voit en 1412, en cette qualité de conseiller de Jean sans Peur, remplir une mission dont ce prince avait imaginé l'usage : le duc chargeait tel ou tel de ses conseillers, en dehors des conseils de justice de Dijon, de faire un acte de justice quelconque qui lui était indiqué, de terminer dans tel ou tel pays une affaire que les circonstances signalaient au duc. Ces commissaires, revêtus d'un pouvoir très large, étaient payés par journée de travail. C'est en 1415 seulement que Jean sans Peur avait réglementé ce pouvoir des commissions extraordinaires ; mais la pratique était antérieure, ainsi qu'il résulte d'une ordonnance du 18 mars 1412, aux termes de laquelle « Jehan, duc de Bourgogne, comte de Flandre, d'Artois et de Bourgogne, palatin, seigneur de Salins, etc., (désirant) commettre notables personnes et discrètes, expertes, et ayant bonne connaissance en fait de justice » pour le bien du comté, et, dans ce but, tenir le parlement de Dole, « ordonnons et députons nos amis et féaux conseillers... Nicolas Rolin (1) » avec les plus grands pouvoirs et la plus large mission.

Le nouveau conseiller eut certainement de nombreuses occasions de justifier la confiance du duc dans le règlement des affaires judiciaires ; mais ces questions ne tenaient qu'une part très limitée dans les préoccupations de Jean sans Peur, qui attachait une autre importance à son rôle politique, et c'est à ce point de vue surtout que doit être suivie la marche grandissante de l'influence du futur chancelier sur un règne qui allait se terminer en 1419 d'une façon tragique.

Mais auparavant, et pour suivre l'ordre chronologique, nous devons signaler le second mariage de Rolin avec

---

(1) Bibl. nat., collection de Bourgogne, t. 55, fol. 27.

Guigone de Salins, fille d'Étienne, seigneur du Poupet, et de Louise de Rye, et petite-fille par sa mère de Marthe de Rye et de Béatrix de Vienne, d'une des plus grandes familles du comté de Bourgogne. Son frère, Guy de Salins, était conseiller d'honneur de la duchesse de Bourgogne, Marguerite de Bavière, et maître d'hôtel du duc Jean. C'est sûrement encore la famille ducale qui avait contribué à cette alliance considérable pour Rolin, qui prenait place désormais parmi les familiers du duc; on voit au premier janvier 1412 Jean sans Peur tenir cour plénière à Paris dans son hôtel d'Artois, et parmi les cadeaux offerts aux personnes de sa cour on trouve la mention d'un diamant magnifique donné à Guigone de Salins, la nouvelle mariée (1).

Guigone apparaît peu dans la longue histoire de son mari; mention est faite de sa présence en 1454 au fameux banquet du faisan, où elle prit place à la table de Philippe le Bon et d'Isabelle de Portugal; mais on ne lui attribue aucun rôle dans la vie politique de Rolin; c'est seulement à la fin de cette existence d'activité fiévreuse, à l'heure du repos et des dernières pensées, qu'on la trouve à côté de son mari dans sa meilleure action, la fondation de l'hôpital de Beaune, entrant dans ce noble dessein, le secondant de son argent et de sa personne, et enfin, après la mort de Rolin, consacrant ses derniers jours au soulagement des pauvres et des malades de l'hôpital et terminant sa vie dans la pratique de la plus haute charité. C'était une femme pieuse et modeste, et ce ne fut pas un des moindres bonheurs de Rolin de retrouver à son foyer, auquel il fut loin d'être fidèle, une paix et des vertus si rares dans son entourage et dans l'agitation de sa vie.

(1) BIGARNE, op. cit.

C'est à cette époque qu'il fit restaurer et presque rebâtir
à Dijon une maison achetée par lui rue des Fols. Cette
demeure, qui datait des premières années du treizième
siècle et qui, après la mort de Rolin, devint la propriété
de son fils Guillaume Rolin de Beauchamps, fut achetée en
1490 par les magistrats municipaux de Dijon à la petite-fille
du chancelier, Marguerite, mariée à Gaspard de Talaru (1)
et devint l'hôtel de ville; les archives de la Côte-d'Or sont
aujourd'hui installées sur son emplacement. Dans la suite
le chancelier posséda une autre maison à Dijon, l'hôtel de
Crux, qu'il acheta le 2 mars 1441 et qui passa après lui à
son fils Antoine, seigneur d'Aymeries.

Les armoiries de la maison de Salins à laquelle s'alliait
Rolin étaient « d'azur à la tour d'or maçonnée de sable »
celles de Rolin portaient « d'azur à trois clefs d'or posées
en pal 2 et 1 » avec la devise *Deum time* (2). Une devise
ajoutée à ces blasons a donné lieu à des discussions d'un
intérêt secondaire, mais dont l'historien de la vie de Rolin
ne peut négliger la mention.

A la tour d'or de Salins est ajoutée une étoile avec le
mot *Seule*, inscrit encore aujourd'hui sur les murs de l'hôpital de Beaune. On s'est ingénié à en chercher la signi-
fication et on a voulu y avoir un témoignage de la douleur
de la veuve, l'expression mélancolique de ses regrets,
quelque chose comme le « Rien ne m'est plus, plus ne
m'est rien » de Valentine de Milan. Cette explication est
inadmissible; à une époque très antérieure à la mort du
chancelier, on trouve en effet cette devise inscrite sur les
carreaux émaillés qui pavaient l'hôtel de la rue des Fols.

_____

(1) D'ARBAUMONT, *Généalogie de Rolin*.
(2) Voir dans DEMAY, *Inventaire des sceaux de Flandre*, t. I, p. 155,
n° 360, la description d'un sceau du chancelier Rolin, conservé à
l'hôtel-Dieu de Valenciennes.

Ces carreaux, semblables à ceux de l'hôpital de Beaune, portent entrelacées les deux lettres N et G avec la légende *Seule* et une *étoile*. Cette inscription n'a-t-elle pas pour origine l'époque à laquelle nous sommes arrivés, le second mariage de Rolin, l'installation du nouveau couple dans l'hôtel de Dijon et cette assurance donnée à Guigone, conformément aux usages du temps, qu'elle sera *seule*, c'est-à-dire tout pour son mari, l'*étoile* de leur union (1)? Quelques années plus tard on voit de même le duc Philippe le Bon, lors de son mariage avec Isabelle de Portugal, adopter cette devise : *Aultre n'auray*. Ces témoignages de galanterie ne tiraient pas d'ailleurs à conséquence, dans les mœurs de l'époque, et la vie de Philippe le Bon, plus encore que celle de son chancelier, témoigne de ce que valaient ces promesses de fidélité.

Mais, sans insister d'avantage sur ces épisodes intimes, nous devons revenir à l'histoire politique de Rolin, qui est l'histoire même du pays.

Nous l'avons laissé à Dole, où l'avait envoyé Jean sans Peur. Il y régla à la hâte les affaires dont il était chargé pour revenir à Paris, où l'occupèrent les démêlés de son maitre avec la maison d'Orléans. Le duc Jean, au moment où Rolin venait reprendre sa place dans ses conseils, était dans sa quarante-deuxième année; le crime de la rue Barbette, qui en 1407 avait épouvanté Paris, avait montré de quoi était capable son ambition sans limite, bien que son caractère fût indécis et sa volonté hésitante. Suivant le portrait qui en a été tracé (2), il avait la tête massive, les pommettes saillantes, les traits fortement accentués; il était petit, parlait avec difficulté, représentait mal,

---

(1) Voir sur cette question, *Mémoires de la commission des antiquités de la Côte-d'Or*, t. IV.

(2) LAVISSE, *Histoire de France*, t. IV.

n'était prodigue que de promesses et d'engagements qu'il
ne lui coûtait pas de ne pas tenir; mais il était brave, au
courant de tout, s'intéressant à tout et avait une intelligence vive et déliée.

En assassinant son cousin d'Orléans, il avait déchaîné
la guerre civile : les Armagnacs et les Bourguignons
étaient aux prises, et la paix d'Auxerre, jurée entre les
princes en 1412, n'avait pas mis fin aux troubles. Il ne
rentre pas dans le cadre de cette histoire de donner le
récit détaillé de ces années calamiteuses. Le rôle des conseillers du duc devait être fort amoindri au milieu de ces
luttes sanglantes qui ne pouvaient donner place à aucune
politique suivie. Et d'ailleurs un élément nouveau allait
se mêler à tant de désordres intérieurs et rendre nécessaire sur un autre terrain et pour des questions plus com-
plexes l'avis des hommes à qui le duc accordait sa confiance; en 1414, le roi d'Angleterre Henri V réclamait la
couronne de France, en renouvelant les injustifiables
prétentions de son aïeul Édouard III, et le 13 août 1415
il débarquait en France. La ville d'Harfleur, devant
laquelle il vint mettre le siège, capitulait le 22 septembre
suivant.

Quel rôle allait jouer le duc de Bourgogne dans ce
grave conflit? Sollicité par les deux rois, il conservait vis-
à-vis d'eux une attitude équivoque, lié par des négociations engagées l'année précédente avec Henri V, qui
croyait désormais pouvoir compter sur lui, et gêné par les
devoirs que lui imposaient tout à la fois sa qualité de prince
français et la parole par lui donnée, dans un traité conclu
à Arras avec le roi de France, qu'il n'avait contracté aucun
engagement avec les Anglais.

Le conseil de Charles VI lui demanda un secours
d'hommes, sans réclamer d'ailleurs son appui personnel :

« Et me veut-on, répondit-il, sous couleur bien légère, priver du service que je dois et suis obligé de faire sous peine de mon honneur qui me lie et que je veux garder plus que chose terrienne? Et ne doit-on point s'imaginer que mon beau cousin d'Orléans (1), ni moi, ni autre quelconque, voulions faire si grande faute envers Dieu, envers Votre Majesté et envers votre royaume, à la confiance et désolation de nous-mêmes, qui, par votre félicité, sommes en voie de toute prospérité, et, par votre adversité, sommes du tout abaissés et déchus. »

C'eût été une noble réponse si on avait pu se fier aux paroles de Jean sans Peur; son seul but, en arrivant à la tête d'une armée nombreuse, était de mettre la main sur le gouvernement, alors au pouvoir de la faction d'Armagnac. On repoussa ses offres. Se voyant démasqué et préférant attendre les événements, il donna ordre à sa noblesse de s'abstenir et fit garder à vue son fils Philippe, comte de Charolais, qui voulait aller rejoindre l'armée royale (2). Le 25 octobre, la bataille d'Azincourt renouvela les désastres de Crécy et de Poitiers : sept millle hommes de l'armée royale avaient péri, et, avec eux, toute la fleur de la noblesse : le duc d'Orléans, fait prisonnier, fut emmené en Angleterre.

C'était le moment opportun pour le duc de Bourgogne, d'entrer en scène et d'essayer un coup de main sur le gouvernement de Charles VI; il n'y manqua pas : Paris était à ce moment sous la domination du beau-père du duc d'Orléans, le connétable Bernard d'Armagnac, qui organisait ses bandes beaucoup moins contre les Anglais

---

(1) Charles, duc d'Orléans, fils du duc Louis, assassiné en 1407. Le gouvernement de Charles VI lui avait adressé la même demande qu'à Jean sans Peur.

(2) LAVISSE, op. cit.

que contre les Bourguignons. Jean sans Peur tenta de surprendre la capitale, et, ayant échoué dans cette première entreprise, il reprit avec les Anglais des négociations qui aboutirent au honteux traité de Calais (octobre 1416) par lequel le duc reconnaissait le roi d'Angleterre « comme celui et ceux qui de droit est et seront rois de France (1) ».

Jean emmena sûrement avec lui des gens de son conseil à Calais, où il resta huit jours en conférence avec Henri V. Ce qui paraît certain, c'est que Rolin s'y trouvait, car il s'opposa de toutes ses forces à la conclusion de cet odieux traité (2). Est-ce sous son influence que le duc, pour se réserver un moyen de revenir sur sa parole, donna seulement à cette convention la forme d'un projet sans indication de jour et sans signature et contenant promesse du duc de consigner dans des lettres patentes les conditions du traité? Toujours est-il que le duc de Bourgogne fit défense à ses sujets de s'armer contre les Anglais, ce qui donna plus de créance à l'existence de l'accord entre les deux princes.

Cet accord avait eu pour témoin l'empereur Sigismond, qui, venu en France pour offrir sa médiation dans une pensée d'intérêt pour le roi Charles VI et le parti armagnac, avait complètement modifié sa politique et rentrait dans ses états allié du roi d'Angleterre et favorable au parti bourguignon. Jean sans Peur, dans son entrevue avec Sigismond à Calais, lui fit hommage pour le comté de Bourgogne et la seigneurie d'Alost, qui relevaient de l'Empire.

Henri V, sûr de la neutralité et peut-être de l'alliance du duc de Bourgogne, pouvait continuer sans crainte ses opé-

(1) Rymer, *Acta publica*.
(2) Bigarne, *op. cit.*

rations militaires. Ce fut l'objet de la campagne de 1417.
Il envahit la Normandie le 1er août, s'empara de Caen le
20 septembre et vint mettre le siège devant Rouen, dont
il n'eut raison que par la famine : « la faim brisa les durs
remparts de pierre », l'héroïque cité capitula le 14 janvier 1419. La conquête de la Normandie était achevée.

Pendant ce temps, Jean sans Peur, se sentant libre de
toute entrave, pouvait donner cours à sa double passion :
sa haine des Armagnacs ét l'ambition qui le dévorait de
s'emparer du gouvernement et d'être le maître de Paris.
Aussi bien la capitale était lasse du régime de terreur que
le parti armagnac lui imposait : la famine y régnait, aug-
mentée par le reflux des populations normandes chassées
par l'invasion anglaise ; on emprisonnait ou on bannissait
tous les suspects de sympathies bourguignonnes ; les
réunions étaient interdites, les portes de la ville murées ;
l'arrivée du duc de Bourgogne était appelée comme une
délivrance.

Jean sans Peur s'entendit avec la reine Isabeau de Bavière, régente officielle pendant la maladie de Charles VI,
mais en fait exilée à Tours, incapable d'ailleurs d'une
direction utile, perdue de goutte et d'embonpoint (1),
toujours frivole malgré ses infirmités. Il l'installa à Troyes
et en fit le chef du gouvernement, « ayant, pour l'occupation de Monseigneur le roi le gouvernement et l'occupation du royaume ». Il aurait pu, dès la fin de 1417, entrer
dans Paris et y installer son autorité dans des formes
régulières ; mais, toujours irrésolu au moment de satisfaire
son ambition, il attendit les événements autour de la capitale, et ces événements se déchaînèrent avec une violence
dont il ne fut pas le maître.

_____

(1) VALLET DE VIRIVILLE, _Histoire de Charles VII._

Le 28 mai 1418, en effet, une des portes de Paris fut livrée à un chef bourguignon, le sire de l'Isle-Adam, qui entra avec ses hommes d'armes ; la population parisienne se souleva en un instant, et le prévôt de Paris, Tangui du Châtel, n'eut que le temps de prendre le dauphin, le futur Charles VII, et de l'emmener à Melun en sûreté. Les mas-sacres et le pillage commencèrent aussitôt. Des bandes se formèrent, comme dans tous les soulèvements de la grande ville, sous la conduite des meneurs. Cette fois ceux-ci étaient les bouchers, et, sous les yeux des chefs bourguignons impassibles, les hordes d'émeutiers pillèrent et tuèrent aux cris de « vive le roi et le duc de Bour-gogne ».

. Le 14 juillet seulement, Jean sans Peur se décida à faire son entrée avec la reine et tenta d'organiser un gou-vernement bourguignon. Mais il n'était plus temps : la fureur révolutionnaire était déchaînée, les bandes de for-cenés, commandés par le bourreau Capeluche, dont Jean sans Peur devait supporter, non sans dégoût, la dégra-dante familiarité, continuèrent les massacres et se por-tèrent aux prisons, encombrées de suspects ; tous les pri-sonniers enfermés au Châtelet, au petit Châtelet, une partie de ceux de la Bastille furent égorgés.

C'en était trop ; Jean comprit qu'il était temps de réagir et on aime à penser que les hommes de son conseil l'y poussèrent énergiquement. Capeluche fut arrêté et mis à mort ; les chefs principaux de l'émeute eurent le même sort, et une mortalité effrayante, suite naturelle de tant de misères, vint en aide aux mesures énergiques d'apaise ment en abattant l'exaspération populaire.

C'est dans le sang, les ruines et le deuil que Jean sans Peur établissait un pouvoir qui d'ailleurs touchait à son terme. Sa situation devenait embarrassante : les four-

beries ne sont que des expédients, et les événements
acculent leurs auteurs à un terme qui les force de se
dévoiler. Jean sans Peur avait trompé tout le monde dans
un but d'ambition personnelle dont lui-même ne mesurait
pas l'issue : entre Henri V à qui il avait livré la Normandie,
mais dont il n'avait pas intérêt à favoriser davantage les
conquêtes, et l'ombre de gouvernement royal qui existait
encore en France, il faudrait bien prendre un parti décisif.

Et ce gouvernement de France par qui était-il représenté? A côté d'un roi fou et d'une reine méprisable, en
dehors de ces deux fantômes royaux dont chaque parti
faisait le jouet de son ambition, un nouveau personnage
paraissait sur la scène : le dauphin Charles, âgé de seize
ans, jeune homme dont on ignorait le caractère et dont
on discutait le mérite. Établi au milieu de ses partisans
dans les provinces du centre et de l'ouest qui lui étaient
dévouées, il était entouré d'hommes vaillants, comme
Tangui du Châtel, qui l'avait sauvé des horreurs de Paris ;
comme Barbazan, le plus brave des chevaliers de son
temps ; de conseillers expérimentés, comme les arche
vêques de Reims et de Bourges ; des princes de la maison
d'Anjou et surtout sa future belle-mère, la reine de Sicile,
Yolande d'Aragon, dont la haute habileté, la prévoyance
maternelle ne contribuèrent pas peu à l'affermissement
progressif de son autorité et à la reconstitution de la patrie
française.

A la fin de cette même année 1418 qui avait vu tant de
crimes, le dauphin Charles prenait le titre de régent
(décembre). C'est avec lui que Jean sans Peur allait avoir
à compter et c'est ici que nous allons retrouver Rolin.

Dès le mois de septembre 1418, Jean sans Peur, dont
le but était de faire revenir le dauphin à Paris et de s'emparer de sa personne, avait tenté une négociation avec

lui. Le jeune prince avait envoyé comme ambassadeur le duc de Bretagne, Jean VI, chargé de recevoir les propositions qui seraient faites et de porter les siennes, de façon à ce qu'un accord pût intervenir. Le duc de Bretagne, outrepassant les limites de sa mission, accepta, sans en référer au dauphin, les conditions préparées d'avance par le duc de Bourgogne et son conseil, et signa à Saint-Maur une paix « telle quelle », qui mettait le dauphin à la merci de ses ennemis. Celui-ci se refusa à acquiescer à un traité semblable, et il n'y avait plus d'autre issue que la guerre.

Le duc de Bourgogne, après avoir constaté l'insuccès de ses intrigues pour ramener le dauphin à Paris, avait levé le masque une fois de plus et cherché à donner le change à l'opinion par des accusations violentes et calomnieuses contre le dauphin et ses conseillers (1). Au printemps de 1419, il prit ou sembla prendre nettement parti pour les Anglais; des négociations eurent lieu, dans lesquelles le duc s'engageait à mettre à exécution le traité de Calais, en y ajoutant la reconnaissance de la prise de possession de la Normandie par Henri V.

Restait à faire agréer ce traité au pauvre roi Charles VI et à la reine Isabelle; une entrevue fut décidée entre les deux rois à Pontoise; Charles VI, malade, ne put s'y trouver; la reine y vint avec sa fille Catherine, comptant sur le sentiment que pourrait inspirer à Henri V la beauté de la jeune princesse qu'on lui destinait pour femme, pour déterminer le monarque anglais à faire quelques concessions. Le duc de Bourgogne, présent à ces entrevues, qui s'ouvrirent le 30 mai, semblait l'arbitre de la situation. Cette fois encore, son irrésolution, son orgueil froissé par

(1) DU FRESNE DE BEAUMONT, *Histoire de Charles VII.*

la hauteur du roi d'Angleterre, son manque de franchise
remirent tout en question.

A ce moment arrivèrent, comme ambassadeurs envoyés auprès de lui par le dauphin Charles, Tangui du
Châtel et le sire de Barbazan, chargés de tenter auprès
du duc et auprès de la reine une démarche suprême afin
de les associer à la lutte contre les Anglais.

Jean sans Peur, plus hésitant que jamais, soumit à son
conseil, dont faisaient aussi partie les conseillers de la
reine, la question nettement posée : devait-on se réconci-
lier avec le dauphin, ou consentir aux conditions très
dures du roi d'Angleterre, à la souveraineté absolue et
sans vassalité des provinces par lui conquises ou qui lui
seraient cédées? Juvénal des Ursins a donné le récit de ce
qui se passa dans cette séance et du rôle important que
Rolin fut appelé à y jouer.

L'influence de Rolin était prépondérante dans les Conseils du duc, autant du moins qu'elle pouvait s'exercer
vis-à-vis d'un prince dont la volonté très personnelle,
mais le plus souvent entravée par des hésitations et de
brusques revirements, ne suivait que les inspirations de
ses passions violentes. Dans le conseil ainsi ouvert, Rolin
soutint énergiquement le parti de l'alliance anglaise :
d'après lui, les Anglais étaient trop puissants en ce moment pour que le roi de France et le duc de Bourgogne
pussent espérer de leur résister ; l'issue de la lutte
n'était pas douteuse, elle ferait peut-être passer la couronne de France à une maison étrangère ; Paris et les
autres villes que l'on ne pourrait secourir finiraient par se
rendre et subiraient le sort de Rouen. Et pouvait-on s'allier avec le dauphin, après toutes les discordes passées
et toujours près de renaître ? D'ailleurs ce prince cherchait lui-même à traiter avec les Anglais, et enfin, à sup-

poser la paix conclue avec lui, il n'en faudrait pas moins négocier avec les Anglais, car il était impossible de lutter heureusement contre eux, faute de forces suffisantes, Mieux valait donc s'entendre de suite avec eux, et force était au roi de France de sacrifier une large part de son royaume ; ce prince, en effet, quoi qu'on en pût dire, avait pouvoir d'aliéner ses domaines. Enfin il fallait bien convenir que les Anglais avaient jadis possédé ce qu'ils demandaient aujourd'hui, et les sujets du roi avaient été, pendant ce temps là, riches, tranquilles et heureux.

Jean Rapiot, président du parlement de Paris, répondit à Rolin et soutint la thèse opposée ; d'après lui, le domaine royal était inaliénable et le roi n'avait pas le droit d'en distraire une partie ; c'était le serment de son sacre. En fait, d'ailleurs, sa maladie ne lui permettait pas de disposer valablement et d'avoir l'administration d'aucune chose. Le roi d'Angleterre n'avait pas de son côté pouvoir d'accepter ; à quel titre réclamerait-il le royaume de France, alors qu'il n'était qu'un intrus sur le trône d'Angleterre? On savait, en effet, qu'il ne devait la couronne qu'à un meurtre, celui du roi Richard, perpétré par son père ; par conséquent, l'héritier légitime de cette couronne, s'il arrivait un jour au trône, pourrait ne rien reconnaître de ce qu'aurait accepté son prédécesseur. Et Rapiot émettait cette pensée, remarquable pour l'époque, qu'il faudrait d'ailleurs avoir le consentement des vassaux et autres possesseurs des pays que l'on voudrait céder, qu'il y avait des provinces tenues sous la condition de ne les jamais aliéner et que, pour cette raison et pour d'autres, le traité de Brétigny avait toujours été regardé comme nul. On ne pouvait donc y chercher les éléments d'une nouvelle convention.

Certes le point de vue auquel se plaçait Rapiot était

très noble, très élevé, et on pourrait le dire aujourd'hui, très français. Et toutefois, en se dégageant de tout senti-ment d'amour-propre national, on peut penser que, plus que lui, Rolin était dans la réalité des faits. Sans doute le conseiller du duc s'était opposé au traité de Calais, alors que la conquête anglaise n'avait pas commencé; mais, depuis ce moment, la Normandie était en leur pouvoir et la situation était singulièrement modifiée. Comment rai-sonnablement leur opposer une résistance sérieuse? Com-ment supposer le réveil national ? Comment prévoir Jeanne d'Arc? Comment compter sur ce jeune homme de dix-sept ans, ce dauphin, entouré des pires ennemis du duc Jean ? Et c'est ici surtout qu'on doit chercher la pensée de Rolin, Français sans doute, mais Bourguignon avant tout, et toujours prêt à s'arrêter au parti le plus favorable aux intérêts de son maître et de « ses pays ». Or l'alliance anglaise ménageait à la Bourgogne d'incon-testables avantages ; les intérêts commerciaux et les tra-ditions politiques des états du nord semblaient imposer, en effet, pour les populations flamandes, un accord intime avec l'Angleterre.

L'avis de Rolin l'emporta dans le conseil et de nou-velles négociations s'ouvrirent avec Henri V. Mais celui-ci, voyant qu'on cédait et croyant d'ailleurs tenir Jean sans Peur, devint plus exigeant; il y eut entre les deux princes des entrevues dans lesquelles leurs natures or-gueilleuses se heurtèrent. Le roi d'Angleterre fit savoir au conseil de Bourgogne « qu'il était très mal content et qu'on montrait évidemment qu'on ne le voulait tenir qu'en paroles et qu'il savait qu'on voulait traiter avec le dau-phin, et qu'il avait bien vu que les ambassadeurs avaient été ou étaient à Pontoise, bref qu'on lui fît finale réponse. »

On l'avisa qu'on lui accorderait ce qu'il demandait, sauf des réserves qu'il refusa d'accepter. C'était plus qu'il n'en fallait pour modifier les pensées changeantes du duc Jean et sûrement aussi pour ouvrir les yeux de ses conseillers, de Rolin surtout, et leur montrer où tendait Henri V dont l'ambition n'épargnerait personne. On décida d'un commun accord « qu'on entendrait à paix avec monseigneur le dauphin régent ».

Une entrevue fut décidée entre le duc et le dauphin Charles; elle eut lieu à Pouilly, près de Melun, le 8 juillet, et ne produisit aucun résultat. Le duc « refusait offres raisonnables et allait toujours à cavillacions... Tant valait, disaient les conseillers du dauphin, parler à un asne sourd comme à luy. » Sur les instances du dauphin, qui « moult désirait le bien du royaume », une nouvelle entrevue eut lieu le 11 juillet, et cette fois fut signé le traité connu sous le nom de traité de Pouilly ou du Ponceau, portant une alliance étroite et sans restriction contre les Anglais.

Les deux princes promettaient de vacquer chacun selon son état « à tous les grands faits du royaume, sans vouloir rien entreprendre ni avoir aucune envie l'un sur l'autre, ou de s'employer d'une même volonté, comme bons et loyaux parents, si proches du roi et de la couronne de France, à la répulsion des Anglais », à la restauration du pays et au relèvement des sujets du roi. Ils prêtèrent serment « sur la vraie croix et sainetes évangiles, pour ce touchiez de nos mains, par la foy et serment de notre corps, pour ce prestez l'un à l'autre sur notre part de paradis, en parole de prince et autrement le plus avant que faire se peut (1) ».

Ce traité fut signé par les princes et leurs conseillers,

(1) Archives de Dijon, B 11836.

et parmi ceux du duc figure le nom de Nicolas Rolin (1).
« Et le vingtième jour du mois de juillet furent portées à
Paris les lettres de la paix, lesquelles furent présentées
aux seigneurs du parlement, des requestes du palais et
de la chambre des comptes, qui furent lues en leur présence par maistre Nicolas Rolin (2). » Puis on soumit au
parlement un mandement de Charles VI faisant « abolition générale de tous crimes et cas perpétrez à son
royaume à l'occasion des divisions par avant passées ».
D'autres lettres du dauphin promirent l'exécution du traité
et de la volonté royale, « et pareillement ledit Rolin montra
lettres semblables de par le duc de Bourgogne ». Une procession solennelle à Saint-Martin des Champs fut ordonnée
pour la paix, qui fut publiée dans tous les carrefours de
Paris. L'allégresse était générale ; elle fut de courte durée.

Malgré ses lettres et sa signature, malgré ses serments
sur « sa part de paradis », l'incorrigible Jean sans Peur
reprenait ses menées occultes avec le roi d'Angleterre,
qui, sachant bien à quoi s'en tenir sur son compte, continuait sa marche en avant, s'emparait de Mantes, de
Meulan, de Pontoise, sans que la garnison bourguignonne
qui occupait cette dernière ville lui opposât la moindre
résistance. Le duc, cependant, restait officiellement en
bonnes relations avec le dauphin, à qui il envoya, le 25 juillet, Nicolas Bolin avec Pierre de Giac, un de ses officiers, pour conférer des moyens de parvenir à la paix,
et, le 2 août suivant, il remit un présent de 130 francs
à chacun des serviteurs que le dauphin lui avait députés
pour répondre à cette ambassade (3).

La méfiance cependant existait de part et d'autre. Lors

(1) Bibl. nat., ms. fr. 31960.
(2) MONSTRELET, t. III.
(3) Bibl. nat., collection Bourgogne, t. I, nº 65, p. 121 vº.

de l'entrevue de Pouilly, les deux princes avaient décidé une nouvelle rencontre à Montereau pour le mois d'àoût, afin de s'entendre sur la campagne à ouvrir contre le roi d'Angleterre. Le dauphin arriva à Montereau le jour fixé ; Jean ne s'y trouvait pas ; il était à Troyes, rassemblant des troupes, mis en défiance par certains de ses con-seillers, hésitant comme toujours, et, suivant l'expression d'un contemporain, « le plus long homme en toutes ses besongnes qu'on peust trouver (1) ».

Il se décida enfin à quitter Troyes le 28 août et à se rapprocher de Montereau. Là encore, nouvelles lenteurs, échange de lettres portant d'autres adhésions des deux princes au traité de Pouilly. Le 8 septembre Rolin fut porteur de ces missives avec le sire de Giac et reçut du dauphin à cette occasion un présent de 80 livres (2). Depuis peu, le duc, appréciant de plus en plus les services de son conseiller, lui avait donné la charge de maître des requêtes de son hôtel.

Enfin, le 10 septembre, Jean sans Peur quitta Bray, où il s'était installé, et arriva à Montereau, dont on avait garni le pont de palissades et de barrières pour l'entrevue. Il entra à cinq heures du soir dans le parc réservé au milieu du pont, avec une suite de quatorze seigneurs. On sait ce qui advint : la conversation engagée devint promptement une discussion, dans laquelle le dauphin reprocha au duc son attitude et ses lenteurs ; Jean se défendit : des gestes malheureux, des mains mises sur la garde des épées, des attitudes menaçantes rompirent l'entretien (3). Tanguy du Châtel prit le dauphin entre ses bras et l'emmena hors de l'enclos. Aux cris de « alarme ! alarme ! »

(1) *Journal d'un bourgeois de Paris.*
(2) Dom PLANCHER, t. III.
(3) LAVISSE, t. IV.

une lutte s'engagea et presque aussitôt Jean sans Peur
tomba percé de coups; les seigneurs qui l'entouraient
furent tués, blessés ou faits prisonniers, tandis que les
soldats bourguignons qui attendaient au dehors « oncques
ne s'en esmurent, cuidans que ce feust monseigneur le
dauphin qu'on eût tué (1) ».

On a accusé très à tort le dauphin Charles d'avoir pré-
médité ce crime. Quel avantage cependant pouvait-il en
retirer? La suite a prouvé combien ce calcul, invraisem-
blable dans l'esprit d'un jeune homme de moins de dix-
sept ans, eût été mal fondé. Ce meurtre fut le résultat
de circonstances fortuites, de haines mal apaisées et ré-
veillées subitement par des récriminations malheureuses,
et l'explosion soudaine des passions du temps : « Plusieurs, dit Juvénal des Ursins, ont écrit en diverses manières, lesquels n'en savoient que par ouï-dire, et les présents mêmes n'en eussent bien su déposer, car la chose fut
trop soudainement faite »; et le même auteur ajoute :
« Aucuns disoient que, avec le meurtre qu'il fit en la personne du duc d'Orléans et les meurtres faits à Paris,
c'étoit un jugement de Dieu. »

Nulle excuse d'ailleurs ne peut atténuer le crime des
assassins du duc de Bourgogne, et c'est à eux qu'appartient la responsabilité des malheurs qui en furent la conséquence. Les gens sages virent de suite en quels dangers
allait se trouver la cause du dauphin : « Pourquoi a-t-on
fait cela? disait Barbazan. On a mis la couronne de France
en grand péril. » « De laquelle mort, écrit un auteur, mondit seigneur le dauphin fut au contraire tres desplaisant
et ceux qui estoient en sa compagnie, gens de bien,
cognoissoient qu'il n'en pouvoit avoir que tout mal » (2).

(1) JOUVENEL, p. 372.
(2) JOUVENEL.

CHAPITRE III

Le crime de Montereau, qui devait conduire la France au bord de l'abîme et provoquer quinze années de luttes et de désastres, allait être une des causes principales de la fortune de Rolin. Mis en relief par les derniers événement, parvenu à la maturité de l'âge et du talent, ayant tenu dans les conseils du gouvernement une place prépondérante, servi d'ailleurs par une catastrophe qu'il semblait avoir prévue et qui justifiait son avis de ne pas traiter avec le dauphin, pleurant un maître qui avait été son bienfaiteur, et tout prêt à servir la vengeance de son fils, Rolin était tout indiqué pour obtenir la confiance du nouveau duc.

Philippe, comte de Charolais, que le coup de hache de Tanguy (1) faisait duc de Bourgogne, avait épousé

---

(1) La question de savoir si Jean sans Peur a, en effet, reçu de Tanguy Duchâtel le coup de hache qui a donné lieu plus tard au mot historique prêté à François Ier, ou s'il a été frappé par devant et tué à coups d'épée est encore aujourd'hui très discutée, et, à cet égard les témoignages français et bourguignons relatifs au meurtre, sont contradictoires. V. notamment : *Commission des antiquités de la Côte-d'Or*, séances du 24 juin et du 15 juillet 1903.

Michelle de France, fille de Charles VI et sœur du Dauphin. Il était à Gand lorsqu'on lui annonça la mort de
son père. Sa douleur fut extrême; elle se révéla, au
dire des chroniqueurs, par des transports de fureur qui
semèrent l'effroi dans son entourage : les yeux hagards,
les membres raidis, les lèvres glacées, les mouvements
convulsifs, tout faisait craindre pour sa raison (1); pendant une heure on le crut mort (2). Quand il revint à lui,
apercevant la jeune duchesse de Bourgogne, il lui lança
cette apostrophe : « Michelle, votre frère, a assassiné
mon père (3). » Depuis lors, il se sépara d'elle et ne voulut
plus la voir.

L'infortunée princesse ne se releva pas du coup qui lui
était porté; constamment humble et douce, disent les
historiens, ne cherchant dans ses douleurs d'autre consolation que les bénédictions des pauvres, elle mourut à
Gand dans l'abandon, le 8 juillet 1422 (4).

Philippe avait reçu de la nature les dons extérieurs qui
correspondaient parfaitement au tout premier rôle qu'il
était destiné à jouer dans l'histoire. Non qu'il fût beau :
ses portraits (5) lui donnent une bouche proéminente, un
nez busqué, des yeux petits; mais il n'est pas possible de
ne pas être frappé de l'aspect plein de noblesse et de la
majesté de cette figure. Sa taille, paraît-il, était élevée :

(1) JOUVENEL, p. 272 et 273.
(2) KERVYN, *Histoire de Flandre*, t. IV.
(3) Dom PLANCHER, t. IV.
(4) KERVYN, *op. cit.*
(5) Le musée du Louvre en possède deux : dans l'un (salle Van
Eyck, École hollandaise), le duc est peint avec les cheveux longs,
coiffé d'une toque de velours rouge, le teint pâle d'un homme jeune
et affaibli par les fièvres fréquentes dont il souffrait au moment de
son avènement (KERVYN, *op. cit.*). L'autre (collection Sauvageot,
École de Bourgogne) est un admirable portrait de Philippe dans un
costume noir sévère, les cheveux ras, donnant l'aspect d'un homme
qui approche de la vieillesse.

« Philippin aux longues jambes », criaient en se moquant les Gantois révoltés, et son attitude imposait à tous.

A ces qualités du dehors ne répondait pas pleinement la nature morale de celui qu'on a appelé Philippe *le Bon.* Il ne faut pas prendre à la lettre les surnoms donnés aux princes, et le caractère de Philippe n'a pas pour caractéristique la bonté : « Haut et droit de venure, joyeux d'esprit et viste de corps, écrit un contemporain, mais souvent assez fiévreux », il avait comme son père des colères terribles qui le rendaient à demi fou. En plus d'une occasion il fut dur et impitoyable dans ses répressions. Les chroniqueurs qui vivaient de ses libéralités l'appelaient *le bon duc,* et c'était justice de leur part; mais ce n'est pas le surnom que lui donnaient ses contemporains : « Du duc Jehan, écrivait Olivier de la Marche, vint le bon duc Philippe, qui fut surnommé Philippe l'Asseuré ». Ce surnom vraiment historique et plus exact que la qualification mensongère des panégyristes officiels, retrace, mieux que tout autre, l'habileté froide, prudente jusqu'à la ruse, persévérante et souvent courageuse de l'héritier de Jean sans Peur (1). A cette habileté rusée qui n'excluait ni les passions de la haine ni les grandes ambitions que Philippe tenait des princes de sa race, il joignait la conscience de sa force, de la hauteur, une grande fierté, un certain respect de sa propre dignité (2).

Il avait eu une éducation toute flamande; c'est aux Flamands qu'il avait été confié dès sa jeunesse; il parlait flamand comme un fils de Gand; mais c'est de sa parenté française qu'il tirait son orgueil; il savait qu'il était Valois et se disait issu de Charlemagne. A ce titre, il avait une

(1) KERVYN, *op. cit.*
(2) V. FRÉDÉRICH, *Essai sur le rôle politique et social des ducs de Bourgogne dans les Pays-Bas,* 1875.

haute idée de sa puissance et des destinées de sa dynastie.
Ayant par-dessus tout l'amour du luxe et de cette magnificence qui éblouit la multitude, il éclipsa par son faste
tous les souverains de son temps, et sa renommée alla,
selon les expressions de son chroniqueur, jusqu'aux extré-
mités de l'Asie (1). Ami des arts, généreux pour ceux qui
le servaient, frivole dans ses plaisirs, dépensant sans
compter l'argent de ses peuples pour les amusements qui
firent de sa vie une longue fête, passionné de galanterie (2), Philippe aurait pu également être surnommé le
Magnifique.

A ce prince partagé entre son ambition et l'amour du
plaisir, ennemi du travail, orgueilleux et jaloux de sa
grandeur, il fallait un ministre habile et sûr, qui pût
porter le lourd fardeau du gouvernement de si vastes
états, prendre pour lui les difficultés sérieuses de la politique et de l'administration, en abandonnant au souverain
l'éclat extérieur et le bénéfice apparent des résultats, avoir
assez d'influence sur son esprit pour le diriger en lui laissant souvent l'illusion de l'initiative, sachant lui inspirer
une confiance absolue par un dévouement sans bornes,
assez autorisé par son talent, son âge, l'éclat de ses services pour inspirer au prince une sorte de crainte réve-
rentielle qui pût le dominer.

Et c'est là ce que Nicolas Rolin devait être pour le duc
Philippe ; c'est à la sagesse politique, à l'énergique volonté,
à l'activité d'une intelligence embrassant tous les détails
de l'administration la plus compliquée, à la suite de vues
de celui qui fut son ministre pendant près de quarante ans,

(1) CHASTELLAIN.
(2) Voir dans Reiffenberg (Enfants naturels de Philippe le Bon)
le nom de trente des « amies » officielles du bon duc, sans compter
les autres, et les hautes situations données à ses bâtards.

c'est aussi à l'accord constant de pénsée du prince et du chancelier que Philippe dut l'éclat de son règne et l'accroissement prôdigieux de sa maison.

Les premier soin du dauphin, après le meurtre de Jean sans Peur, fut d'adresser au nouveàu duc de Bourgogne une lettre dans laquelle il lui demandait de renouveler le traité de paix signé à Pouilly. Cette lettre, qui rendait cômpte de la catàstrôphe de Montereau, était conçue dans des termes maladroits, passant en revue tous les sujets de plainte que le dauphin avait eus contre le duc défunt, et capable, semble-t-il, d'avîver là douleur filiale plutôt que de l'apaiser. Il nè semblè pas d'ailleurs que Philippe ait pu avoir grande hésitation, èn un pàreil moment, à repousser ces avances. Il devait ỷ être d'autànt mieux disposé que la nouvellè du crime avait prôvoqué une émotion profônde à Paris, où le parti bouguignon avait poussé de si profondes racines et soulevé une véritable fureur contre le dauphin, dont la propre mère, Isabeau de Bavière, écrivit au roi d'Angleterre une lettre dans laquelle elle lui demandait de tirer vengeance de l'attentat (1).

A cette honteuse démarche s'ajoutaient des revendications plus légitimes : la veuve de Jean, Marguerite de Bavière, duchesse douairière de Bourgogne, envoyait des messagers à son fils « pour lui exprimer le grand droit qu'il avait en la poursuite de là vengeance de monseigueur le duc Jehan, son père (2) ». Le jeune duc réunit un conseil de famille à Malines le 7 octobre et une assemblée solennelle de son parti à Arras le 18 octobre. Là, sauf quelques esprits sages et courageux, qui osèrent

(1) V. dans BEAUCOURT, op. cit., le texte de cette lettre et de celle du dauphin à Philippe le Bon.
(2) Bibl. nat., collection de Bourgogne, t. 57, fol. 359, et t. 25, fol. 28 v°.

s'élever, au nom de la concorde et du sentiment français (1), contre l'alliance avec l'ennemi national, l'assemblée entière décida que, « dedans brefs jours », le duc traiterait avec le roi d'Angleterre, et, « avec ce, de toute sa puissance, poursuivrait vengeance et réparation ». Le sort en était jeté, et rien ne semblait plus pouvoir empêcher la ruine de la France.

Les événements se précipitèrent; il n'en est guère de plus tristes dans l'histoire de ce temps; le 2 décembre, le duc de Bourgogne signait à Arras un traité aux termes duquel : 1° le roi Henri V devait épouser Catherine de France, fille de Charles VI, sans imposer aucune charge au royaume; 2° il laisserait au roi de France la jouissance de sa couronne et les revenus du royaume pendant sa vie; 3° après la mort du roi, la couronne de France serait dévolue à jamais au roi Henri et à ses héritiers; 4° en raison de la démence qui empêchait Charles VI de vaquer au gouvernement, le roi d'Angleterre prendrait le titre et l'autorité de régent; 5° les princes, les seigneurs, les communes, les bourgeois prêteraient serment au roi d'Angleterre comme régent et s'engageraient à le reconnaître pour souverain à la mort du roi Charles.

A ce traité, que rien ne peut excuser, Philippe en ajouta un autre à Rouen le 25 décembre, par lequel il faisait alliance avec Henri V contre le dauphin. Il ne restait plus qu'à faire ratifier les conventions d'Arras par les parties intéressées, l'irresponsable Charles VI, sa triste compagne et leur fille Catherine; le duc de Bourgogne vint les trouver à Troyes, avec les plénipotentiaires

---

(1) Sermon prêché à Arras, en l'église Saint-Vaast, devant le duc, au service célébré en l'honneur de Jean sans Peur, par Pierre Flour, dominicain, inquisiteur de la foi en la province de Reims. Voir MONSTRELET, t. III; CHASTELLAIN, t. I.

anglais, le 21 mars 1420; on y attendit le roi d'Angleterre, qui n'arriva que le 21 mai; le 22 était signé le traité de Troyes, le plus odieux de notre histoire.

Dans cet acte, qui livrait la France au roi d'Angleterre, ou lisait cette clause : « Considérant les horribles et énormes crimes et délits commis par Charles, soi-disant dauphin de Viennois, il est accordé que nous, notre dit fils le roi (d'Angleterre), et aussi notre cher fils Philippe, duc de Bourgogne, nous ne traiterons aucunement de paix et de concorde avec ledit Charles, sinon du consentement et du conseil de tous et de chacun de nous trois et des trois états du royaume. » Si la démence du monarque est une excuse suffisante à une pareille convention, on a peine à comprendre que la mère du dauphin ait adhéré à cet acte contre nature.

Quoi qu'il en soit, le duc de Bourgogne et le roi d'Angleterre renouvelèrent leur traité d'alliance de Rouen et Philippe prêta le serment suivant : « Nous, Philippe de Bourgogne, pour nous et nos héritiers, jurons sur les saints évangiles de Dieu, à Henri, roi d'Angleterre et régent de France pour le roi Charles, de lui obéir humblement et fidèlement dans tout ce qui concerne la couronne et chose publique de France; et, aussitôt après la mort du roi Charles, notre seigneur, d'être perpétuellement homme lige et fidèle du roi Henri et de ses successeurs : de n'avoir ni de souffrir pour souverain seigneur roi de France aucun autre que le roi Henri et ses héritiers; de n'entrer jamais en conseil ni consentement d'aucun tort qui pourrait être fait au roi Henri et à ses successeurs, par lequel ils auraient à souffrir en leur corps, ou en leurs membres, ou à perdre la vie; mais au contraire de leur annoncer diligemment, autant qu'il sera en notre pouvoir, les dits desseins par lettres ou messages (1). » On verra de quelles difficultés ces serments furent cause au moment de la signature du traité d'Arras.

Le traité de Troyes fut exécuté sans délai : après la promulgation du serment à prêter au régent et les pénalités édictées contre ceux qui violeraient le traité ou en parleraient mal, après le mariage du roi d'Angleterre avec Catherine de France, célébré à Troyes dès le 2 juin, Henri V ouvrit la campagne contre le dauphin, prit Sens, Montereau et assiégea Melun, qui, défendu par Barbazan, ne capitula qu'au bout de quatre mois, lorsque les assiégés eurent mangé « chevaux, chats et autres vermines ». Le duc de Bourgogne était présent à ce siège.

Après la prise de Melun, les deux rois, les reines et le duc résolurent de revenir à Paris, qu'Henri V avait fait occuper militairement. Ils firent le 1er décembre une entrée solennelle dans la capitale, fort éprouvée à ce moment par la famine et par des froids prématurés; malgré « la pauvreté de faim », on mit un grand empressement à recevoir le roi d'Angleterre, dans l'espérance que son arrivée apporterait un soulagement à la misère publique. Henri V s'établit au Louvre, Charles VI reprit le chemin de l'hôtel Saint-Paul et le duc de Bourgogne celui de l'hôtel d'Artois.

- Le premier soin de Philippe fut de demander réparation solennelle de la mort de son père; sa mère, Marguerite de Bavière, l'avait poussé avec instance à cette démarche, à laquelle elle-même s'associait. C'est dans un lit de justice tenu par le roi que cette demande fut portée. L'audience eut lieu à l'hôtel Saint-Paul le 23 décembre. Le soin de se présenter au nom de la duchesse veuve et de ses enfants et de plaider en leur nom fut confié par la

(1) Cité par Barante.

cour de Bourgogne à Nicolas Rolin, qui, par ses relations avec le duc défunt et les services rendus à sa cause, par son talent universellement applaudi, était seul à la hauteur d'une pareille mission. Les contemporains sont unanimes à affirmer l'impression profonde produite par sa plaidoirie.

L'assistance était nombreuse : Charles VI présidait avec Henri V, tous deux assis sur le même banc : le duc de Bourgogne, vêtu de deuil, avait à ses côtés les ducs de Clarence et de Bedford, et près d'eux le chancelier de France, Jehan le Clerc, Philippe de Morvillier, premier président du parlement de Paris, les évêques de Thérouanne, de Beauvais, de Tournai et d'Amiens, messire Jean de Luxembourg, le seigneur de Croy, et une foule d'autres, attirés par le caractère dramatique du spectacle et la réputation de l'orateur.

Les chroniqueurs ne reproduisent pas, « pour cause de briefté », le discours de Rolin et ne rapportent que ses conclusions : « Maistre Nicolle Rollin (1), lors advocat au parlement et serviteur audit jeune duc et à son feu père et grand-père, et depuis, par un hault sens et valeur eslevé jusqu'à estre devenu ung des plus haults hommes et des plus recommandés du monde; or cestuy là estoit aussi chargé de son dict maître le duc de faire les complaintes et de proférer les doloreux termes de la très cruelle et inhumaine mort de son feu père... et au nom de la duchesse, sa mère, vefve, et de lui-même ». Et lorsque chacun eut pris place « et apprêtant oreilles à oyr la proposition du hault et excellent homme, maistre Nicolas tout plain de savoir et d'honneur, (celui-ci), le genoulx à terre, requiert humblement aux deux rois pour

_____

(1) CHASTELLAIN.

bénigne permission d'estre ouy ; laquelle à l'instant lui
fut affectueusement accordée et agréé à tous lez, dont à
gravité et profondeur de sens couvert de beaux termes,
il commença sa raison en telle forme. (Reste ici la propo-
sitiou de maistre Nicolas, qui n'est ici couchée pour cause
de briefté). »

On ne peut que regretter cette omission du pittoresque
chroniqueur. Monstrelet donne du moins les conclusions
prises par Rolin au nom de la cour de Bourgogne (1) :
« proposa ledit avocat le félon homicide fait en la personne de Jean de Bourgogne, naguere occis, contre
Charles, soi disant dauphin de Vienne, le vicomte de
Narbonne, le sire de Barbazan, Tanguy du Châtel, Guillaume Boutillier, Jean Louvet, président de Provence,
messire Robert de Loyre, Olivier Laget, et tous les coupables desdits homicides contre lesquels et chacun d'eux,
ledit avocat conclut afin qu'ils fussent mis en tombereaux
et menés par tous les carrefours de Paris, nues têtes, par
trois jours de samedi ou de fête, et tint chacun un cierge
ardent en sa main, en disant à haute voix qu'ils avoient
occis mauvaisemeut, faussement, damnablement et par
envie le duc de Bourgogne sans cause raisonnable quelconque ; et, ce fait, fussent menés où perpétrèrent ledit
homicide, c'est à savoir à Montereau où faut Yonne, et là
dissent et répétassent les mêmes paroles. En outre, au
lieu où ils l'occirent fust faite et édifiée une église ; et, là
fussent ordonnés douze chanoines, six chapelains et six
clercs pour y perdurablement faire le divin office ; et fussent pourvus de leurs ornements sacrés, de tables, de
livres, de calices, de nappes et de toutes autres choses
nécessaires et requises ; et fussent les dits chanoines

_____

(1) Liv. Ier.

fondés chacun de deux cents livres parisis, les chapelains
de cent et les clercs de cinquante, monnaie dite, aux
dépens dudit dauphin et de ses complices. Et aussi que
la cause pourquoi seroit faite la dite église fust écrite de
grosses lettres entaillées en pierre au portail d'icelle, et
pareillement en chacune des villes qui s'ensuivent, c'est
à savoir à Paris, à Rome, à Gand, à Dijon, à Saint-Jacques de Compostelle et en Jérusalem, où Notre-Seigneur
souffrit mort et passion. »

L'avocat du roi, Pierre de Marigny, prit à son tour des
conclusions dans le même sens; on entendit encore un
docteur en théologie, Jean Larcher, parlant au nom de
l'Université, les délégués des bourgeois de Paris et « des
gens des trois estats de plusieurs villes et pays du
royaume (1) ». Et, pour suivre le récit de Monstrelet,
« après lesquelles propositions fut répondu de par le roi
de France, par la bouche de son chancelier, que de la
mort du duc de Bourgogne, de ceux qui si cruellement
l'avoient occis et des requêtes contre eux présentement
faites de par le dit duc, il leur feroit par la grâce de Dieu
et la bonne aide et advis de son frère Henri, roi d'Angleterre, régent de France et héritier, bon accomplissement
de justice de toutes les choses dites et proposées, sans
faillir. »

Le même jour, des lettres patentes du roi déclaraient
les auteurs du meurtre criminels de lèse-majesté, inha-
biles et indignes de toute succession directe et collatérale
et de tous honneurs, dignités et prérogatives. Enfin le
dauphin fut ajourné, à la requête du procureur général,
le 3 janvier 1421 à comparaître avant le 6 à la table de
marbre, et le délai expiré, un arrêt du parlement et une

(1) JOUVENEL, p. 385.

décision du conseil royal le déclarèrent banni et exilé à
jamais du royaume et indigne de succéder à toutes seigneuries venues et à venir, « duquel arrêt ledit Valois
appela tant pour soi que de ses adhérents à la pointe de
son espée et fit vœu de poursuivre sa dite appellation
tant en France qu'en Angleterre, et parmi tous les pays
du duc de Bourgogne (1) ».

Sa cause, qui était celle de la France, était d'ailleurs
loin d'être désespérée; la diplomatie très active et très
intelligente de ses conseillers avait détaché le Languedoc
du parti bourguignon; toute la partie du royaume située
au sud de la Loire reconnaissait son autorité, et fort de
sa cause, il pouvait attendre « l'aventure que Dieu voudrait lui envoyer ».

Si l'on jugeait les conclusions déposées par Rolin au
nom du duc de Bourgogne d'après nos idées actuelles,
elles courraient risque d'être taxées d'exagération ridicule. Il convient, pour les apprécier, de se reporter aux
mœurs du temps et de remarquer que nul ne prenait et
ne pouvait prendre au sérieux cette promenade en tom-
bereau et tête nue dans les rues de Paris d'un prince qui,
avec le titre de régent, commandait encore aux principales provinces du centre et du sud de la France. On doit
voir seulement, dans cette démonstration, un témoiguage, sous la forme brutale que comportaient les idées
de cette époque, du ressentiment implacable de la veuve
de Jean sans Peur et aussi un nouveau gage de l'union
étroite contractée à Troyes entre le duc Philippe et les
ennemis du Dauphin.

Quant à Rolin, en mettant son éloquence au service
des passions de la cour de Bourgogne, il faisait œuvre

---

(1) GODEFROY, p. 703.

d'avocat plus que de diplomate, et ses sentiments de gratitude vis-à-vis d'un prince qui avait été son bienfaiteur suffisent à expliquer la chaleur de sa plaidoirie. Il allait arriver d'ailleurs au moment où devait se terminer pour lui la vie du barreau et où la direction des affaires politiques et les habitudes diplomatiques lui inspireraient d'autres conseils et un langage différent. Quoi qu'il en soit, cette audience, dans les circonstances solennelles où elle avait été tenue, fut un coup de fortune pour lui, en donnant le sceau à sa réputation et en mettant le nouveau duc à même de le connaître et de l'apprécier personnellement.

C'est de ce jour que date son immense crédit sur l'esprit de Philippe. Celui-ci lui fit un présent de 50 livres « pour la peine et le travail qu'il avait pris pour étudier les propos qu'il fit en présence du roi touchant la mort et occision de feu monseigneur le duc de Bourgogne, que Dieu absolve (1) ». C'étaient là des honoraires. Puis il le confirma dans la charge de maître des requêtes de son hôtel en considération de « ses grans sens, prudence, habileté et suffisance » aux gages de trois francs par jour avec une pension de cent livres (2) (14 janvier 1421).

Cette année 1421, qui commençait si bien pour Rolin, fut pour la France une année terrible : la guerre, la famine, des maux de toutes sortes en firent, selon l'expresssion des chroniqueurs, la « plus forte année à passer que oncques homme vist » (3). Les hostilités se poursuivirent entre le dauphin et les troupes anglaises, qui furent battues à Baugé (22 mars), et le dauphin vint assiéger Chartres. Mais Henri V, qui avait quitté la France

(1) BIGARNE, op. cit.
(2) LA BARRE, Mém. de Bourgogne, p. 199.
(3) MONSTRELET, t. IV, CHASTELLAIN, t. I.

au mois de décembre précédent, revint avec une puissante armée, mit le siège devant Meaux, et le dauphin, abandonnant Chartres, se retira derrière la Loire.

L'année suivante, le duc Philippe, qui n'avait pas encore visité la Bourgogne, depuis la mort de son père, jugea le moment venu d'y paraître. Il fit son entrée à Dijon le 19 février, jura, comme l'avaient fait son père et son aïeul, de maintenir les privilèges de la ville, et reçut à son tour les serments des délégués des villes du duché. Il s'aperçut promptement que la politique antinationale qu'il venait d'affirmer n'avait pas, dans ses propres états, l'assentiment de tous.

A peine les fêtes données par la ville de Dijon pour l'entrée du duc et les cérémonies funèbres célébrées au couvent des Chartreux, où reposait le corps de Jean sans Peur, étaient-elles terminées, que le duc, conformément aux stipulations du traité de Troyes, demanda aux habitants de Dijon de prêter le serment d'adhésion à ce traité. Des commissaires envoyés par le roi d'Angleterre étaient arrivés pour requérir et recevoir ce serment.

Cette demande provoqua une vive effervescence dans la ville : dans une réunion des bourgeois aux Jacobins, le refus de serment fut décidé. Alors le maire et les échevins, croyant trouver un moyen de concilier leurs devoirs envers leur souverain avec les éventualités que pourrait réserver l'avenir, proposèrent de jurer qu'ils tiendraient pour roi de France celui que leur seigneur reconnaîtrait pour tel. Les commissaires envoyés par Henri V trouvèrent la formule trop vague et refusèrent de l'accepter. Enfin, après de longs pourparlers, le serment fut prêté, mais sans aucune solennité, dans la chambre de Philippe, et sous la réserve que le procès-verbal de prestation de serment et les lettres qui seraient délivrées à la suite portéraient formellement que cette prestation était faite sur le commandement exprès du duc.

Philippe profita de son séjour en Bourgogne pour faire voter par les États du duché un subside de joyeux avènement. L'assemblée lui accorda 36,000 livres, mais en insistant sur les malheurs du temps, la misère du peuple, la mortalité qui régnait sur les hommes et sur le bétail, les dommages causés par le passage des gens de guerre et sur la nécessité de pourvoir à ces besoins avant toutes autres dépenses. Le duc visita ensuite le comté de Bourgogne, fit à Genève visite au duc de Savoie et se mit en mesure de défendre le comté de Nevers, envahi par les troupes françaises. La Charité venait d'être prise, et Cosne, assiégée, allait se rendre. Philippe se mit à la téte de l'armée bourguignonne et des Anglais que lui avait amenés le duc de Bedfort et fit lever le siège de Cosne au commencement du mois d'août.

Le 31 du même mois, le roi Henri V, malade depuis le printemps, mourut en exprimant le désir de voir le duc de Bourgogne se charger du gouvernement de la France pendant la minorité de son fils, qui n'avait que dix mois, et en suppliant les princes de sa famille de rester toujours d'accord avec Philippe. Il avait trente-cinq ans.

Cette mort, suivie au mois d'octobre de celle du roi Charles VI, pouvait singulièrement modifier la situation et les dispositions du duc de Bourgogne et de son conseil. Cette domination anglaise, sur laquelle on pouvait faire fond avec le prince jeune, énergique, « de hautain vouloir » servi par le succès, qui venait de disparaître, n'était-elle pas factice et sans avenir, aujourd'hui qu'elle n'était plus représentée que par un enfant? Et n'allait-on pas avoir à compter davantage, avec ce « soi-disant dauphin de Viennois », qui, le 30 octobre, apprenant à Melun la mort de son père, prenait, avec le titre de roi de France, le nom de Charles VII, et autour duquel allait se grouper la résistance nationale?

Mais le moment n'était pas venu où les haines de Philippe le Bon devaient faire place aux sentiments de ses intérêts et des traditions de sa famille. A cette époque, il était encore tout anglais, et il faudra, pour donner une autre orientation à sa politique, l'action persévérante d'un ministre avisé, dont l'influence grandissante serait plus tard secondée par les événements.

Quoi qu'il en soit, le duc de Bourgogne se dispensa d'assister aux derniers moments du roi d'Angleterre; il vint à Paris aussitôt après la mort d'Henri V, refusa le gouvernement du royaume pendant la minorité d'Henri VI, reconnut comme régent le duc de Bedford, oncle de l'enfant-roi, jura de nouveau le traité de Troyes, et repartit pour la Flandre avant les cérémonies funèbres; un service fut en effet célébré à Saint-Denis le 16 septembre, avant le départ pour l'Angleterre de la dépouille mortelle d'Henri V. Les Anglais avaient fait faire, raconte le chroniqueur, « la semblance et représentation du roi de cuir bouilli, moult gentiment, portant en son chef couronne d'or moult précieux ».

Philippe n'assista pas davantage aux obsèques de Charles VI, son malheureux parent, mort dans l'abandon le 21 octobre, et dont le pauvre corps dut attendre, pour être enterré à Saint-Denis le 11 novembre, les ordres du duc de Bedford, retenu à Rouen; tristes funérailles que suivait seul le régent anglais, « et adonques les huissiers d'armes dudit roi, qui étaient là présents, rompirent leurs petites verges et les jetèrent dans la fosse, et puis mirent leurs masses en bas, le dessus dessous. Et lors le roi d'armes de Berri, accompagné de plusieurs hérauts et

poursuivants, cria dessus la fosse : « Dieu veuille avoir
« pitié et merci de l'âme de très excellent, très haut et
« très puissant prince Charles, roi de France, sixième
« du nom, naturel et souverain seigneur. » Et, après ce,
cria derechef le roi d'armes : « Dieu donne bonne vie à
« Henry, par la grâce de Dieu, roi de France et d'Angle-
« terre, notre souverain seigneur. »

On peut comprendre que le duc Philippe eût eu quelque
honte de s'associer par sa présence au suprême affront
ainsi infligé à la dynastie dont il était issu, et il est permis
de penser que son tact naturel l'avait prémuni contre cette
haute inconvenance; au moins la raison protocolaire
donnée par lui, c'est-à-dire la crainte d'être obligé de
céder le pas au prince anglais, laisse percer une suscep-
tibilité familiale bien faite pour justifier son absence. Les
Parisiens ne la comprirent pas et murmurèrent très
haut (1) de l'abandon où avait été laissé le pauvre roi
« en sa mort comme en sa vie ».

(1) Juvénal des Ursins.

CHAPITRE IV

Rolin nommé chancelier de Bourgogne. — Son double rôle comme garde des sceaux et comme premier ministre. — Organes judiciaires et administratifs dans le duché de Bourgogne, la Flandre, le Brabant, le Hainaut, la Hollande. — Chambre du conseil et des comptes. — Grand conseil : ses attributions. — États généraux de Bourgogne.

Les événements qui viennent d'être rappelés précédèrent de très peu celui qui consacra la haute fortune de Rolin et son élévation définitive : le chancelier du duc Philippe, Jean de Thoisy, évêque de Tournai, n'avait plus, en raison de son âge et de sa santé, l'activité et la force suffisantes pour des fonctions dont l'importance grandissait avec la puissance du duc de Bourgogne et avec la hauteur de ses ambitions. Philippe lui redemanda les sceaux et lui alloua une pension de 600 livres, dont il jouit jusqu'à sa mort, arrivée à Lille en 1433 (1).

Le titre de chancelier fut conféré à Rolin le 3 décembre 1422, aux gages, portent les comptes du temps, de 2,000 livres par an et de 8 francs par jour lorsqu'il travaillait aux affaires du duc hors de son hôtel (2).

Cette nomination de Rolin, pour être justifiée par la

(1) Collection de Bourgogne, t. 104, p. 225.
(2) *Ibid.*, p. 228 v°.

haute valeur du nouveau chancelier et les services rendus par lui à la maison de Bourgogne, n'en constituait pas moins une mesure exceptionnelle, puisqu'elle appelait un simple bourgeois à la plus importante fonction de la cour la plus aristocratique de ce temps. Philippe avait été bien inspiré dans son choix, et il le fut souvent à ce point de vue, en faisant entrer dans ses conseils des hommes qui n'avaient pas d'autre recommandation que leur mérite et en développant autant que possible, comme on le verra plus loin, les centres d'instruction où les jeunes légistes pouvaient se préparer à de grandes situations.

Le rôle du chancelier de Bourgogne doit être étudié sous un double aspect : garde des sceaux, il était le chef de la justice dans tous les états du duc; conseiller personnel et attitré du prince, il était son premier ministre et dirigeait sa politique. C'est à ces deux points de vue que doit être étudiée l'action de Rolin pendant cette longue période de quarante années au cours de laquelle il exerça l'autorité la plus complète et la plus heureuse pour l'État de Bourgogne et pour son souverain.

Il est nécessaire, pour comprendre l'importance des fonctions judiciaires du chancelier, d'examiner l'organisation de la justice dans les divers états du duc de Bourgogne et les transformations successives qu'elle subit au cours du règne de Philippe le Bon.

Les organes judiciaires dans le duché et dans le comté de Bourgogne étaient, à l'avènement de ce prince, à peu près les mêmes que sous son aïeul Philippe le Hardi. Le parlement, qui fut la continuation des Grands jours, siégeait à Beaune pour le duché, à Dole pour le comté de Bourgogne et à Saint-Laurent-lès-Chalon pour le comté d'Auxonne et les terres d'outre-Saône. Les séances, d'une durée variable selon le nombre des affaires, se prolon-

geaient généralement de quinze jours à deux mois. Le
parlement connaissait de toutes sortes de litiges, sauf les
procès désignés sous le nom de *cas royaux*, portés aux bailliages de Sens, de Màcon et de Saint-Pierre-le-Moutier,
et par appel au parlement de Paris (1). Les arrêts du
parlement de Beaune étaient également déférés, par voie
d'appel, au parlement de Paris, sous la désignation reçue
« appel en France » (2).

A côté de cette juridiction existait une institution secondaire, connue sous le nom de *juges d'appeaux*, destinée à
venir en aide au parlement, en jugeant, dans l'intervalle
des sessions de celui-ci, les causes les plus urgentes. Ce
tribunal tenait ses séances à Beaune; ses magistrats,
nommés juges ou auditeurs d'appeaux, étaient révocables,
mais permanents, et ses décisions étaient portées en appel
au parlement.

Quant aux baillis, dont l'autorité, énorme à l'origine,
avait été successivement restreinte, leurs attributions se
bornaient à la connaissance de certaines causes civiles
et criminelles.

Telle était dans ses grandes lignes, et en laissant de
côté certaines juridictions spéciales, telles que les justices
seigneuriales, l'organisation de la justice en Bourgogne
lorsque Philippe le Bon prit en main le gouvernement
Le mécanisme, pour en être simple, ne répondait plus
aux besoins du temps, au nombre croissant des procès,
à la nécessité d'une plus grande fixité dans l'administration de la justice.

Les inconvénients de cette juridiction, longtemps ambu-
latoire et toujours intermittente, du parlement, avaient dû
frapper Rolin au cours de son passage au barreau et dans

(1) COURTÉPÉE, t. I.
(2) DE LACUISINE, *Parlement de Bourgogne*.

les conseils des ducs, et il n'est pas téméraire de lui donner une large part dans une réforme opérée par Philippe le Bon le 24 juillet 1422, quatre mois seulement avant l'élévation de Rolin au poste de chef de la justice, et dont le nouveau chancelier fut chargé d'assurer l'exécution.

Quelques mois auparavant, le duc avait établi une commission chargée de vérifier, dans tous les bailliages de Bourgogne, la façon dont la justice était rendue, et, au besoin, de punir les délinquants et d'infliger des peines (1). Puis, le 22 juillet, par lettres patentes datées de Montbard, il institua un conseil chargé tout à la fois de l'administration de la justice et du gouvernement du duché. Dans la pensée du duc et sûrement dans celle de Rolin, l'institution de ce conseil avait pour but de consacrer tout à la fois une réforme judiciaire, et de veiller à la sûreté politique et administrative de la Bourgogne pendant le séjour presque constant de Philippe dans ses états du nord.

A cette époque, la séparation des pouvoirs administratif et judiciaire était complètement inconnue et les mêmes magistrats étaient chargés de régler les intérêts privés et les questions d'administration générale. Le nouveau conseil était tout à la fois cour de justice, conseil d'État, et même cour des comptes; car, bien que le conseil dût siéger sans intervention de la chambre des comptes dont il sera fait mention plus loin, il est douteux qu'il en fut toujours ainsi (2).

Le conseil composé « de gens notables, prudents et aimant le bien de la justice » devait résider à Dijon. Présidé, dès l'origine, par le nouveau chancelier, en l'absence du duc, il était composé d'un président, dont le premier

(1) Dom PLANCHER, t. IV, preuves.
(2) LAMBERE, le Grand Conseil des ducs de Bourgogne, Bruxelles, 1900.

nommé, Guy Armenier, était un des plus savants jurisconsultes du temps, et de conseillers, tous nommés par
le duc (1).

Le nom de ces premiers conseillers est intéressant à
rappeler; c'étaient : maître Guy de Pontaillier, seigneur
de Talmère; maître Jacques Courtiamble, seigneur de
Commarin; maître Jacques, seigneur de Villers; messire
Jacques de Busseul, bailli de Saint-Omer; Jean Chousat,
maître des comptes et officier de la saunerie de Salins;
Jean de Nordent, trésorier et gouverneur général des
finances ducales; Guillaume le Changeur; maître Claude
Rochette; maître Jean de Terrant et Guillaume Guichard
de Garray. Il compta depuis les hommes les plus versés
dans la science du droit (2).

Dans ce conseil et dans toutes les juridictions administratives ou judiciaires que nous allons passer en revue,
l'élément féodal a une part limitée et le chancelier s'appli-
quera à la réduire de plus en plus. La pensée constante de
Rolin fut de restreindre le rôle de la noblesse aux charges
de cour et aux emplois de parade, et d'établir, au détriment de celle-ci, le pouvoir absolu du souverain sur un
gouvernement de légistes et d'hommes d'affaires. C'était
commencer contre l'élément féodal une lutte qui fut celle
de toute sa carrière et qui déchaîna contre lui des haines
auxquelles il finit par succomber.

Les attributions du nouveau conseil étaient multiples;
toutes les plaintes, les requêtes, les affaires criminelles
et civiles étaient portées devant lui; il avait le pouvoir de
« cognoître de toutes querelles, complaintes et clameurs,
ainsi que de tous cas criminels, juger de toutes matières
civiles et des causes d'appeaux, et pourvoir à tous abus

(1) Bibl. nat., collection de Bourgogne, t. 99, fol. 200.
(2) DE LACUISINE, op. cit.

de justice, punir et corriger tous malfaiteurs, tant de peines corporelles que de peines pécuniaires, enfin mettre à exécution les arrêts civils ou criminels ».

En résumé il avait à faire tout ce que « à chambre du conseil appartient ». Il était tout à la fois juge de première instance, puisqu'il tenait la place des juges ou auditeurs d'appeaux du duché, et cour d'appel, puisqu'on portait devant lui les causes jugées en premier ressort par les parlements de Dole, de Beaune et de Saint-Laurent.

A côté de cette compétence judiciaire, le conseil de 1422 avait des attributions toutes politiques; son autorité sur les affaires de Bourgogne était absolue; il était en relation constante avec le duc pour le tenir au courant de la situation du duché; il pouvait même, dans les cas nécessaires, donner des missions à des ambassadeurs, ou envoyer des courriers, « des chevaucheurs ». Enfin il avait le droit d'ordonner aux fonctionnaires des finances de faire des dépenses, en transmettant à la chambre des comptes des mandements, comme le duc lui-même.

L'autorité ainsi donnée à une seule assemblée était excessive, et cette concentration de pouvoirs différents entre les mêmes mains devait inévitablement conduire à des conflits; c'est ce qui se produisit : dans quelle mesure le conseil de 1422 s'arrogea-t-il des droits dépassant les attributions si larges qu'on lui avait données? N'y eut-il pas, dans les plaintes formulées contre lui et émanant surtout des seigneurs bourguignons, une levée de boucliers de la noblesse contre une autorité gênante? Il est difficile de connaître exactement la vérité; on reprocha aux conseillers d'évoquer par devers eux presque tous les procès soumis aux baillis et aux autres juges du duché et du comté, au prix de grandes dépenses pour les plaideurs obligés de venir à Dijon; ils prenaient aussi, disait-on, des gages excessifs sur les parties (1), et imposaient aux populations de trop fortes amendes.

Quoi qu'il en soit, en 1431, les états de Bourgogne, convoqués à Dijon par le chancelier pour obtenir les subsides nécessaires aux dépenses de la guerre, se firent l'écho de ces plaintes et demandèrent la suppression du conseil, dont les membres, informés de ce qui se tramait contre eux, écrivirent le 8 juillet au duc en Flandre, pour se défendre et demandèrent à être entendus avant qu'on les condamnât.

Philippe s'en remit à Rolin de prendre tel arrangement qu'il jugerait convenable. Le chancelier, à la réception des lettres du duc, datées du 25 juillet, nomma une commission chargée d'examiner les griefs imputés à la chambre du conseil. Rolin eut-il la conviction que ces griefs étaient fondés, ou ne pensa-t-il pas qu'il valait mieux céder pour l'instant à l'orage et remettre à l'avenir la continuation de son œuvre sous une forme modifiée ? La suite des événements semble justifier cette seconde hypothèse, et les réformes opérées par l'ordonnance de 1446, dont nous étudierons plus loin l'idée générale, semblent inspirées par la pensée qui avait dicté la création, peut-être prématurée, de 1422.

Le 1er avril 1431, le chancelier sur le rapport qui lui fut fait par la commission instituée par lui, rendit une ordonnance, aux termes de laquelle il supprimait au nom du duc, et jusqu'à nouvel ordre, la chambre du conseil de Dijon. L'ancienne juridiction était rétablie et Rolin nommait Richard de Chancey et d'autres conseillers pour tenir les audiences de Beaune dans les limites d'attributions et suivant les formes en usage avant 1422. Le par-

---

(1) Dom PLANCHER, t. IV.

lement du comté de Bourgogne devint sédentaire à Dole.

La suppression de la cour de justice instituée en 1422 ne laissa pas moins subsister dans le duché de Bourgogne, dont l'organisation judiciaire et administrative nous occupe seule en ce moment, le conseil ducal dont l'origine remonte aux ducs de Bourgogne de la première race, et qui depuis fut réorganisé par Philippe le Hardi et Jean sans Peur. C'est du reste comme membre de ce Conseil, soit comme conseiller, soit comme maitre des requêtes, qu'on a vu figurer Rolin dans les différentes étapes déjà parcourues. Cette assemblée, qui, à l'origine, s'occupait tout à la fois de justice et de comptabilité, fut divisée sous Philippe le Hardi, en deux sections distinctes, le conseil de justice et la chambre des comptes.

Ce conseil ducal était composé des personnages les plus considérables du duché, des seigneurs faisant partie de l'hôtel du duc, inscrits sur les écrous (escroes) de cet hôtel, c'est-à-dire sur des feuilles de parchemin dressées journellement par les maîtres d'hôtel, qui y inscrivaient les émoluments de ces officiers. Peu à peu l'élément féodal y devint moins prépondérant. Le nombre des conseillers n'était pas fixé, et, en fait, il était considérable (1). Les ducs y appelaient des membres du clergé, de la noblesse et des « gens de loi », en ayant égard pour ceux-ci au seul mérite. Les charges, en effet, n'étaient pas vénales, et les émoluments étaient fixés par séances de travail. Le conseiller nommé prêtait serment entre les mains du chancelier. Il n'était pas tenu de demeurer à Dijon, mais devait s'y rendre lorsqu'il était appelé par le chancelier « aux besognes et affaires, toutes fois que besoin sera. » A côté des conseillers et des maîtres des requêtes,

(1) Voir la liste des membres du Conseil sous Philippe le Hardi et Jean sans Peur dans LA BARRE, *Mém. de Bourgogne*.

il y avait des secrétaires qui, « lorsque le conseil avait besoin de lumières, devaient porter les flambeaux ».

Les séances du conseil avaient lieu très souvent le dimanche après la grand'messe à la Sainte-Chapelle du palais ducal, autour du bureau de la chambre où se vérifiaient les comptes du duché et du comté. Le chancelier présidait, lorsqu'il était en Bourgogne ; à son défaut, le doyen de la Sainte-Chapelle le remplaçait. L'histoire du temps rapporte qu'en carême on servait au conseil des confitures, des épices et du vin, « non pas le matin, mais l'après-dinée (1) ».

Le conseil ne rendait pas de décisions ; c'était le duc qui était réputé y rendre la justice, ou y mandater des comptes. Les actes portaient seulement, avec la suscription ducale, la mention « par le Conseil estant à Dijon (2) » ou bien « à la relation du Conseil (3) ». Les attributions du Conseil ducal, comme cour de justice, étaient étendues ; il jugeait les procès du duché ou du comté de Bourgogne qui lui étaient soumis. Il revisait en appel les sentences des baillis et des échevins. Il semble toutefois qu'en matière purement judiciaire ses fonctions fussent moins importantes, limitées qu'elles étaient par le recours des parties à la juridiction des juges d'appeaux et par le fonctionnement des parlements de la province. Il avait, au contraire, en matière administrative, l'occasion fréquente d'exercer son autorité, puisqu'il partageait avec le gouverneur de la province, en l'absence du duc, la surveillance du duché et du comté, dont il nommait les officiers et fixait, au besoin, les émoluments (4).

(1) La Barre, op. cit.
(2) Dom Plancher.
(3) Ibid.
(4) Collection de Bourgogne, t. 51, fol. 25.

A côté de cette chambre de justice, figurait, on l'a vu, une autre et très importante section du conseil ducal, la chambre des comptes , dont l'organisation remonte à Philippe le Hardi. Avant le règne de ce prince, les officiers de finance se réunissaient aux membres du conseil de justice pour procéder à la vérification des comptes des différentes recettes de la province. Ces officiers siégeaient parfois seuls et formaient des commissions chargées par le duc de faire la vérification des comptes des receveurs et des châtelains (1). De simples fonctionnaires s'adjoignaient aussi aux conseillers du duc et réglaient avec eux le compte des finances ducales. On les appelait « gens des comptes ». En dehors de l'examen des registres des comptes des receveurs, ils exerçaient une juridiction financière très étendue; ils jugeaient les procès intentés pour des conflits financiers (2).

Philippe le Hardi voulut donner à sa chambre des comptes de Dijon un règlement semblable à celui de la chambre des comptes de Paris, et « pour y établir les mêmes us, styl, ordonnances et serments », demanda à Charles VI de lui envoyer deux officiers de cette chambre. A la suite du travail des deux maîtres des comptes, Jean Cretey et Oudart de Trigny, délégués par le roi, le duc rendit l'ordonnance du 11 juillet 1386 qui est considérée comme l'acte de fondation de la chambre des comptes de Dijon. C'est dans ces conditions que Rolin la trouva installée.

Elle était composée de quatre maîtres auxquels on donna depuis le nom de conseillers, deux pour le duché

(1) D'ARBAUMONT, *Armorial de la Chambre des comptes de Dijon* 1881.
(2) Bibl. nat., collection de Bourgogne, t. 51.
(3) COURTÉPÉE, t. I.

de Bourgogne et les terres de Champagne, et deux pour
les comtés de Bourgogne, de Nevers, de Donzi et Fau-
cigny. Il y avait en outre quatre auditeurs et quatre
clercs. Les gages des conseillers étaient de 304 livres
par an, ceux des auditeurs de 157 livres, et ceux des
clercs de 100 livres. Les membres de la chambre des
comptes étaient tenus à la résidence fixe à Dijon et se
réunissaient tous les jours, le matin et l'après-midi. Toutefois il fut décidé le 12 juillet 1438 « qu'attendu que
Messeigneurs sont dès le matin au soir, chacun jour
ouvrant de la semaine, en la chambre, que le samedi
après dîner n'y seront plus dorénavant pour besoigner,
mais yront aux vêpres et au divin office en l'honneur
et révérence de la benoiste vierge Marie, selon l'usage
de la chambre de Paris ». Les officiers de cette chambre
jouissaient de grands privilèges et étaient commensaux
de la maison des ducs ; à ce titre, ils recevaient des « robes, capes, jetons, épices, sel, poisson » ; plus tard ces
menus suffrages furent convertis en argent. Le chan-
eelier la présidait également ; mais, quand le duc était à
Dijon, les séances se tenaient sous sa présidence (1).

Jean sans Peur avait confirmé le 4 août 1404 l'ordonnance de son père sur l'obligation des membres de la
chambre des comptes et du conseil de justice de délibérer
séparément. Il décida même de faire organiser, en son
hôtel de Dijon, une chambre séparée pour les seuls conseillers de justice, afin de ne pas déranger les « gens » des
comptes (2). Il semble toutefois que ces prescriptions ne
furent pas rigoureusement suivies et que bien souvent

(1) Bibl. nat., collection de Bourgogne, t. 51, fol. 186. Mention
d'une délibération prise en présence de Philippe le Bon, le 16 décembre 1424.

(2) Dom PLANCHER, t. III, preuves.

des délibérations furent prises en commun. Quoi qu'il en soit, la chambre des comptes de Dijon remplit son office avec un zèle et une exactitude dignes de tout éloge : l'inventaire des comptes, méthodiquement tenus et réunis par dix années, le droit de casser de leurs offices ou de frapper d'amendes les receveurs généraux et particuliers qui ne se présentaient pas pour leur reddition de comptes, l'obligation pour le contrôleur et le maître de la chambre aux deniers de rendre les comptes de l'hôtel ducal, les prescriptions méticuleuses imposées aux receveurs et à tous les officiers de recettes avant d'obtenir la quittance ou le mandement nécessaire pour valider leur compte, tout était minutieusement prévu, réglé et observé et contribuait à donner à la chambre des comptes l'autorité nécessaire pour assurer le plus important des services.

Ses attributions étaient considérables. Elles n'exceptaient rien de ce qui touchait aux finances et s'étendaient, par exemple, aux questions relatives aux monnaies ; c'est ainsi qu'on voit la chambre des comptes, présidée par Rolin, discuter le 27 février 1423 la question de savoir si, « attendu le trépassement du roi Charles, que Dieu absolve, » et sans savoir de quelle monnaie se servira le roi Henri, « qui est à présent fait comme roi de France et d'Angleterre », on devra continuer à se servir des poids admis pour la monnaie de Dijon, et on décida, sur l'avis du chancelier, qu'au moins jusqu'à « Pàques prochain », cette monnaie de Dijon serait admise pour toutes les transactions (1).

Cette chambre avait aussi la surveillance des greniers à sel du duché et du comté, établis en 1370 par Philippe le Hardi dans un certain nombre de villes de ses états, et

(1) Bibl. nat., collection de Bourgogne, t. 51, fol. 84 v°.

les. mettait à prix. Le journal de Jehan Denis fait mention, à ce propos, d'une lutte que les Màconnais soutinrent de 1434 à 1436 pour ne pas avoir un grenier à sel que le chancelier voulait établir à Màcon. Les échevins furent envoyés en 1437 à Rolin, qui se trouvait à ce moment dans sa terre de Monnetay, « lequel les oyt », et les renvoya pour le mois de mai suivant devant lui et les États convoqués à cette époque. Ils y furent, y établirent leurs prétentions, et finalement il leur fut dit que « l'on ne pourroit rien faire autrement que ce qu'il en plairoit au duc. Et depuis on n'en entendit plus parler. Benoist en soit Dieu. »

La chambre des comptes jugeait en appel les décisions de la *gruerie*. On désignait ainsi la juridiction chargée de statuer sur tout ce qui concernait les bois et les eaux, et sur les délits qui pouvaient s'y commettre ; les juges qui composaient ce tribunal spécial portaient le titre de *gruyers* ; il y avait en Bourgogne un gruyer général et plusieurs gruyers particuliers, tous à la nomination du duc. Enfin les « gens des comptes », ayant part à l'administration du domaine ducal, s'opposèrent plusieurs fois à son aliénation et méritèrent en cette occasion les récriminations des courtisans et l'approbation du souverain (1).

Les archives de la chambre des comptes de Dijon renfermaient le plus riche dépôt des titres, chartes, traités, contrats de mariage et testaments des princes. On voit le 1er mars 1459 Philippe le Bon écrire de Bruxelles à son chancelier de lui envoyer son testament déposé aux archives de cette chambre, « afin qu'il y ajoute ou diminue certaines choses selon sa volonté et dévotion ». Cet acte fut apporté au duc « en une layette en bois, liée d'une

(1) COURTÉPÉE, t. I.

cordelette et scellée sur le nœud de la dite cordelette »,
et décharge fut donnée à Jean Chapuis, conseiller maître
des comptes de Dijon (1).

Rolin, comprenant toute l'importance de pièces qui
forment encore aujourd'hui la plus riche et la plus précieuse partie des documents relatifs à l'histoire de cette
époque, eut la pensée de les coordonner. Le 31 juillet 1448,
il se rendit à la chambre des comptes et donna l'ordre d'in-
ventorier et de classer toutes les lettres, titres et chartes
existant « en son trésor à Dijon ». Il avait choisi, pour
exécuter ce travail, Mᵉ Jean de Vandenesse, chanoine de
la Sainte-Chapelle, et Léonard du Cret, clerc des comptes.
Il donna connaissance de son choix à la chambre, et lui
prescrivit de faire venir devant elle ces deux officiers, de
leur notifier leur commission et de les inviter à commencer
leur travail aussitôt après avoir prêté serment « que bien
secrètement ils visiteroient les dites chartes, et qu'à
personne quelconque vivante ils ne diroient ni révéle-
roient aucune chose du contenu en icelles, en quelque
manière que ce fust, sous peine de parjurement et d'être
déshonorés à toujours ». Il chargea, en outre, les officiers de la chambre de faire confectionner de solides
layettes en bois de chêne pour y déposer tous ces titres.

La volonté du chancelier reçut son exécution, et l'inventaire fut rédigé. Il forme un grand volume intitulé :
« Inventaire des chartes, titres et lettres trouvés et estans
au trésor de mon très redoubté seigneur Monseigneur le
duc de Bourgoigne à Dijon, fait par nous Jehan de Vandenesse, licencié ès lois, conseiller de mon dit seigneur et
chanoine de sa chapelle ou dit Dijon, et Liénard du Cret,
clerc des comptes d'icellui seigneur ou dit lieu, par l'or-

(1) *Mém. de la Société éduenne*, t. VI.

donnance de mon très honoré seigneur, messire Nicolas Rolin, chevalier, seigneur d'Authume, chancellier de Bourgoigne, escripte en la Chambre des dits comptes ou lieu des Mémoires d'icelle. Le dit manuscrit commencé à faire le XIe d'aoust l'an mil quatre cens quarante huit (1). »

Tels étaient dans le duché et le comté de Bourgogne les organes principaux de la justice et de l'administration; il était nécessaire d'en connaître les rouages pour se rendre compte de l'importance du rôle du chancelier à qui revenait le soin de les mouvoir. Mais son action, en cette matière, ne se bornait pas à la Bourgogne : les états septentrionaux du duc avaient, à cet égard une juridiction indépendante, et au dessus de tous les autres pouvoirs existait un grand conseil ducal, siégeant auprès du prince et qui exerçait son action, ordinairement depuis Lille ou Bruxelles, sur tous les états soumis à l'autorité du duc.

Chaque fois qu'une nouvelle province était annexée, elle recevait un conseil calqué sur le modèle de celui de Dijon, et entrait par là même dans la sphère de direction du chancelier.

Le comté de Flandre fut la première des assises de la puissance des ducs de Bourgogne dans les Pays-Bas. Philippe le Hardi avait pris possession, à la mort de son beau-père, Louis de Male, le 30 janvier 1384, de la Flandre, de l'Artois, de Malines, d'Anvers, et, en outre, de la Franche-Comté, de Nevers et de Rethel. Son premier soin avait été d'introduire l'ordre et la régularité dans le service des finances publiques de ses nouveaux domaines; il avait fait venir un conseiller de la chambre des comptes de Dijon, et un de celle de Paris, pour apprendre aux anciens commis des comptes qui géraient

_____

(1) GACHARD, Rapport sur les documents qui existent à Dijon.

les finances des comtes de Flandre, les traditions administratives des chambres de Bourgogne et de France (1).

C'est ainsi que furent créées le 15 février 1386, par lettres patentes, la chambre du conseil et la chambre des comptes de Lille. Comme en Bourgogne, ces deux chambres siégèrent longtemps ensemble. Jean sans Peur les sépara, en envoyant à Gand le conseil de justice et en laissant la chambre des comptes à Lille. En 1429, Philippe le Bon réduisit à quatre le nombre des conseillers de cette dernière et décida que ceux-ci ne seraient justiciables que de lui et de son chancelier. Il étendit le ressort de la chambre des comptes de Lille au comté de Namur, annexé en 1421, au comté de Hainaut, acquis en 1428, et et enfin aux villes de la Somme et au comté de Ponthieu, réunis à sa couronne en 1435.

Quant à la chambre de justice, installée à Gand par Jean sans Peur, et successivement transférée par Rolin, sous Philippe le Bon, lors de la révolte des Gantois, à Courtrai, à Termonde, à Ypres, pour revenir à Gand, elle devint le conseil de Flandre, composé d'un président, de plusieurs conseillers, d'un greffier, d'un procureur général et d'un avocat général, avec mission de juger toutes les causes civiles et criminelles ressortissant au parlement de Paris. Devant ce conseil, les parties pouvaient plaider en flamand, mais des traductions françaises des pièces devaient être données au chancelier et aux magistrats qui ne connaissaient que le français, et, lorsque, dans certains cas, la sentence était rendue en flamand, elle devait être traduite en français pour l'appel au Parlement.

Lors de l'annexion du comté de Namur, Philippe le

(1) FRÉDÉRICH, op. cit.

Bon y établit un conseil de justice analogue et qui restreignit dans une mesure considérable les attributions des anciennes juridictions du pays.

Le Brabant eut aussi, dès son annexion par Philippe le Bon, une cour souveraine de justice, nommée conseil de Brabant, dont les membres devaient résider à Bruxelles, et une chambre des comptes, analogue à celle de Dijon, et siégeant également à Bruxelles.

Le Hainaut avait une cour souveraine de justice siégeant à Mons et sur les attributions de laquelle on a peu de documents. Un auteur indique que Rolin obtint du duc « le droit de connaître en toute franchise et liberté et par ses propres baillis ou lieutenants de tous cas de justice quelconques, à l'exclusion des sergents ou officiers de Hainaut, qui ne devaient plus y exploiter, à moins d'y être autorisés par jugement exceptionnel de la cour de Mons (1) ». Ce texte semblerait attribuer ainsi au chancelier une juridiction toute personnelle dans ce comté.

Quant à la Hollande, Philippe le Bon, devenu comte de Hollande, Zélande et Frise, établit à la Haye en conformité de l'article six du traité conclu avec Jacqueline de Bavière, qui lui avait cédé la Hollande, une chambre de conseil et des comptes, composée de neuf conseillers.

Enfin, quand il fut reconnu souverain du Luxembourg, le 29 décembre 1444, il y trouva un conseil qu'il y maintint avec des modifications. Ce conseil, composé de six conseillers luxembourgeois et « des autres de nostre conseil de par delà », rendait la justice et administrait les finances avec les receveurs particuliers.

Telle est, dans ses lignes principales, l'organisation, à peu près uniforme, et très analogue à celle de Bour-

---

(1) Piérart, *Recherches historiques*, cité par Bigarne, *op. cit.*

gogne, qui fut inaugurée dans les Pays-Bas, sous le ministère de Rolin, et dont il serait injuste de ne pas attribuer au chancelier l'initiative et la suite. Elle amena une modification profonde dans les institutions judiciaires et les usages séculaires des Pays-Bas, en introduisant les principes du droit romain et du droit canonique, appliqués par les légistes en Bourgogne, au détriment peut-être des franchises et des coutumes locales; mais elle contribua puissamment à établir l'uniformité de jurisprudence dans un pays divisé, et dont les coutumes différaient d'une ville à l'autre.

Nous avons vu qu'à côté et au-dessus de ces juridictions multiples qui embrassaient tous les états du duc de Bourgogne, sous la direction du chancelier, existait un conseil central, grand conseil, conseil aulique, conseil d'État, *curia ducis*, suivant les différentes dénominations qui lui furent données, et qui jouait dans l'administration de ce vaste empire un rôle considérable. Il est indispensable d'entrer dans quelques détails sur son organisation et sur son fonctionnement, puisque là encore, et là surtout, la part d'action du chancelier était prépondérante et que l'influence de Rolin devait, grâce à sa communauté de vues avec le duc, se faire plus particulièrement sentir dans une assemblée qui était un véritable conseil de gouvernement.

Le grand conseil, ainsi nommé le plus souvent, en raison sans doute du nombre et de la qualité des personnages qui le composaient, était formé, au début, de la réunion des personnes de marque, chambellans et autres officiers de la suite du duc, qui composaient son hôtel. La série des ordonnances qui ont successivement fixé et modifié son organisation sous Philippe le Bon ont été conservées et ne renferment aucune lacune. Cette organisation fut d'ailleurs une des préoccupations constantes du duc et de Rolin. Dès 1426, des ordonnances datées de Bruges, le 24 décembre (1), réglementèrent le gouvernement de l'hôtel du duc, en fixant à neuf les conseillers-chambellans qui durent constituer, avec les conseillers ordinaires du prince et avec le chancelier, le conseil du duc (2). A cette date, les séances du conseil n'étaient pas permanentes ; on le réunissait quand le duc le jugeait à propos; le duc ou le chancelier présidait l'assemblée de ceux des conseillers qui se trouvaient en ce moment à la cour; c'était une sorte de conseil intime.

Son importance s'accrut avec la puissance de Philippe le Bon et l'extension donnée à ses états. Le 2 février 1433, il fut décidé que partout où se trouverait le duc un conseil ordinaire se tiendrait deux fois par jour, avant et après dîner. De nouvelles ordonnances, en 1437 et 1438, apportèrent quelques modifications de détail. Enfin, en 1446 et en 1447 le grand conseil reçut une organisation complète. A cette époque, la centralisation territoriale des Pays-Bays était à peu près terminée, et la chancellerie ducale sentait la nécessité de donner au conseil existant auprès du prince une extension en rapport avec le pouvoir de celui-ci, et d'en faire un véritable conseil d'État.

A sa tête fut placé le chancelier, président né de tous les conseils; lorsqu'en raison de ses nombreux voyages, le chancelier ne pouvait présider, il était remplacé par un vice-président dont les fonctions étaient permanentes et qui suivait le conseil et le duc dans tous leurs déplace-

---

(1) Archives du Nord, B 1603, fol. 85 et 95 v°.
(2) V. LAMEERE, *op. cit.* Une grande partie des indications relatives au grand conseil est développée dans cet ouvrage, auquel nous renvoyons pour les détails.

ments; l'évêque de Tournai fut pourvu de cette charge. Il y avait des conseillers laïques et des ecclésiastiques. Parmi eux figuraient un certain nombre de chambellans du duc, des maîtres des requêtes, et enfin des personnes choisies par le chancelier dans les autres conseils, et reconnues par lui capables de rendre des services. C'est à ceux-ci que Rolin confiait le soin de remplir certaines missions délicates, et c'est en ses mains qu'ils prêtaient serment.

Les maîtres des requêtes soumettaient au conseil les pétitions adressées au prince et étaient chargés des enquêtes prescrites par le conseil. A partir de 1452, un procureur général fut chargé de représenter la loi et de faire respecter les intérêts ducaux. Une charge de greffier près du conseil fut créée par l'ordonnance de 1446, et un certain nombre de secrétaires, qui trouvaient là le point de départ de carrières souvent importantes, étaient attachés au conseil, dont une section, composée de six membres, s'occupait plus spécialement des affaires financières.

Les attributions du grand conseil en matière judiciaire étaient fort étendues; d'après le principe que la justice émanait du souverain, il était naturel que les parties s'adressassent directement au prince en son conseil pour régler leurs différents. On peut affirmer qu'en première instance le grand conseil connaissait de toutes les affaires sans distinction, au civil comme au criminel, et, à ce point de vue, ses attributions paraissent faire double emploi avec celles des conseils de justice provinciaux et des tribunaux inférieurs de chacune des possessions ducales (1). Mais le but principal de la création du grand

(1) « ..... Le duc Philippe tint conseil, ..., et si furent mandés procureurs, avocats et autres particuliers praticiens d'Arras,

conseil au point de vue judiciaire était sûrement dans la
pensée de Rolin, d'exercer une surveillance effective
sur l'administration de toutes les provinces bourguignonnes et aussi d'attirer les appels devant une cour
suprême, organe central de la justice (1).

Cette pensée, la même qui avait créé en 1422 le conseil de justice de Dijon, alors que le centre du pouvoir
ducal était en Bourgogne, avait toute raison d'être
expérimentée plus largement avec l'agrandissement de
ce pouvoir dans les Pays-Bas. Elle concorde trop bien
avec le génie centralisateur de Rolin et sa volonté de
faire concourir les institutions à l'affermissement du
pouvoir absolu du souverain, pour qu'on n'en attribue pas
l'initiative à ses conseils toujours suivis, dans une matière
surtout où sa compétence était exclusive et absolue. En
fait, si, à raison des distances, des habitudes suivies,
cette institution d'une cour suprême de justice, destinée
à consacrer l'uniformité de la jurisprudence, dépassait le
niveau du siècle, on doit constater cependant qu'un certain nombre d'appels furent portés au grand conseil pour
lui demander de réformer des jugements rendus, même
par des tribunaux bourguignons.

Il semble, dans tous les cas, que l'idée créatrice du
grand conseil était de mettre « l'union et la concorde »
entre tous les conseils particuliers ; un jurisconsulte contemporain indique que c'est ainsi qu'avait été comprise la
pensée de Philippe le Bon et de Rolin : « Environ l'an

---

de Mons, de Montréuil et d'ailleurs pour pratiquer audict conseil ;
tellement qu'en peu de temps il y avoit grand auditoire et affluence
de causes de toutes parts, et aussi bien de Flandres que d'autres
pays, et ledit duc continua tant qu'il vesquiz. » (Collection de Bourgogne.)

(1) Frédérich, op. cit. Lameere, op. cit., est d'un avis différent.

mil ıııı'ʟıııı, écrit Wiélemt dans ses *Antiquités de Flandre* (1),
mon dict seigneur, le duc Philippe, considérant que les
pays de par de cha luy estoient nouvellement succedez et
dont il estoit partout paisible, ne pouvoient estre bonnement conduyz et gouvernez *en bonne union et concorde et
louable pollice*, ne ses droits, haulteur et seigneurie gardez
*sans justice souveraine, veu la diversité de leurs natures, et que
les consaulx particuliers de chascun pays* ne povoient pourveoir à tout... ne congnoistre... des débatz qui journellement surviennent entre les pays l'ung contre l'aultre...
ne cent mille aultres motives journellement survenus, il
advisa de faire consistoire par son grant conseil estant
lez luy, et d'avoir procureur général pour tous les dicts
pays pour illec être traitez toutes les matières dessus dictes
et aultres concernans sa haulteur et seigneurie, aussi bien
de Flandres que des aultres pays, dont les gens du roy,
pour ce qui touchoit Flandres, se sont depuis doluz et
plains, comme verrey ci-après. »

Cette dernière phrase vise sans doute les efforts que
Philippe le Bon tenta à plusieurs reprises pour faire
échapper à l'appel au parlement de Paris les décisions de
ceux de ses conseils qui ressortissaient à ce parlement.
On doit ajouter qu'il ne réussit pas dans ses efforts. L'autorité du parlement de Paris était considérée comme supérieure à toute autre, et beaucoup de procès civils jugés
par le grand conseil étaient portés en appel au parlement (2). On comprend combien l'amour-propre de Philippe le Bon devait être blessé de ces rappels d'une suzeraineté dont, on le verra plus loin, il se croyait affranchi
par le traité d'Arras; les appels formés en particulier

(1) Arch. de la Côte-d'Or, B 11906, liasse 1444-1445, *id.* B 11405,
fol. 18.
(2) Lambere, *op. cit.*

contre les décisions du conseil de Flandre étaient très fréquents (1), et le règlement de difficultés qui atteignaient jusqu'à la personne du duc (2) donnèrent lieu autre lui et le roi Charles VII à des négociations qui faillirent très mal tourner : le parlement osa même plusieurs fois s'adresser directement à Philippe : ainsi le 13 août 1458 un huissier du parlement alla à Gand et ajourna le duc à comparaître le 1er juin à Montargis pour siéger comme pair du royaume, au procès du duc d'Alençon. La fureur du duc fut extrême : « quant est au roi, dit-il je ne me plains point de lui et est mon espoir en lui de tout bien, mais de vous autres, ceux du parlement, je me plains à Dieu et au monde des injures et rudesses que vous m'avez fait et faites tous les jours et prie à Dieu qu'il me doint tant vivre que feu puisse prendre vengeance à l'appétit de men cœur. » La chroniqueur lui prête encore cette parole que « s'il venait à Paris, il y mènerait 40,000 combattants pour servir le roy, si besoin en avait et jamais n'y entrerait à moins (3). » Cette réponse faillit amener la guerre (4).

Les négociations entre les deux cours au sujet de ces affaires furent conduites pour Philippe par Rolin, assisté du premier chambellan, Antoine de Croy. Dès 1445, Charles VII avait accordé au duc des lettres de surséance pour les causes d'appel, pendant un délai de neuf années, mais en réservant le droit de cour souveraine du parlement. La question ne fut définitivement tranchée que beaucoup plus tard, sous Charles le Téméraire, et la

(1) V. dans AUBERT, op. cit., qui donne de nombreux exemples.
(2) Voir DU CLERCQ, Mémoires, t. III, et CHASTELLAIN, t. IX.
(3) CHASTELLAIN, t. II.
(4) Voir plus loin le récit, donné par Chastellain, d'une autre assignation portée au duc.

maison de Bourgogne obtint alors pleine satisfaction.

Pour terminer ce qui a trait au grand conseil ducal, il reste à signaler son rôle en matière administrative et financière.

Sur le premier point, on peut affirmer que la compétence du grand conseil était universelle : toutes les affaires des Pays-Bas et de la Bourgogne y étaient discutées et traitées devant le duc par le chancelier; c'est là qu'étaient décidées les ambassades, les missions relatives aux différends du gouvernement ducal et des princes étrangers, les trêves à conclure, les négociations à suivre avec les villes révoltées, et c'est dans ce conseil de gouvernement que Rolin apportait la plus grande part de son initiative et de son autorité. On verra du reste des exemples nombreux de sa direction politique à propos de toutes les affaires auxquelles il fut mêlé, et ce sont toutes celles du règne de Philippe le Bon. Le grand conseil octroyait aussi les lettres de grâce, de rémission, d'annoblissement avec approbation du duc, ou de son fils, le duc de Charolais, assisté du chancelier.

En matière financière, le grand conseil eut, à partir de 1447 une section spéciale, plus complètement organisée en 1458 à la suite d'une enquête dirigée par Rolin (1) et chargée de gérer les deniers ducaux; elle était composée d'abord de trois conseillers, puis, à partir de 1458, de six commissaires. Elle avait le droit d'appeler devant elle tous les officiers de recettes pour examiner leurs comptes, suspendre de leurs offices et remplacer les receveurs qui ne remplissaient pas exactement leurs fonctions, affermer les recettes de sa propre autorité. Chaque semaine, le chancelier devait sceller les mandements émanés de

(1) Bibl..nat., collection de Bourgogne, t. 51, fol. 116.

cette section du grand conseil, qui exerçait sur toute la comptabilité des receveurs dans les Pays-Bas le contrôle le plus rigoureux.

Enfin un dernier conseil, présidé par le chancelier, connaissait de tout ce qui concernait les choses de la guerre. Il était composé du chancelier, du premier chambellan, du maréchal de Bourgogne, de l'amiral, du grand-maître, du maréchal de l'ost, du maréchal des logis, du maître de l'artillerie, du roy d'armes de la Toison d'or et de deux secrétaires (1). Mais c'est au règne de Charles le Téméraire qu'il faudrait seulement se reporter pour reconnaître l'importance de ce conseil qui, pendant la vie de Philippe le Bon, eut un rôle assez effacé; sous un gouvernement de gens de robe, la direction de l'armée était un peu au second plan.

Il était indispensable d'entrer dans l'examen de ces juridictions compliquées pour se rendre compte de l'importance du rôle du haut personnage chargé de les diriger. Quelle était à ce point de vue, la mission exacte du chancelier?

Au début, et sous les ducs de Bourgogne de la première race, cette mission n'était guère que celle d'un secrétaire chargé d'écrire et de signer. Il en fut tout autrement sous la dynastie de la maison de Valois : le chancelier, devenu chef de la justice et garde des sceaux, prit peu à peu l'importance du premier personnage de la cour ducale, et, entre les mains de Rolin, le rôle du ministre politique doubla l'éclat du titre de chancelier.

Comme chef de la justice, il présidait tous les conseils, de quelque nature qu'ils fussent, dans tous les états du duc, et on verra même que, pendant le voyage de Philippe le

(1) La Barre, *op. cit.*

Bon à Ratisbonne en 1454, la présidence de Rolin au conseil du comte de Charolais lui donna la situation d'un véritable régent.

Dans le conseil, il colligeait les voix, même en présence du duc ; il faisait part à ses collègues des questions qu'ils avaient à examiner, dirigeait la discusion, donnait son avis, et quand le chancelier s'appelait Rolin, cet avis était prépondérant, et enfin il adressait au duc un rapport sur les décisions prises. Il avait le droit d'appeler à la délibération tel ou tel conseiller ducal qu'il lui plaisait.

Comme président de la chambre des comptes il exerçait une haute et complète surveillance sur la gestion des finances ducales ; il avait le droit d'ordonner seul le payement de sommes supérieures au taux que ne pouvait pas dépasser le receveur général sans la présence et le concours des conseillers de la chambre.

C'est le chancelier qui faisait exécuter les ordonnances ducales ; c'est à lui que dans le protocole final des chartes, le duc remettait le soin de leur exécution, et même ce fut lui qui à partir de 1441, fut chargé de signer tous les mandements de Philippe le Bon.

Le chancelier était garde des sceaux ; c'était lui qui donnait, en les scellant, l'authenticité aux actes ducaux, et cette apposition du sceau ducal entraînait le payement d'une taxe, connue sous le nom de droit de scel et qui était un véritable droit d'enregistrement. Le chancelier avait la garde du grand sceau et le conservait toujours auprès de lui ; on verra les précautions prises par Rolin sur son lit de mort à Autun pour que le sceau ducal fût porté au duc dans les Bays-Bas. Il scellait de ce sceau toutes les lettres patentes et closes, toutes les décisions ducales délibérées en conseil, mais, lorsqu'il était éloigné du duc, les lettres étaient, en son absence, scellées avec un sceau appelé scel secret, en attendant qu'elles fussent portées à Rolin pour recevoir le grand sceau.

Quant aux comptes, lorsque l'absence du chancelier ne permettait pas de sceller les quittances de ces comptes, ceux-ci n'en étaient pas moins réglés, sauf l'obligation de les soumettre, à son retour, à la formalité du sceau (1).

Tous ces actes payaient des droits de chancellerie dont les fonds, perçus par le chancelier, furent, à partir de 1438, remis au trésor ducal.

Comme émoluments, Rolin reçut à titre de chancelier 4,000 livres par an à partir de 1426, dont 2,000 sur la recette générale de Bourgogne, 1,000 sur celle d'Artois et 1,000 sur celle de Flandre, sans compter une pension sur les rentes et les revenus du domaine ducal. D'ailleurs, le chancelier avait des appointements séparés (huit francs par jour), lorsqu'il remplissait ses fonctions hors de la cour ducale. Ses voyages, ses ambassades donnaient lieu à des émoluments, variables suivant l'étendue et l'impor- tance des missions, et on doit ajouter que ces déplace- ments étaient incessants : ayant la vie la plus mouve- mentée qui fut jamais, présent partout sur un territoire

---

(1) « 18 avril 1428, a été délibéré par monseigneur d'Authume, chancelier de monseigneur le duc de Bourgogne, en présence et par l'avis de messire Antoine de Toulongeon, maréchal de Bourgogne, les gens des comptes de Dijon, qui, pour ce que monseigneur le chancelier étoit disposé d'aller brièvement devant monseigneur en ses pays de Flandre et d'Artois, ou en ceux de Hollande et de Zé- lande, qui par plusieurs fois l'a mandé, et d'autant plus qu'on pour- roit faire difficulté de payer les messageries, voyages et autres choses · par faute que les ordonnances n'en seroient scellées des sceaux que porte mon dit seigneur le chancelier, néanmoins ils seront payés et passés au compte de Mathieu Regnault, receveur général des finances en deniers, tout ainsi que s'ils avoient été scellés de ses sceaux. Et la délibération signée de maître Thomas Bouesseau, se- crétaire audiencier de mon dit seigneur. » Bibl. nat., collection de Bourgogne, t. 51, fol. 95.

(2) LAMEERE, op. cit.

s'étendant de Nevers à la Haye, sans compter les missions en France, toujours chevauchant à une époque où les voies de communication étaient fort mal entretenues, sans être toujours sûres, il exerçait partout une surveillance incessante, et on s'étonne qu'un homme pût fournir à tant de soins divers sans qu'aucun obstacle et aucune distance fût de nature à l'arrêter.

Le chancelier ne prêtait serment qu'entre les mains du duc ; il jurait que « bien et loyalement il servira le prince, qu'il maintiendra droiture, qu'il fera bonne garde des sceaux, que toutes les lettres il enregistrera au profit des parties... et que, en la juridiction de la chancellerie, il gardera l'honneur et le droit du prince et des parties, sans emport et exercera la juridiction en personne ou par lieutenants sages et discrets et convenables à tel office et qu'il ne se corrompra et souffrira corrompre par dons, par pensions, par robes ni par promesses (1). » C'était entre ses mains que prêtaient serment, non seulement tous les conseillers au moment de leur nomination, mais les baillis et tous les fonctionnaires dépendant de la chancellerie (2).

Le chancelier avait sous ses ordres un véritable ministère : autour de sa personne, un secrétaire audiencier et son clerc, un greffier, des secrétaires-notaires de la

---

(1) LA BARRE, op. cit.

(2) Exemples : 13 novembre 1428, serment entre les mains de Rolin, de Jehan de Noident, nommé bailli de Dijon par lettres patentes du duc données à Lille. Ibid. de Jehan Mairet, frère utérin de Rolin, nommé bailli de Chalon par lettres patentes du 14 août 1429. — 1432. Serment de Claude Rouchette, nommé conseiller et gouverneur de la chancellerie par lettres patentes données à Dole le 14 février 1431. — 1439. Serment de Jehan Chapuis, nommé conseiller et maître des comptes à Dijon, par lettres patentes de Saint-Omer du 21 mars 1439. — 1451. Serment d'Étienne de la Cuiche, châtelain et receveur de Pontalier, par lettres patentes de Luxembourg du 21 octobre 1451, etc.

chancellerie, un contrôleur, un chauffe-cire, une garde
d'archers pour marcher devant lui; sous ses ordres directs,
un gouverneur de la chancellerie, personnage important,
nommé par le chancelier, confirmé par le duc, et qui perdait sa charge à la mort du chancelier; ce gouverneur
avait des sceaux, « trois sceaux d'argent, à savoir le grand
scel et le petit scel, qui sont pour sceller les contrats faits
et passés sous le scel de monseigneur le duc (1) ». Ce
gouverneur avait des lieutenants dans tous les bailliages;
ceux-ci avaient aussi des sceaux pour sceller « les lettres,
contraux et autres choses qui adviendront à sceller audit
siège à toutes heures et toutes fois que requis en seront
par les tabellions et leurs coadjuteurs audit siège ». Ils
rendaient compte des profits au gouverneur. Celui-ci
avait 200 livres de gage et les lieutenants 100.

Dans chaque bailliage, le chancelier avait en outre des
clercs ou secrétaires *libellenses*, qui percevaient certains
droits pour les écritures qu'ils fournissaient.

Enfin, les tabellions ou notaires étaient obligés de
porter à certaines villes (Dijon, Beaune, Chalon, Autun,
Semur, Châtillon dans le duché de Bourgogne) tous les
contrats qu'ils recevaient à des garde-scels pour les
sceller « à double queue de parchemin pendant du seel et
du contre-scel ». Ils représentaient aussi deux fois par
an leurs registres, sur lesquels étaient perçus les émoluments du scel, dont le produit était remis tous les ans au
chancelier, qui retenait par ses mains ce qui lui était dû
et portait le surplus à l'épargne du prince. Le chancelier
exerçait une ou deux fois par an cette surveillance et le
règlement de cette comptabilité (2).

(1) Bibl. nat., collection de Bourgogne, t. 51, fol. 103 v°.
(2) Voir dans La Barre le tarif des droits de chancellerie d'après
un registre de la Chambre des comptes de Dijon.

On vient de voir par quelle multiplicité de rouages s'exerçait l'action de Rolin comme ministre de la justice et aussi comme ministre des finances. Pour compléter les attributions qui, à ce dernier point de vue, incombaient au chancelier, il est nécessaire de mentionner, sauf à y revenir au cours des actes de sa carrière, les états de Bourgogne qu'il avait mission de convoquer et de tenir pour obtenir les ressources nécessaires au fonctionnement du gouvernement ducal.

Les habitants des deux Bourgognes jouissaient d'un privilège tout spécial et qui ne constituait pas la moindre de leurs franchises, celui de régler l'administration économique du pays et la répartition des impôts par des états composés des représentants du clergé, de la noblesse et des bonnes villes. Les ducs ne tiraient de leurs provinces bourguignonnes d'autres subsides que ceux que les états leur accordaient librement.

Cette institution remontait aux ducs de la première race, et tous les princes qui gouvernèrent la Bourgogne la comprirent dans les franchises et libertés qu'à leur avénement ils juraient de maintenir. L'impôt direct, la taille, était inconnu en Bourgogne. Le libre consentement de l'impôt était celui de leurs privilèges dont les habitants du comté et du duché étaient le plus fiers : « Plutôt perdre la vie que de le perdre », disait-on en Franche-Comté (1). Si ce droit fondamental du pays fut, comme on le verra, plus d'une fois violé par le pouvoir, jamais du moins il ne fut contesté (2).

Le duché et le comté avaient chacun ses États, qui se réunissaient, les premiers à Dijon, les seconds à Dole ou à Salins, et souvent une seule réunion assemblait les

(1) CHIFFLET, *Mémoires*, t. I.
(2) CLERC, *les États généraux en Franche-Comté.*

états des deux provinces. Leur présidence fait partie de l'histoire de Rolin; on verra, au cours des années qui suivirent son élévation aux fonctions de chancelier, les incidents nombreux auxquels donna lieu leur tenue et le rôle de premier ordre que ces assemblées remplirent dans des temps difficiles. Il suffit d'indiquer ici les règles suivies pour la répartition de l'impôt dans un temps où n'existaient ni cadastre ni recensements exacts de la population imposée, ni aucun de ces documents qui permettent aujourd'hui d'asseoir l'impôt d'une façon presque mathématique (1).

Immédiatement après le vote de l'aide par les États, les élus choisis dans leur sein déléguaient à des commissaires le soin de se rendre successivement et en personne dans les paroisses de la circonscription qui leur était indiquée. Ils devaient y accomplir leur mission sans autre intermédiaire entre eux et les contribuables que les échevins, là où il y avait une administration municipale, et ailleurs des prudhommes, parmi lesquels figurait souvent le curé du lieu. On mentionnait immédiatement le nom de la localité, celui du seigneur dont elle dépendait, les avantages dont elle jouissait, les charges qui pesaient sur les habitants. Puis on dressait le rôle nominatif de ces derniers par feu (ou chef d'ostel), en y mentionnant la condition sociale de chacun d'eux. La cote d'impôt afférente à chaque imposé variait, en effet, avec sa condition, suivant qu'il était franc, taillable haut et bas, serf. Le rôle consignait à chaque nom la situation de fortune, qui comprenait deux catégories : les solvables et les misérables. Ce rôle ne devait comprendre ni les personnes engagées dans les ordres religieux, ou atta-

(1) Nous empruntons ces détails aux savantes recherches de M. GARNIER, *Recherches des feux en Bourgogne.*

chées et leur service, ni les nobles « vivant noblement », ni les officiers ou commensaux du duc.

Ce travail terminé, les commissaires en apportaient le résultat aux élus, qui, sur ces données, formaient le contingent attribué à chaque paroisse. Ce contingent était notifié à la paroisse par « billet » des élus, et la répartition confiée aux magistrats des localités, ou à des « assieurs » élus par les contribuables, de même que le collecteur qui percevait l'impôt et en versait le montant dans la caisse du receveur du bailliage.

Tel était le mécanisme d'une institution qui fait le plus grand honneur aux états de Bourgogne par la régularité de ces opérations, dirigées par les élus et soumises, comme toutes les questions financières du duché, au contrôle et de la haute surveillance du chancelier.

CHAPITRE V

Nous avons dû, pour rendre compte des attributions de Rolin, comme ministre de la justice et des finances, embrasser toute la période écoulée jusqu'au jour où les juridictions placées sous ses ordres ont été complétées et modifiées par lui. Il nous faut maintenant reprendre l'ordre chronologique des faits pour apprécier la part la plus importante de sa carrière et de sa vie, celle qui touche à son rôle comme ministre des affaires étrangères.

Son premier acte, lorsque le duc de Bourgogne lui remit les sceaux le 3 décembre 1422, fut, paraît-il, de sceller les ordonnances relatives aux dépenses de la guerre que l'on préparait pour le printemps prochain contre le nouveau roi de France (1). Un acte d'une autre nature le conduisit quelques jours [après à Paris : le duc,

(1) BIGARNE, op. cit.

en ce moment à Lille, lui donna procuration le 30 décembre pour ratifier le contrat de mariage de sa sœur, Anne de Bourgogne, avec Jean, duc de Bedford, régent de France pour Henri VI. Cette union, conséquence de l'alliance anglaise, dura dix ans ; la duchesse de Bedford mourut à Paris le 14 novembre 1432 ; elle chercha de son mieux, pendant les années de son mariage, à atténuer les froissements d'amour-propre que le caractère hautain de son mari causait à Philippe le Bon ; c'était une princesse charmante, fort aimée des Parisiens, « laquelle dame était tenue l'une des plus gracieuses du monde (1) ». Elle fut peu regrettée de son mari, qui, après un an de veuvage, la remplaça, comme duchesse de Bedford, par Jacqueline de Luxembourg, fille aînée du comte de Saint-Pol (2).

A cette époque, plus peut-être qu'à aucune autre, le mariage était considérée dans la noblesse comme une simple affaire d'argent et de convenance ; les plus énormes disproportions d'âge n'effrayaient pas (3). Les femmes savaient parfaitement que l'affection n'avait rien à voir dans des unions toutes politiques, et donnaient généralement, dans leurs malheurs conjugaux, l'exemple de la plus grande sérénité.

Rolin prit souvent part, soit comme ministre et négociateur, soit comme chancelier recevant le contrat, à ces mariages seigneuriaux ou princiers : on le verra en 1437

---

(1) LEFEBVRE DE SAINT-RÉMY, *Mémoires*, chap. CLV.

(2) Anne de Bourgogne fut inhumée dans l'église des Célestins à Paris. Après la destruction de cette église, ses restes furent transférés à Dijon le 2 mai 1853 ; ils reposent auprès de ceux de son père et de son aïeul, dans l'église cathédrale de Saint-Bénigne. Le musée du Louvre possède son tombeau, dû à Guillaume Vlueten (salle André Beauneveu).

(3) LAVISSE, *op. cit.*

présent, le 25 novembre, au contrat de mariage fait à Hesdin « de l'autorité et consentement de madame Isabelle de Portugal, duchesse de Bourgogne et de Mgr Philippe le Bon, duc de Bourgogne entre Jean de Neufchâtel, écuyer, seigneur de Montagu, d'une part, et demoiselle Marguerite de Castres, cousine de la duchesse, qui la dote de 10,000 saluz d'or et de la terre de Saint-Aubin (1) ». Le 15 novembre 1428, il assiste, comme chancelier du duc de Brabant, comte de Nevers, au mariage d'une fille de Pierre de la Trémoille, avec Philibert de Jaucourt, écuyer, seigneur de Marrault (2). En juin 1439, il va recevoir à Cambrai Catherine de France, fille de Charles VII, que les conventions conclues à la suite du traité d'Arras, avaient destinée comme femme au comte de Charolais, fils de Philippe le Bon ; Rolin conduisit la fiancée à Saint Omer, où le duc se trouvait et « tenait son état (3) ». On le verra encore, et ce ne sont là que des exemples, prendre, une part très active aux longues négociations du projet de mariage du même comte de Charolais, devenu veuf de Catherine, morte à Bruges le 26 août 1446, avec la fille de l'électeur de Saxe, alliance politique, s'il en fut, puisqu'elle avait uniquement pour but d'assurer à Philippe le Bon la possession du duché de Luxembourg.

Autrement importantes et délicates étaient les négociations dans lesquelles nous devons suivre maintenant Rolin et qui amenèrent, douze ans plus tard, avec le traité d'Arras, la pacification générale et la réconciliation de la Bourgogne et de la France, négociations souvent interrompues, traversées par les événements, jamais abandonnées ; on avait à compter avec tant d'éléments en lutte, d'intérêts

---

(1) Bibl. nat., ms. fr., 31960, au mot Rolin.
(2) *Ibid.*
(3) MONSTRELET, t. V.

opposés, d'amours-propres à ménager, de haines à assoupir qu'on dut souvent croire que jamais elles ne pourraient aboutir ; il fallait toute l'opiniâtreté, l'esprit de suite, l'habileté du ministre de Philippe le Bon pour les mener à bonne fin et pour triompher de tant d'obstacles.

Ces négociations commencèrent presque aussitôt après la mort des deux rois et l'avènement de Charles VII. Les souverains étrangers souhaitaient la fin de cette longue lutte qui compromettait le bien-être universel en entravant toute transaction et toute vie commerciale avec les régions les plus riches et les plus civilisés de l'Europe.

Le pape Martin V, guidé par le sentiment supérieur des devoirs de sa mission, mit sa haute intervention au service des belligérants. Il écrivit au conseil d'Angleterre, après la mort d'Henri V, pour l'engager vivement à traiter avec le dauphin, et il envoya également au duc de Bedford une lettre dont une traduction rendrait mal les termes énergiques et pressants : « *Quamvis non dubitemus generositatem tuam summis desideriis exoptare compositionem et pacem Franciæ atque Galliæ principum et regnorum, et pro ea pie et sollicite laborasse et indefessis studiis laborare; tamen quia hujus modi pacis desiderium super omnia insidet cordi nostro cum nulla res in universa Christianitate sanctior et utilior fieri possit, nobilitati tuæ ad hoc dignum opus intentæ libenter preces et hortationes nostras adjicimus; præsertim cum partibus diuturni belli laborare et tædio affectis et secuta morte regis Angliæ, nobis major spes et opportunitas consequendi optatam pacem oblata esse videtur.* »

Le Pape crut nécessaire d'envoyer, dans le même but, en France un nouveau légat, l'évêque de Porto. Enfin il adressa une lettre au duc de Savoie pour l'engager à joindre ses efforts aux siens et s'imposer comme médiateur dans une cause pour laquelle l'envoi du nouveau légat serait d'un utile appui.

Le duc de Savoie était en effet mieux placé que qui que ce fût pour engager des négociations et amener un résuitat qu'il désirait lui-même ardemment : Amédée VIII, qu'on appelait le Salomon de son temps, avait épousé la sœur de Jean sans Peur, Marie de Bourgogne, tante du duc de Bourgogne régnant ; il était en commerce de relations habituelles avec la cour ducale, avec son neveu et avec la duchesse douairière de Bourgogne, Marguerite de Bavière, sa belle-sœur ; son voisinage des deux parties belligérantes, France et Bourgogne rendait souvent pénible pour lui la guerre entre ses voisins, soit que ses sujets eussent à se plaindre des compagnies bourguignonnes qui dévalisaient les marchands de Savoie, soit qu'il fût sollicité par le gouvernement bourguignon de refuser passage aux troupes françaises. Souvent des ambassades et des pourparlers avaient été échangés. Le duc de Savoie se prêta donc très volontiers à entrer dans les vues du Pape, au moment où l'avènement de Charles VII et la mort d'Henri V semblaient annoncer un changement de régime et pouvaient amener dans les esprits d'heureuses modifications.

A cet effet, il s'adressa à Charles VII et à Philippe le Bon pour leur demander d'envoyer des représentants à la conférence, ou, comme on disait alors, « à la journée » qu'il se proposait de tenir à Bourg en Bresse en vue de la paix. Charles VII répondit de suite à l'invitation et envoya, le 29 novembre 1422, une ambassade considérable, sous la conduite de son chancelier, Martin Gouge, et composée du comte de Tonnerre, Hugues de Chalon, de Guy de Pesteil, chambellan, et de six conseillers et maîtres des requêtes de son hôtel.

C'est à ce moment même que Philippe le Bon se décidait à nommer un nouveau chancelier, et il n'est pas impossible que le désir de confier la direction d'une mission aussi grave à un diplomate autorisé l'ait décidé à remettre plus tôt les sceaux à Rolin.

Quoi qu'il en soit, le nouveau chancelier fut chargé d'aller à Bourg avec une suite nombreuse, à laquelle s'était joint l'ambassadeur du duc de Savoie à la cour de Bourgogne. Les historiens assurent qu'il y fit une grande impression (1); il y représenta son maître avec un éclat digne de la puissance de celui-ci et qui, d'ailleurs, rentrait bien dans les goûts fastueux du ministre.

On possède un compte rendu très curieux de cette négociation de Bourg (2). C'est un résumé écrit par Rolin lui-même et destiné au duc; il est intitulé : *Mémoire en brief de ce que messire Philibert dira à Monseigneur.*

Où pourrait-on mieux connaître ce qui se passa à cette conférence? Bien que la « journée » de Bourg n'ait pas donné le résultat désiré, les bases des négociations futures y ont été posées; elle a dissipé des équivoques, laissé voir les arrière-pensées, et mis en contact des hommes qui, ayant appris à se connaître, pouvaient exercer sur l'esprit de leurs gouvernements une influence plus autorisée.

Il n'entrait pas dans la politique de Rolin de paraître accueillir avec trop d'empressement les offres du duc de Savoie; il lui sembla plus habile de faire désirer le concours de son maître et de ne pas témoigner tout d'abord d'une grande envie d'en finir. Il crut bon de se faire désirer, et mit à arriver à Bourg une sage lenteur. L'ambassade passa, pour venir en Bourgogne et à Bourg, par Reims, Châlons et Troyes, où elle fit « bonne chière ». De cette

(1) LA BARRE, *op. cit.*
(2) Bibl. nat., collection de Bourgogne, t. 70, fol. 4.

ville, Rolin écrivit au seigneur de Saint-Georges et à
Jacques de Courtiamble, qu'il avait désignés pour faire
partie de sa suite, de venir l'attendre à son passage à
Dijon. Arrivé à Châtillon, il trouva Jehan Andrieu, chevaucheur du duc de Savoie, envoyé en hâte par ce prince,
qui « estoit bien émerveillé de notre longue demeure ».
L'envoyé repartit pour apprendre au duc la prochaine
arrivée de l'ambassade.

Malgré ces instances, Rolin ne hâta aucunement son
voyage ; sa suite et lui vinrent à Montbard faire visite à
leurs femmes : « Nous passâmes par Montbar, et alasmes
voir nos demoiselles, lesquelles estoient et sont en bon
point et se recommandent très humblement à Mousei-
gueur. » Le chancelier arriva à Dijon, où il fit séjour ; de
là, il envoya au duc de Savoie trois personnages de sa
suite, Jacques de Courtiamble, Antoine de Toulongeon
et Philibert Audrenet, qui arrivèrent à Bourg « la surveille
de Noël » 1422.

Ces trois ambassadeurs, « selon la charge à eulx,
baillée », excusèrent le duc de Bourgogne du retard
apporté par lui à répondre aux désirs du duc de Savoie.
Ils avaient mission de dire, au nom du chancelier, que le
duc Philippe, qui voulait complaire de tout son pouvoir
à son oncle les envoyait à lui « pour ouyr ce qu'il lui plai-
rait à leur dire et le rapporter » ; ils devaient ajouter que,
par la très grande confiance que le duc Philippe avait en
son oncle, « et espécialement qu'il lui vouldroit garder
son honneur, contre lequel il ne vouldroit rien faire pour
chose qu'il lui pust avenir », ils étoient prêts à lui montrer
la copie des traités, promesses et serments échangés entre
le duc de Bourgogne et le roi d'Angleterre « afin d'aviser
ce que Monseigneur povoit faire en ceste matière, son
honneur sauf ».

Il était également question, dans les instructions qui leur étàient données, d'une certaine « submission » du duc relativement à la mort de Jean sans Peur, mais on ignore en quoi consistait cette réserve, qui, d'ailleurs, devait être tenue secrète. Enfin les ambassadeurs devaient demander au duc de Savoie de faire cesser la guerre dans les « marches » du Màconnais, du Nivernais et du Donzyois.

Les envoyés du chancelier remplirent leur mission. Le duc de Savoie, après avoir pris connaissance des traités qui lui étaient présentés, répondit que « les matières étoient grandes », que les ambassadeurs français étaient à Lyon, où ils attendaient depuis cinq semaines et qu'il voulait les entendre et désirait également l'arrivée de Rolin et de sa suite pour le 3 janvier.

Le chancelier, persévérant dans son système de ne pas trop s'avancer, retardait encore, sous le prétexte que son « alée vers le duc seroit de trop grant esclandre ». Il se décida pourtant sur l'invitation expresse du duc de Savoie et arriva à Bourg avec sa suite le 7 janvier (1423).

A sa première entrevue avec l'ambassade bourguignonne, le duc de Savoie dit à Rolin que Charles VII (1) voulait et désirait la paix avec la Bourgogne et était prêt à accepter les conditions que le duc de Savoie croirait devoir indiquer, « sans autrement déclarer quoy ne comment. » Le chancelier répondit « en substance » que le duc de Bourgogne, pour quelque chose qui lui pût advenir, ne voudrait rien faire contre son honneur et que le duc de Savoie connaissait assez, par les copies qui lui avaient été remises, les traités et serments échangés avec les Anglais pour ne vouloir conduire cette négociation à l'honneur du duc qu'en respectant ces traités ; car, à aucun

_____

(1) Rolin, dans sa relation, qualifie toujours ce prince de dauphin.

prix, le duc de Bourgogne ne voudrait « enfreindre son serment et ses promesses ». Il est bien certain qu'on était alors trop près du traité de Troyes, et la situation de Charles VII était trop précaire pour que la chancellerie ducale, tout en désirant la paix, pût avoir la pensée de sacrifier à ce désir l'alliance anglaise, autrement utile aux intérêts bourguignons que le faible appui du nouveau roi de France.

Le duc de Savoie demanda à réfléchir; plusieurs jours de suite il prit l'avis de son conseil; puis, dans une nouvelle entrevue, il dit à Rolin qu'il « lui semblait que, pour sauvegarder l'honneur du duc de Bourgogne et ses promesses, et aussi pour le bien de toute la chrétienté, on devait tendre à une paix générale, tant avec les Anglais qu'avec le duc de Bourgogne, et que le Dauphin devait y condescendre et faire des offres raisonnables à toutes les parties, et que, par cette manière, la chose serait très raisonnable et honorable et se conduirait très bien. » Et le duc indiqua « qu'il avait parlé au chancelier et autres gens du dauphin, auxquels cette voie semblait bonne; mais ceux-ci n'avaient pas charge d'accepter sans en référer à leur maître, affirmant qu'ils étaient certains et se faisaient fort que, après lui en avoir parlé, il en serait d'accord. »

Le chancelier de Bourgogne répondit que cette marche lui semblait correcte, pourvu qu'elle plût au duc Philippe et aux autres intéressés, et annonça qu'il fallait en faire un rapport au duc. Il ajouta qu'il lui semblait que le duc de Savoie devrait envoyer « sur ce une notable ambassade » au duc de Bedford.

Le duc de Savoie ne fut pas satisfait de cette réponse; selon lui, il n'y avait pas lieu d'envoyer une ambassade au régent d'Angleterre, en raison des délais qui en résulteraient : c'était au duc de Bourgogne ou à son chancelier à lui écrire et à le tenir au courant de la négociation. Puis, changeant de sujet et abordant la question, peut-être la plus délicate de ces pourparlers, Amédée VIII demanda « très instamment » au chancelier quelles seraient les satisfactions exigées par le duc Philippe pour la mort de son père. Rolin ne voulut pas s'engager de suite sur ce terrain si brûlant ; il répondit qu'il n'avait à cet égard, aucune mission « et que les choses n'étaient pas encore assez avancées pour que l'on pût faire dès à présent des déclarations sur ce sujet, et que, quand on en serait là, c'était à la partie adverse à faire des offres raisonnables et dont le duc pût être satisfait ». Rolin ajouta qu'il n'irait pas plus avant sans en référer à son souverain.

Le duc de Savoie parut très « indigné et courroucé » de cette réponse ; son neveu devait avoir confiance et s'en rapporter à lui, en étant sûr qu'il ne ferait rien contre son honneur ; mais, tout en reconnaissant qu'on ne pouvait de suite conclure sur ce point, il tenait cependant à ouvrir le débat, à connaître la volonté et les intentions des parties le plus qu'il pourrait, « afin d'y mettre plus aisément bonne conclusion en temps et lieu ».

Rolin opposa une fin de non-recevoir ; il n'avait aucune instruction du duc de Bourgogne à cet égard ; il était assuré, en outre, que le duc Philippe ne voudrait entendre à aucun traité, ni rien déclarer de son côté, sinon quand il le pourrait faire par honneur en gardant son serment et ses promesses ; et enfin, en présence de la voie ouverte par le duc de Savoie à fin de paix générale, il convenait d'attendre l'assemblée de toutes les parties, tant Anglais que Français, et alors chacun déclarerait ses intentions.

Le duc de Savoie ne se contenta pas de cette exception dilatoire : « Bien que vous n'ayez, dit-il à Rolin, aucune

instruction spéciale du duc de Bourgogne, je désire connoître votre avis personnel, et je veux avoir vos conseils
sur ce point; vous en savez plus long de ces besoignes
que nos propres conseillers, et, après vous avoir entendu,
je pourrai mieux pressentir les intentions et la volonté de
la partie adverse, à qui je parlerai comme de moi-même,
sans lui dire que les advis ou advertissements viennent
de vous. »

Mis ainsi au pied du mur, le chancelier dut s'exécuter; il le fit avec toutes sortes de réserves et de
précautions oratoires, après s'être concerté avec les
autres membres de l'ambassade ; « et finalement, pour
lui complaire et pour éviter la rupture des pourparlers,
après lui avoir, écrit-il, répété que nous n'avions de ce,
aucune instruction ni charge de Monseigneur, lui avons
accordé de lui dire et déclarer de nous-même et en nos
privés noms ce qu'il nous sembloit de prime abord que le
Dauphin devoit offrir à Monseigneur touchant la mort de
feu monseigneur son père quand on en viendroit à traiter
de paix générale, en gardant chacun son honneur, son
serment et ses promesses, et non autrement, et par protestations que choses que disions ne portoit préjudice à
Monseigneur. »

Les conditions indiquées alors par Rolin sont très importantes en ce qu'elles révèlent dès cette époque le fond de
la pensée du ministre; c'est autour d'elles que s'engagèrent des négociations de douze années, et la plus grande
partie de ces clauses fut inscrée dans le traité d'Arras,
qui mit fin à ces longues querelles. On verra d'ailleurs
par leur texte, qu'il importe de reproduire, combien les
propositions du chancelier en 1423, malgré la dureté de
certaines d'entre elles, diffèrent des conclusions violentes
de l'avocat du lit de justice de l'hôtel Saint-Paul en 1420 :

« Il est assavoir, premièrement que le daulphin die et
face dire à Madame la mère de Monseigneur, à Monseigneur, et à Madame et demoiselles ses sœurs paroles
telles que avisées seroient par mon dit seigneur de Savoye,
touchant le dit cas, soit de crier mercy, de demander pardon, ou autres.

« *Item* qu'il mette hors de son service et de tous estas
et honneurs à tousjours, et baille et délivre ès mains de
Monseigneur tous les faiseurs, consentans et coulpables
dudit cas qui sont et seront le temps advenir en sa puissance pour en faire raison et justice, etc.

« *Item* que icellui Daulphin s'oblige et jure de faire de
tout son povoir et devoir de faire prendre tous les diz
coulpables, quelque part qu'ilz porroient estre trouvez,
pour les baillier à Monseigneur comme dessus, et que
ceulx qui ne pourroient estre appréhendez soient bannis
du Royaulme et Daulphiné ;

« *Item* et que tous les diz coulpables soient hors dé tous
traicliez, sans y être en riens compris, et sans ce que
jamais aucune grâce leur puisse estre faicte dudit cas par
ledit Daulphin ne autre ;

« *Item* et que le dit Daulphin ne souffre aucun des diz
coulpables être receptez ne favorisez en aucun lieu de son
obéissance et puissance ; ainçois procédera contre ceulx
qui les vouldroient récepter ou favoriser, tout ainsi
comme contre les coulpables ;

« *Item* et que, au lieu de Monstereau, soient faictes par
le dit Daulphin et à ses dépens fondations perpétuelles
d'églises, etc., pour l'âme de feu Monseigneur, dont Monseigneur et ses successeurs seront patrons et colla-
teurs, etc.

« *Item* et que, pour les dictes fondations faire, soit baillée
la ville et chastel de Monstereau et toute la chastellenie,

ensemble toutes les revenues, et le surplus soit prins au plus près jusques à telle some de rentes par an qu'il sera avisé, et que, pour édiffier les dictes églises et les garnir, etc., ledit Daulphin mette en dépost, réalement et de fait, ès mains de mon dit seigneur de Savoye, telle some d'or et d'argent qui sera avisée :

« *Item* et que le dit Daulphin fonde perpétuellement en chascune des églises cathédrales de ce Royaulme ung obit et anniversaire pour l'âme de feu Monseigneur;

« *Item* qu'il rende et restitue à Monseigneur tous les biens meubles, c'est assavoir, joyaulx, vaisselle d'or et d'argent, robes, chevaulx et aultres choses que feu Monseigneur avoit fait porter à Monstereau et qui y furent prises et perduz, en l'estimation de IIe mil escuz d'or;

« *Item* et qu'il rende aussi et restitue à tous ceulx qui estoient en la compaignie de feu Monseigneur au dit lieu de Monstereau, qui ont tenu et tiennent son parti, les biens qu'ilz y perdirent;

« *Item* et qu'il face récompenser tous les prisonniers qui furent prins au dit lieu de Monstereau, le jour de la mort de feu monseigneur, de leur rançons, pertes et dommaiges, etc.

« *Item* qu'il mette à pleine délivrance, franchement et quittement, Messire Charles de Lens que l'on dit estre vivant;

« *Item* qu'il restitue pleinement à Monseigneur ses comtés d'Estampes et de Gien;

« *Item* qu'il face asseoir à Madame de Guienne son douaire et l'en face jouyr et lui rende la moitié des biens meubles de feu monseigneur de Guienne;

« *Item* et que pour les grans fraiz et despens faiz par Monseigneur ou fait de la guerre ou autrement, à l'occasion dudit cas et pour amende prouffitable, soient baillées

à mon dit seigneur par le dit Daulphin terres et seigneuries à perpétuité pour lui et ses successeurs, contigus à
ses pays, et autres amendes et réparations jusques à telle
some si avant qu'il sera avéré.

« *Item* et que Monseigneur et ses successeurs, et tous ses
subjez soient et demeurent exemps, et non subjez dudit
Daulphin et de la coronne de France, ou cas qu'il y par-
viendra par traictié ou autrement, tant au regard de leurs
personnes comme de leurs terres et biens, durant la vie
dudit Daulphin, sans ce qu'ilz soient tenuz d'en fère
audit Daulphin, ne aultre de par lui, sa vie durant, aucun
hommaige ou service, ne estre de riens ses subjez en ressort, souveraineté, ne autrement;

« *Item* doit l'en avoir regart à l'interest de Madame la
mère de Monseigneur, item à l'interest de Madame et Mes-
demoiselles ses filles, et semble que, pour leur intérest,
ledit Dauphin devrait bailler grandes somes d'or pour
leur mariages;

« *Item* et aussi à l'intérest des parents et amis de feu
monseigneur de Novailles et que fondations soient faictes
pour son âme, etc.

« *Item* et au surplus, abolision générale, excepté au
regard des diz coulpables, etc., en y comprenant les bonnes
villes, les nobles et tous ceulx qui ont tenu le party de
Monseigneur, et qu'ilz ayent leurs héritaiges tant au
Royaulme qu'au Daulphiné.

« *Item* et que, pour la seurté de la chose, mon dit sei-
gueur de Savoye prayne le gouvernement dudit Dauphiné; et que, de la part du dit Dauphin, soient baillés
hostaiges, se mestier est, et toutes autres seurtés qui
seront avisées... »

Muni de ce document, le duc de Savoie eut plusieurs
entrevues avec le chancelier de Charles VII et les autres

envoyés de ce prince, à qui il présenta comme siennes
les propositions bourguignonnes ; il est permis toutefois
de penser que l'ambassade de France ne s'y laissa pas
tromper.

Le duc fit de son mieux pour connaître l'impression
causée par son rapport ; il comprit aisément que de ce
côté les choses pouvaient s'arranger et dit à Rolin que les
ambassadenrs français s'en rapporteraient à son « ordonnance » ; d'après leurs paroles, Amédée VIII avait vu
qu'ils « condescendraient assez à la fondation », pourvu
qu'elle fût ailleurs qu'à Montereau ; ils étaient bien
d'accord que Montereau appartînt au duc de Bourgogne ;
ils consentiraient à la fondation des « obiz », à la restitution des biens et joyaux de Jean sans Peur, à celle des
comtés d'Étampes et de Gien, au douaire de Madame de
Guyenne, à récompenser les prisonniers de leurs rançons, à indemniser le duc de Bourgogne de ses dépenses,
à l'abolition générale, et Rolin affirma de nouveau qu'il
n'avait aucun pouvoir pour régler ces questions et qu'il
ferait un rapport au duc Philippe, afin d'avoir son avis.

Satisfait d'un résultat qui pouvait faire espérer un
accord, le duc de Savoie ne voulut pas pour l'instant
pousser plus loin les choses. Mais pour donner à la conférence une conclusion pratique, il rendit le 20 janvier
une ordonnance qui dans sa pensée devait régler les
futures négociations. Aux termes de cet acte, Charles VII
devait se trouver « de sa propre personne » à Lyon, et
le duc de Bourgogne à Chalon-sur-Saône, le 12 août suivant, « ouquel lieu de Chalon viendra, s'il lui plaît Mousei-
gneur de Bedfort ou enverra d'autres gens du conseil du roi
d'Angleterre. » D'ici là tous les pourparlers échangés à
Bourg seraient rapportés « aux dictes parties, c'est assavoir à chascun ce qui lui touche, tellement que, au dit

jour, chascun vienne délibéré et conclud de ce qu'il vouldra faire, sans plus délayer cette matière. »

Rolin ne crut pas pouvoir accepter telle qu'elle était réglée cette partie de l'acte du duc Amédée ; il se retrancha de nouveau derrière son défaut de pouvoirs et objecta la difficulté pour le duc de Bourgogne de venir « par deçà en personne », en raison de ses occupations « de par delà » et de la date si rapprochée du mois d'avril. Sur l'insistance du duc de Savoie à demander l'arrivée de son neveu, Rolin « pour lui complayre », promit de l'engager de tout son pouvoir à venir « et tenir la dite journée ». Satisfait de cette réponse, le duc consentit à proroger du 12 avril au 1ᵉʳ mai le terme fixé, au cas où le duc de Bourgogne ne pourrait venir plus tôt, ce dont Amédée VIII demandait à être avisé avant le 15 mars.

L'ordonnance du duc de Savoie prescrivait, en second lieu, en vue de favoriser les négociations, une suspension d'armes dans les duché et comtés de Bourgogne et de Charolais, dans le Màconnais et le pays de Tournus, du dimanche 24 janvier jusqu'à quinze jours après « la journée » annoncée. En outre, toutes les garnisons établies à Màcon, Charlieu et Tournus devaient évacuer ces places avant le 15 février, et le duc de Savoie en prendrait possession ; de même les garnisons de la Bourgogne et du Charolais devaient se retirer, excepté celles qui seraient nécessaires à la garde des places ; le duc de Savoie s'engageait à rendre ensuite les villes ainsi occupées par lui à leur seigneur actuel ou à celui à qui le traité de paix les attribuerait.

Rolin ne fit aucune objection à la suspension d'armes, mais en spécifiant bien qu'il n'agissait qu'au regard de « mondit seigneur de Savoye » et « sans avoir quelconque convenance avec ledit daulphin ne ses gens ». Il remit au

duc des lettres dans lesquelles il déclarait avoir pour
« agréable » son ordonnance relative à la suspension
d'armes « seulement pour complaire » au duc. Il refusa
d'ailleurs, malgré toutes les instances qui lui furent faites,
de signer aucune lettre de « submission », et aucune pièce
qui pût l'engager « au regard du principal ».

Dans son rapport à Philippe le Bon, Rolin a bien soin
d'ajouter qu'il s'est toujours gardé d'entrer en relation
avec le chancelier et les ambassadeurs de Charles VII,
malgré toutes les avances faites par ceux-ci. Il était sage
à lui de ménager les susceptibilités de son maître, toujours entêté de l'alliance anglaise ; mais il avait lieu d'être
satisfait d'avoir jeté un premier jalon dans la voie que,
dès cette époque, il jugeait la plus honorable et la plus
sûre. Il pouvait, sans fausse modestie, terminer le récit de
ses relations avec le duc de Savoie dans cette « journée »
de Bourg, par cette phrase : « Et néanmoins à la fin nous
sommes partiz bien contens de lui et lui de nous. »

Nous avons tenu à reproduire presque en entier ce
long document, un des seuls qui nous aient été conservés
de Rolin, parce qu'il donne bien l'idée de la précision
d'esprit et du tact diplomatique du chancelier.

Cette conférence n'eut pas la suite immédiate que le
duc de Savoie en espérait, mais elle eut ce résultat de
mettre la question sur un terrain très net, de déterminer
les concessions auxquelles pouvait se résoudre le gouvernement de Charles VII et d'esquisser pour l'avenir les
bases d'un accord définitif. Nous devons suivre maintenant, en laissant pour l'instant de côté les événements
multiples auxquels Rolin va se trouver mêlé, les relations
de la France et de la Bourgogne jusqu'au traité d'Arras.

Philippe le Bon n'était pas disposé personnellement à
accueillir les propositions de son oncle de Savoie ; en rela-

tions intimes et constantes avec le régent Bedford, il
conclut le 17 avril 1423 avec ce dernier et le duc de Bretagne Jean VI un traité d'alliance contre celui qu'il continuait d'appeler le dauphin et il donna en mariage sa
sœur Marguerite, veuve du duc de Guyenne, au frère de
Jean VI, Arthur de Bretagne, comte de Richemont. Les
efforts du pape et du duc de Savoie avaient donc échoué
et Martin V ne put que rappeler son légat.

Philippe était d'ailleurs confirmé dans sa fidélité à l'alliance anglaise par le succès de ses armes et de celles de
ses alliés au cours de cette année : l'armée royale, après
avoir tenté de sauver Meulan, qui capitula le 1ᵉʳ mars,
chercha à envahir la Bourgogne par Auxerre, et menaça
Cravant. L'émotion fut vive dans le duché ; la duchesse
douairière avisa de suite Rolin, qui, à ce moment, était
à Chalon pour le service du duc. Le chancelier expédia
des messages dans tous les bailliages ; une armée bourguignonne se rassembla sous les ordres de Jean de Toulongeon, maréchal de Bourgogne, fit sa jonction avec les
Anglais, et les troupes royales furent taillées en pièces
par les coalisés le 31 juillet. Des succès partiels des capitaines de Charles VII n'atténuèrent pas les conséquences
désastreuses de cette compagnie.

Cependant, à la fin de cette année 1423, une nouvelle
tentative de réconciliation fut provoquée par le duc de
Savoie, qui avait pris très au sérieux le rôle de négociateur que le pape Martin V lui avait confié.

Philippe le Bon était à ce moment en Bourgogne, où
il célébra (10 octobre), avec toute la magnificence qui
lui était habituelle, le mariage de sa sœur, la duchesse de
Guyenne, avec le comte de Richemont. Amédée VIII

(1) BARANTE, t. IV.

profita de ce séjour pour lui envoyer une ambassade et lui demanda une entrevue, sous le prétexte de régler les affaires personnelles des deux princes. Rolin insista très vivement auprès du duc pour le décider à cette entrevue, qui eut lieu à Chalon et dura du 1ᵉʳ au 20 décembre, en présence du comte de Richemont.

Le duc de Savoie, après avoir traité les questions qui le touchaient directement, fit de nouvelles instances sur la nécessité de conclure la paix, objet principal de ses préoccupations ; Richemont y était disposé et c'est à partir de ce moment qu'il se détacha de Bedford et du parti anglais. Mais ces conférences n'eurent qu'un résultat platonique et Philippe se borna à écrire au duc de Bedford, à d'autres princes et à certaines villes de son parti, pour faire connaître ses intentions favorables à la paix.

En quittant Chalon, le duc de Bourgogne vint à Autun en janvier 1424 recevoir l'hospitalité de son chancelier. Il s'y était déjà arrêté en 1422 à son retour de sa visite aux villes de Franche-Comté (1). La réception y avait été solennelle ; l'évêque Ferry de Grancey était venu processionnellement, au son de toutes les cloches, complimenter le duc jusqu'à l'hôtel de Rolin, limite de la juridiction ecclésiastique, et Philippe avait été pendant trois jours l'hôte de son ministre.

Son voyage en 1424 avait pour but principal, en dehors de bien d'autres affaires, de conférer avec le chancelier, au sujet du projet de mariage d'Agnès de Bourgogne, sœur de Philippe, avec Charles de Bourbon, partisan de Charles VII. Rolin régla toutes les conditions de cette alliance, qui lui semblait un gage de réconciliation avec la famille royale de France.

(1) *Mém. de la Société éduenne*, t. X.

L'histoire locale rapporte comment, dans ces visites quasi royales, l'état de maison du chancelier et le faste déployé par lui répondaient à sa haute situation. C'est encore à Autun que fut célébré l'année suivante, au mois d'août, le mariage ainsi projeté ; Philippe en voulut prendre tous les frais à sa charge ; il avait fait expédier de Flandre pour sa sœur une quantité de meubles et de tapisseries ; tout fut magnifique, selon l'usage de la cour de Bourgogne : la bénédiction nuptiale fut donnée par Charles de Poitiers, évêque de Langres, en présence de huit évêques et abbés ; le duc de Bourbon était accompagné de ses barons et de trois cents chevaliers ; la princesse Agnès était assistée de Rolin et de la nouvelle duchesse de Bourgogne, Bonne d'Artois, princesse toute française, d'une haute vertu (1), que Philippe le Bon avait épousée le 30 novembre précédent et qui allait être pour le chancelier un auxiliaire précieux de réconciliation et de paix. Ces séjours de Philippe à l'hôtel Beauchamp ne furent pas les seuls : car c'est là qu'il signait encore une ordonnance le 21 janvier 1428.

Revenons à la suite des relations diplomatiques de la chancellerie bourguignonne en vue de la paix. Le duc de Bretagne, allié de Philippe le Bon, avait signé avec Charles VII, le 18 mai 1424, sous l'influence de la reine de Sicile, Yolande d'Aragon, belle-mère du roi de France, une convention destiné à régler la situation entre le roi et le duc de Bourgogne ; c'était le pendant des conférences de Bourg, avec cette différence toutefois que les conditions acceptées par le roi de France étaient un peu moins dures que celles que Rolin avait soumises au duc de Savoie.

(1) « Laquelle dame n'étoit pas nommée Bonne sans cause ; car de mieulx renommée de bonté n'avoit point au royaulme. » (SAINT-RÉMY, t. II).

Philippe le Bon, après avoir pris connaissance de ce document, consentit, par un traité conclu à Chambéry le 28 septembre 1424, une trève de sept mois, qui, de prolongation en prolongation, allait durer quatre ans. Dans ce traité, le duc de Bourgogne acceptait pour la première fois que Charles VII fût désigné sous le titre de roi; il n'était plus question du dauphin. Tout semblait devoir concourir à rapprocher les deux adversaires; le roi, en donnant au comte de Richemont, beau-frère de Philippe, l'épée de connétable, et en renvoyant de son entourage, sur les avis de celui-ci, les conseillers armagnacs que le duc de Bourgogne considérait comme ses ennemis personnels et les instigateurs de la mort de son père, donnait les gages les plus sérieux de ses intentions pacifiques et secondait ainsi les efforts du chancelier.

Du reste, Rolin, en orientant sa politique vers la reconciliation avec la France, suivait, autant qu'il l'avait pressenti dès le début, un courant d'opinion qui s'accentuait de plus en plus; la haine de la domination anglaise et l'esprit national se réveillaient partout, malgré les progrès constants des envahisseurs et les défaites répétées du nouveau roi. A Paris, on aimait Philippe le Bon « tant qu'on pouvait aimer prince », parce qu'il était fils de France, et on avait espéré qu'il serait le vrai chef du gouvernement. Aussi était-ce une déception de penser que « rien ne se faisait que par l'Anglais... et que le duc de Bourgogne ne tint compte de tous ceulx de Paris ni du royaume en rien qui soit ». Les conseillers de Philippe, qui avaient accepté l'alliance anglaise dans la pensée que le duc serait à la téte des affaires et ramènerait la prospérité publique, voyaient clairement que ces Anglais hautains et durs, ne travaillaient que pour eux. Aussi partout se manifestaient des symptômes de résistance, en Champagne, en Picardie, à Rouen, dans le Maine ; nous avons vu la difficulté qu'avait éprouvée Philippe à faire accepter le traité de Troyes aux Dijonnais : nombre de grandes familles faisaient opposition à l'alliance anglaise (1), Charles VII entretenait des émissaires un peu partout ; un incident qui se place à cette époque est curieux à noter.

Odette ou Odine de Champdivers, qui avait consolé la solitude et la démence de Charles VI, et dont nos scènes lyriques modernes ont embelli la légende, s'était retirée, après la mort du pauvre roi, en Bourgogne, à Saint-Jean de Losne, près de Champdivers, terre patrimoniale de sa famille. Odine ou la petite reine, comme on l'appelait, avait avec elle sa fille Marguerite, née vers 1408 de ses relations avec le roi. Les deux femmes n'avaient guère d'autres ressources que le péage de Saint-Jean-de-Losne que Charles VI leur avait attribué en 1418, avec le rouage, ou droit sur le transport des marchandises, à Troyes. Le péage fut attribué au duc de Bourgogne le 8 septembre 1423, et Odette fit appel à la générosité de Philippe le Bon. C'était mal s'adresser. Qu'importait à Philippe de secourir une sœur adultérine de Charles VII ? Il donna seulement une aumône, vingt livres en octobre et trente livres en décembre.

Odette cependant n'avait pas oublié le fils de Charles VI, aujourd'hui roi de France ; celui-ci avait vu grandir sa sœur Marguerite à l'hôtel Saint-Paul. A cette époque, dans les familles royales, et même dans beaucoup d'autres, l'illégitimité n'apportait aucun obstacle aux relations des enfants et établissait seulement des rangs dans leur hiérarchie. Odette et sa fille étaient pénétrées de ces sentiments et, poussées autant par le sentiment familial et le

(1) CHASTELLAIN, t. II, p. 160.

désir d'un succès définitif pour le roi que par leur situation humiliée auprès de la cour ducale, elles se firent en
Bourgogne les alliées secrètes de Charles VII, entrèrent
en relations avec la cour de France, qui résidait à Bourges,
avec Marie de Berry, femme du duc Jean de Bourbon,
prisonnier des Anglais depuis Azincourt, princesse dé-
vouée à la cause française, et étendirent leurs affiliations
jusqu'en Suisse, où un banquier de Genève, François
Surrat, prêtait de l'argent au roi de France (I).

Charles VII soudoyait des espions à Dijon pour surveiller les agissements du gouvernement ducal et du
chancelier. L'un d'eux, frère Étienne Charlot, cordelier
du couvent de Beuvray-lès-Antun, fut appelé par Odette,
qui lui révéla que des notables de Lyon avaient secrètement vendu cette ville au comte de Salisbury, et le
chargea de porter en toute hâte cette nouvelle à la
duchesse de Bourbon. Frère Charlot partit de suite et fut
envoyé par la duchesse avec une lettre à la cour de
Bourges. Au reçu de cette missive, Charles VII avisa
immédiatement le sénéchal et les autorités de Lyon et fit
avorter la trahison.

Le retour du religieux à son couvent, les allées et
venues, l'arrivée chez Odette d'un envoyé du roi, des
indiscrétions probables donnèrent l'éveil; le cordelier fut
arrêté le 10 avril 1424, conduit à Dijon pour être con-
fronté avec Odette et interrogé par le bailli.

La « petite reine » et sa fille comparurent à leur tour,
non pas devant ce magistrat, mais, comme l'une d'elles
était de sang royal, devant le chancelier, présidant le
conseil de justice. Toutes deux, écrit l'historien à qui
nous empruntons ces détails (2), surent ménager, avec un

---

(1) Dom PLANCHER, t. IV.
(2) VALLET DE VIRIVILLE, *Bibl. de l'École des Chartes*, 4ᵉ série, 5ᵉ vol.

art vraiment féminin, le duc dont l'aide parcimonieuse leur était encore indispensable. Elles témoignèrent toutefois, dans cet interrogatoire, de beaucoup d'intelligence et de fermeté. Elles confirmèrent les aveux du cordelier et revendiquèrent la droiture des sentiments qui avaient dicté leur conduite. Odette déclara enfin « qu'ayant perdu tout son bien et celui de sa fille, elle ne voulait pas perdre son âme ».

Le cas cependant était grave ; il s'agissait d'une véritable conspiration au profit de celui qui, malgré la trêve, était l'ennemi du duc de Bourgogne, et au détriment de l'allié de Philippe le Bon : c'était un complot tramé dans la capitale du duché, un espionnage des agissements du duc et de son gouvernement, et l'excuse de la parenté royale n'atténuait pas l'oubli du bienfait, si minime fût-il, de Philippe le Bon. Néanmoins, Rolin crut devoir pardonner ; il était trop favorable, dans le fond de sa pensée, à ce qui pouvait arrêter la marche envahissante des Anglais aux portes de la Bourgogne pour regretter que Lyon ne fût pas tombé entre leurs mains, et le relèvement de la France lui semblait seul compatible avec la puissance grandissante de la dynastie bourguiguonne ; une rigueur exercée contre une sœur du roi de France ne pouvait que nuire à sa politique. Odette et sa fille furent donc mises en liberté ; elles continuèrent à habiter la Bourgogne encore pendant une année et se retirèrent ensuite en Dauphiné.

Un autre incident qui devait se terminer par un agrandissement de territoire pour Philippe le Bon vint à cette époque servir les vues du chancelier en mettant en jeu l'amour-propre du duc et en péril ses relations avec les Anglais : Jacqueline de Bavière, unique héritière du Hainaut, était fille du duc Guillaume de Hainaut et de Mar-

guerite de Bourgogne, sœur de Jean sans Peur ; elle était,
par conséquent, cousine germaine de Philippe le Bon.
Jean sans Peur avait déjà convoité l'héritage de sa nièce,
entrée en 1417 en possession de ses états; il l'avait mariée
presque de force avec un enfant valétudinaire, « de povre
complection », Jean de Bourgogne, duc de Brabant, son
cousin, espérant bien qu'elle n'aurait pas d'héritiers
directs. Mais la jeune duchesse « cointe beaucoup (fort
jolie), gaye fort, vigoureuse de corps (1) », jugea bon de
résister aux ambitions bourguignonnes et de chercher un
autre mari. Elle s'enfuit en 1421 en Angleterre, où un des
fils du roi Henri V, Humphrey, duc de Glocester, s'éprit
de sa personne et de son duché. Jacqueline fit annuler
par l'anti-pape Benoît XIII son union avec le duc de Brabant et épousa Glocester au mois de mars 1423. Celui-ci
annonça hautement son intention de prendre possession
du Hainaut, et en effet, au mois d'octobre 1424, il
débarqua à Calais avec cinq mille hommes.

Grande fut la colère de Philippe le Bon, à cette nouvelle ; il accusa son beau-frère, le régent Bedford, de con-
nivence avec son frère Glocester ; au fond, tout en faisant
de son mieux pour apaiser Philippe, Bedford n'était pas
fâché de voir cette entrave apportée aux ambitions du
duc de Bourgogne, dont la popularité auprès des Parisiens,
les prétentions chevaleresques et les goûts fastueux déplai-
saient au prince anglais. Il s'offrit pour arbitre, mais Philippe repoussa ses avances. Rolin, qui voyait dans cette
affaire le double avantage de l'annexion du Hainaut et
d'un refroidissement de l'alliance anglaise, ne négligea
rien pour exciter la colère du duc, et il fut secondé dans
cette circonstance par le sire de la Trémoille, favori

(1) CHASTELLAIN, t. I, p. 210 et suiv.

imposé à Charles VII par le connétable de Richèmont et qui, muni d'un sauf-conduit, était venu trouver le chancelier.

Cependant Glocester envahit le Hainaut, qui le reconnut comme souverain. L'armée bourguignonne, sous la bannière de laquelle allèrent combattre des chevaliers du roi de France, entra en campagne; les deux princes échangèrent des défis, et on put se croire à la veille d'un combat singulier. Tout se termina d'une façon imprévue; Glocester s'éprit d'une suivante de Jacqueline, Éléonore Cobham, et retourna avec elle en Angleterre. Le projet de duel fut abandonné à la suite d'une entrevue de Bedford et de Philippe à Hesdin, en juillet 1425; Jacqueline obtint du pape Martin V l'annulation de son mariage avec Glocester, qui épousa sa maîtresse; plus tard elle fit sa paix avec son cousin de Bourgogne et lui abandonna ses états. Philippe hérita cette même année 1425 de son oncle Jean de Bavière, qui l'avait institué son unique héritier pour la Hollande.

Bien que le motif de cette brouille momentanée avec les Anglais eût cessé d'exister, tous les froissements n'avaient pas disparu; et les princes du parti breton, le connétable de Richemont à leur tête, adressèrent au commencement de 1428 un mémoire sous forme de « remontrances », dans lequel ils résumaient la situation. On promettait à Philippe que, s'il renonçait à l'alliance anglaise, les affaires du royaume se traiteraient désormais par « son conseil et son ordonnance ». On voulut aussi faire croire au duc de Bourgogne qu'un complot avait été ourdi contre sa vie par le duc de Glocester, son ennemi mortel, le duc de Salisbury, dont la femme avait été l'objet des assiduités de Philippe, et le duc de Suffolk, complot dans lequel Bedford lui-même aurait trempé. Le plan était d'attirer Philippe dans une série de joutes, où on aurait trouvé moyen de lui asséner un « subtil coup », qu'on ne manquerait pas d'imputer au hasard (1). Mais l'auteur des lettres qui relataient le projet de complot, Guillaume Benoît, arrêté à Dordrecht, avoua qu'il était l'auteur de ces faux, et Philippe, les attribuant à une manœuvre venue de France, en fut profondément froissé, et répondit aux « remontrances », en se contentant de donner pleins pouvoirs au duc de Savoie de prolonger les trêves avec « la partie adverse » pour tel temps que bon lui semblerait. Cette trêve constituait du moins un sérieux bienfait.

Les affaires de Charles VII étaient de plus en plus mauvaises, et « au plus petit point ». Les Anglais avaient pris le Maine et mettaient le siège devant Orléans (24 octobre 1428). Le roi de France avait envoyé son dernier homme et son dernier écu pour défendre la ville, dont la chute devait entrainer la ruine de ce qui restait de la France; la situation était désespérée; mais, selon l'expression de Bossuet, « quand Dieu veut faire voir qu'un ouvrage est tout de sa main, il réduit tout à l'impuissance et au désespoir, puis il agit (2) ».

L'action providentielle à ce tournant décisif de notre histoire fut la mission de Jeanne d'Arc. Il n'entre pas dans le cadre de notre étude de retracer les exploits de la grande et sainte héroïne; nous n'en détacherons que ce qui a trait aux rapports de Jeanne avec le gouvernement bourguignon.

Le 8 mai 1428, Orléans était délivré; les Anglais, pris de panique, étaient battus le 18 juin à Patay; le roi,

---

(1) Sur l'existence de ce complot, voir DESPLANQUE, *Complot contre la vie du duc de Bourgogne par les Anglais*, 1867.
(2) Panégyrique de saint André.

entraîné par le courant général, prenait Troyes et marchait sur Reims. Rolin, sentant bien que ces succès pouvaient être un argument décisif sur l'esprit de Philippe, dont la politique avait surtout pour fondement l'intérêt, envoya en hâte à la Trémoille Guillaume de la Tournelle, bailli de la Montagne, « pour audit seigneur de la Trémoille dire et exposer plusieurs choses et lui requérir l'accomplissement d'icelles au bien et honneur de Monseigneur et de ses pays et subgiez (1) ». Il s'agissait sûrement du maintien de la trêve et surtout de rendre compte au chancelier de l'état exact des choses. Rolin dépêchait en même temps un autre « chevaucheur », Guy de Jaucourt, au duc pour lui indiquer la situation.

Philippe se trouvait à Paris depuis le 10 juillet (2). Bedford était dans une grande anxiété. Il écrivait au conseil d'Angleterre que sans l'alliance du duc de Bourgogne « Paris et tout le ramenant s'en aloit. » Il fit donc grande fête à son beau-frère, et chercha à raviver ses haines en réunissant au Palais une assemblée où on réédita le récit de l'assassinat de Montereau. Mais on apprit quelques jours apprès que le roi était entré à Reims et avait été sacré le 17 juillet. A ce moment sans doute Philippe reçut cette lettre touchante de Jeanne d'Arc : « Jhésus Maria; haut et redouté prince, duc de Bourgogne, Jehanne la Pucelle vous requiert, de par le roi du ciel, mon droiturier souverain Seigneur, que le roi de France et vous fassiez bonne paix, ferme, qui dure longuement. Pardonnez de bon cœur l'un à l'autre, entièrement, ainsi que doivent faire loyaux chrétiens, et, s'il vous plaist guerroyer, allez sur le Sarrazin. Prince de Bourgogne, je vous prie, supplie et requiers tant humble-

(1) Archives de la Côte-d'Or, B 1643, fol. 66.
(2) *Journal d'un bourgeois de Paris*, p. 240.

ment que je vous puis requérir, que ne guerroyiez plus au saint royaume de France, et faites retraire incontinent et brièvement vos gens qui sont en aucunes places et forteresses dudit royaume. De la part du gentil roi de France, il est prêt de faire paix avec vous, sauf son honneur, et il ne tient qu'à vous. Et je vous fais savoir, de par le roi du ciel, mon droiturier et souverain Seigneur, que vous ne gagnerez point de bataille contre les loyaux Français; et que tous ceux qui guerroyent au dit saint royaume de France guerroyent contre Jhésus, roi du ciel et de tout le monde, mon droiturier et souverain Seigneur. Et vous prie et vous requiers à jointes mains que ne fassiez nulle bataille, ni ne guerroyiez contre nous, vous, vos gens et vos sujets. Croyez sûrement, quelque nombre de gens que vous ameniez contre nous, qu'ils n'y gagneront mie; et sera grande pitié de la grande bataille et du sang répandu de ceux qui y viendront contre nous. Il y a trois semaines que je vous ai écrit et envoyé de bonnes lettres, par un héraut, que vous fussiez au sacre du roi qui, aujourd'hui dimanche, dix-septième jour du présent mois de juillet, se fait en la cité de Rheims. Je n'en ai pas eu réponse, ni oncques depuis n'ai oui nouvelles du héraut. A Dieu vous recommande et soit garde de vous, s'il lui plaist, et prie Dieu qu'il y mette bonne paix. Ecrit au dit lieu de Rheims le 18 juillet (1). »

On ignore l'impression que fit cet appel sur Philippe. Il est probable que son orgueil de prince fut blessé de cette interpellation d'une fille du peuple, hier encore inconnue. Il était cependant sensible au succès, et le sacre de Reims relevait définitivement le prestige de Charles VII; d'après les idées du temps, ce prince deve-

---

(1) *Pièces du procès de Jeanne d'Arc*, t. V, p. 126-127.

naît véritablement pour tous, et pour Philippe lui-même, le roi de France; les sujets du duc de Bourgogne écrivaient au roi pour solliciter de lui des grâces et des faveurs, et le duc lui envoyait spontanément une ambassade pour le féliciter de son couronnement et faire des ouvertures de paix. Mais cette démarche n'était pas sincère, et, dans le même moment, Philippe, jouant double jeu, comme autrefois son père, donnait à Bedford des gages qui réjouissaient les Anglais (1).

A partir de ce moment, les hésitations du duc de Bourgogne et la duplicité de sa politique se manifestèrent par une série de démarches contradictoires : tantôt poussé vers la paix par les efforts incessants de son ministre, et les sollicitations du duc de Savoie, tantôt ramené aux Anglais, qui lui décernaient la lieutenance générale du royaume (2), il encourageait tour à tour les deux partis. Il signa le 24 août 1429, avec les ambassadeurs de Charles VII, dans une conférence tenue à Arras, une trêve de quatre mois, s'étendant à tous les pays situés sur la rive droite de la Seine, à l'exception de Paris et des villes formant passage sur le fleuve.

L'échec des troupes royales sur Paris, le 8 septembre suivant, amena un revirement et influa d'une façon fâcheuse sur les dispositions du duc (3), qui donna l'ordre de réunir ses troupes et entra en armes à Paris le 30 septembre (1). Mais, suivant toujours sa politique à double face, donnant de nouveaux gages aux Anglais, recevant d'eux des satisfactions précieuses en argent et en terres,

---

(1) *Journal d'un bourgeois de Paris*, p. 141. Rymer, t. IV, 4ᵉ partie, p. 150.

(2) Beaucourt, t. II.

(3) Dom Plancher, t. IV.

(4) *Journal d'un bourgeois de Paris*.

il n'en continuait pas moins, grâce aux efforts du chancelier, ses pourpalers avec la France; on prorogeait la trêve
et on décidait qu'une « journée » aurait lieu à Auxerre,
pour la paix, le. 1ᵉʳ juin 1430. On devait attendre jusqu'en
1432 pour tenir cette conférence.

Le duc n'avait pas, à ce moment, un désir sincère
d'arriver à la paix, et le roi, dans un manifeste aux bonnes
villes de son royaume, rejetait sur le duc de Bourgogne
toute la responsabilité des malheurs qui devaient suivre;
il indiquait nettement la situation, en rappelant que son
adversaire l'avait amusé et déçu par des trêves « soubz
umbre de bonne foy », tandis que lui, le roi, avait fait
« plus que son devoir » pour parvenir à la paix. Le duc
de Savoie, le fidèle allié de Rolin, lui écrivait le 29 mai
1430 : « Vous pouvez assez savoir que, pour les causes
contenues en la copie des lettres de Monseigneur le Roi
Dauphin, que nous vous envoyâmes, que mondit seigneur
le Roi n'enverra point de ses gens à la dite journée
d'Auxerre ;. et pour les dites causes, pareillement nous
n'irons point. »

C'était la guerre : Philippe le déclarait formellement à
son oncle par une lettre du 25 mai qu'il terminait en lui
indiquant que le 23 « celle qu'ils appellent la Pucelle »
avait été prise par ses soldats dans une sortie, et que plusieurs capitaines, chevaliers, écuyers et autres, avaient
été pris, noyés ou tués : « Si je vous écris, très cher et
très-amé oncle, pour ce que je ne fais pas doute que bien
vous viendra à plaisir. »

Cette nouvelle, si triomphalement annoncée, était
exacte : le rôle glorieux de la Pucelle était terminé, son
martyre allait commencer. Elle avait conscience de sa fin
prochaine; ses voix lui avaient dit qu'elle serait prise
avant la Saint-Jean-Baptiste.

Le duc de Bourgogne avait mis le siège devant Compiègne le 20 mai; c'était une place d'une grande importance, elle tenait les communications de l'île de France et de la Picardie : « Je iray voir mes bons amis de Compiègne », avait dit Jeanne. Elle y entra le 23 mai au matin; le soir même elle fit une sortie : « elle mist beaucoup de peine à sauver sa compagnie de perte, demourant derrière comme chief le plus vaillant du trouppeau. » Elle se trouva entourée de Bourguignons et d'Anglais. Un soldat de l'armée du duc de Bourgogne, archer picard attaché à la lance du bâtard de Wendonne, dans la compagnie de Jean de Luxembourg, la jeta à terre et s'empara d'elle. D'après les usages du temps, elle était la propriété de ce dernier : un prisonnier était alors un objet de commerce qu'on pouvait revendre, mettre en gage, diviser en parts (1).

Philippe le Bon alla voir la prisonnière : curiosité de prince (2). Monstrelet, présent à l'entrevue, n'ose dire ce qui s'y passa : « laquelle icelui duc alla voir au logis où elle étoit et parla à elle aucunes paroles dont je ne me suis mie bien recors, jaçoit que j'y étois présent (3) ». Il est certain que la pauvre captive osa de nouveau supplier le prince de faire cesser les maux de la terre de France, et peut-être lui reprocher son alliance anti-nationale. Philippe n'était pas homme à se laisser émouvoir par tant d'infortune, après tant de noble courage. Il ne fit rien pour la prisonnière, ce qui lui eût été facile, puisqu'elle appartenait à un de ses lieutenants, et il laissa ce dernier agir à son gré. Jeanne fut transférée au château de Beaurevoir, près de Cambrai, résidence de la femme et de la

(1) LAVISSE, t. IV, 2ᵉ partie.
(2) KERVYN, *Histoire de Flandre*, t. II.
(3) MONSTRELET, t. II, p. 86.

sœur de Luxembourg, qui toutes deux furent pleines
d'égards et de soins pour la captive.

Les Anglais firent des démarches auprès du duc de
Bourgogne pour que Jeanne leur fût livrée; l'université
de Paris joignit ses démarches aux leurs; Philippe ne
répondit pas. Au fond, le sort de Jeanne d'Arc lui était
indifférent; pour lui, c'était affaire à débattre entre
Luxembourg et les Anglais, si ceux-ci y mettaient le prix;
comme Pilate, il s'en lavait les mains.

On mit alors en mouvement l'évêque de Beauvais, Cauchon : « Le roi d'Angleterre fut conseillé de mander
l'évêque de Beauvais, auquel il fit remontrer que ladite
Pucelle usoit d'art magique et diabolique, et qu'elle étoit
hérétique; qu'elle avoit été prise en son diocèse et qu'elle
y étoit prisonnière; que c'était à lui à en prendre connaissance et à en faire justice et qu'il devoit sommer le duc
de Bourgogne et ledit Luxembourg de lui rendre la
Pucelle pour faire son procès (1) », et cette fois on ajoutait qu'il scroit « payé telle somme raisonnable qu'il seroit
trouvé qu'on devait payer pour sa rançon ». Cauchon,
qui, il faut le remarquer à sa décharge, n'avait pas eu
l'initiative de cette ignominie, et auprès de qui on dut
insister à plusieurs reprises pour le décider à s'y associer,
céda enfin et se dévoua à la tâche qui a jeté à tout jamais
la honte sur son nom.

Il s'assura le concours de l'université de Paris, qui
écrivit de nouveau au duc de Bourgogne pour lui montrer
quel serait le péril de la chrétienté si la Pucelle sortait de
sa captivité « sans convenable réparation ». Des démarches
analogues furent faites auprès de Jean de Luxembourg.
Puis, lorsqu'on eut laissé le temps à ces lettres de pro-

(1) Manuscrit d'Orléans, *Mémoires pour servir à l'histoire de France*,
MICHAUD et POUJOULAT, t. III.

duire leur effet, Pierre Cauchon adressa au duc somma-
tion de lui livrer la Pucelle.

Voici la traduction du texte latin de cet exploit, signé
Triquillot, notaire apostolique : « L'an du Seigneur 1430,
quatorzième jour de juillet, treizième année du pontificat
de notre saint père le pape Martin V, au quartier général
du très illustre duc de Bourgogne devant Compiègne, en
présence de Nicolas de Mailly, bailli de Vermandois, de
Jean de Fressy, et d'une nombreuse assemblée de seigneurs, tous témoins, fut présenté à l'illustre duc de
Bourgogne, au nom de Pierre Cauchon, par la grâce de
Dieu, évêque et comte de Beauvais, un acte contenant
cinq articles. Le duc donna cet acte à messire Nicolas
Bolin, chevalier, son chancelier, également présent, et le
chargea de le remettre à messire Jean de Luxembourg,
chevalier, seigneur de Beaurevoir. Le chancelier prit connaissance de l'acte et le remit à messire Jean de Luxembourg, qui arriva sur ces entrefaites, et celui-ci le lut,
autant qu'il m'a semblé. »

Cet acte portait réquisition de l'évêque de Beauvais « à
Monseigneur le duc de Bourgogne, à Monseigneur Jehan
de Luxembourg et au bâtard de Wendonne, de par le roi,
notre sire », et de par l'évêque de Beauvais, d'envoyer
Jehanne la Pucelle au roi pour la délivrer à l'Église afin
de lui faire son procès, et, ajoutait-on, « bien qu'elle ne
doive point être considérée comme prise de guerre, néanmoins, pour la rémunération de ceux qui l'ont prise et
détenue, le roi veut libéralement leur bailler jusques à la
somme de vi mille francs, et, pour ledit bâtard qui l'a prise,
lui donner et assigner rente pour soutenir son état
jusques à deux ou trois cents livres (1). »

(1) *Procès de condamnation de Jeanne d'Arc*, t. I.
(2) *Ibid.*

Jean de Luxembourg hésita; sa femme et sa sœur se jetèrent à ses pieds pour l'empêcher de conclure l'odieux marché. Un mot, une faveur de son maître l'eût peut-être ébranlé; mais Philippe resta muet, comme son chancelier, que sûrement cette affaire n'intéressait guère. Fallait-il embrouiller une situation déjà si compliquée pour une affaire d'aussi minime importance que la délivrance d'un prisonnier? On livra Jeanne à ses bourreaux.

Pour se procurer la rançon de la Pucelle, le gouvernement anglais mit une taxe sur la Normandie et sur toutes les villes qui leur étaient soumises. Charles VII, lui non plus, et en cela plus coupable que Philippe le Bon, ne tenta rien pour sauver Jeanne. En y mettant le prix, peut-être lui eût-il été possible d'obtenir son rachat de Luxembourg. Mais la mission que Jeanne d'Arc avait reçue devait, comme on l'a dit, s'accomplir à Rouen. Il fallait qu'elle souffrît (1), c'était sa destinée, et pour elle, « la véritable immortalité n'est qu'à Rouen ».

Le commencement de cette année 1430 avait vu célébrer à Bruges le troisième mariage de Philippe le Bon, veuf depuis cinq ans de celle qu'on appelait justement la bonne duchesse. Il épousa Isabelle, fille de Jean Ier, roi de Portugal, et célébra cette union par des fêtes magnifiques. Il régla pour la nouvelle duchesse un train de maison comme n'en avait aucune reine de l'Europe.

A l'occasion de ce mariage, Philippe fonda l'ordre de la Toison d'Or, sous prétexte de maintenir les traditions chevaleresques, en réalité pour trouver un moyen facile de s'attacher, grâce à l'éclat donné à la nouvelle institution, la noblesse de cour, de plus en plus écartée des fonc-

---

(1) MICHELET, *Jeanne d'Arc.*

tions publiques, et d'enrôler toute une clientèle de princes étrangers (1).

Un auteur indique que Rolin fut un des officiers de l'ordre nommés au moment de la première promotion (2). Cela semble probable. Toutefois le nom du chancelier n'est pas cité dans les livres de l'histoire de la Toison d'Or (3). On s'expliquerait mal que Philippe le Bon, qui cherchait toutes les occasions de reconnaître les services de son chancelier, ne l'eût pas compris dans la collation d'un ordre destiné, pour une part, à récompenser les serviteurs dévoués. Toujours est-il que, dans le compte rendu du neuvième chapitre de l'ordre, tenu les 4 et 7 mai 1456, on trouve que Rolin, « chancelier de Bourgogne, faisant les fonctions de chancelier de l'ordre, procéda de la manière accoutumée à l'examen de la conduite, tant du souverain que des chevaliers présents et absents, et, comme il ne trouva rien à leur charge qui exigeât quelque correction, il leur en fit compliment ».

Les conseils de Rolin, on l'a vu, n'avaient pas été suivis; la paix avec la France semblait définitivement compromise. Mais le cours de cette année 1430 n'apporta au duc de Bourgogne que des déceptions, et de tous côtés lui arrivèrent des sujets d'inquiétude et de découragement.

Il avait vivement pressé le prince d'Orange d'entreprendre contre Charles VII la conquête du Dauphiné et lui avait prêté des troupes; l'expédition échoua honteusement et la chevalerie bourguignonne fut mise en pleine déroute et décimée le 11 juin à la bataille d'Anthon. Dans le même temps, les troupes royales envahirent le Charo-

---

(1) LAVISSE, op. cit.
(2) Bibl. de la Société éduenne, t. X.
(3) Voir REIFFENBERG.

lais èt le Màconnais, et toute cette partie du duché fut dévastée. D'un autre côté, l'Artois et la Picardie étaient ravagés, les Pays-Bas étaient en effervescence, les gens de Cassel s'étaient révoltés pour défendre leurs coutumes mises en péril par l'absolutisme ducal, et le parlement de Paris leur donnait gain de cause. Charles VII avait fait le 22 juillet 1430 un traité avec le duc d'Autriche Frédéric, qui s'inquiétait de l'extension croissante des domaines du duc de Bourgogne dans l'est, et qui promettait de faire la guerre à celui-ci. Liège, soulevée par les émissaires du roi de France, entrait en pleine révolte, et Philippe dut quitter en hâte le siège de Compiègne, que Jean de Luxembourg fut obligé de lever peu de temps après, en perdant toute son artillerie.

C'était bien le moment pour Philippe d'entrer dans les vues de son ministre. Tous ces contre-temps commençaient à lui faire paraître sans profit cette alliance anglaise, pour laquelle il perdait son prestige, ses hommes et son argent. Il se plaignit très vivement, par une lettre adressée au roi d'Angleterre, le 3 novembre 1430, de la façon dont les affaires étaient conduites et ne cacha pas sa pensée sur l'instabilité de la domination anglaise, si des efforts plus sérieux n'étaient pas tentés. Les partisans de la paix à la cour de Bourgogne étaient mieux écoutés, et Bolin, plus que tout autre, désirait trouver le moyen de sortir honorablement de la situation. Ce fut l'objet de ses efforts constants pendant une suite de conférences qui se succédèrent jusqu'en 1435 et au traité d'Arras, couronnement de son œuvre.

Le pape Eugène IV, qui venait de remplacer Martin V sur le siège de saint Pierre (3 mars 1431), nomma un nouveau légat, Nicolas Albergati, cardinal de Sainte-Croix, qu'il envoya en France avec mission de travailler à la paix.

Dans cette mission, qui dura quatre années, le cardinal ne trouva pas d'auxiliaire plus utile, plus attaché aussi aux intérêts de son souverain, que le chancelier de Bourgogne. Des pourparlers sérieux suivirent l'arrivée en France du légat et aboutirent, d'abord à une trêve, signée à Lille le 13 décembre 1431, entre le roi de France et le duc de Bourgogne et s'étendant à toutes les possessions des deux hautes parties contractantes. Puis, dans une réunion tenue à Dijon avec l'archevêque de Reims, chancelier de France, le premier chambellan de Charles VII et le cardinal légat, à la fin d'avril 1432, une « journée » fut décidée pour discuter de la paix et fixée à Auxerre le 18 juillet 1432. Le chancelier Rolin devait y représenter le duc avec les évêques de Langres et de Nevers, Jean de Blaisi, abbé de Saint-Seine, le prince d'Orange, Guillaume de Vienne, Antoine de Toulongeon, maréchal de Bourgogne, Antoine de Vergy, seigneur de Champlitte, Jean de la Trémoille, sire de Jonvelle, les sires de Saligni, de Chatelus, de Ville-Arnoul et Richard de Chancey.

Le 8 mai (1) Philippe le Bon adressait à Rolin des lettres dans lesquelles il lui recommandait de se tenir sur la réserve, de ne rien arrêter touchant la représentation du meurtre du duc Jean sans avoir son aveu, et de ne rien conclure sans le consentement des ambassadeurs du roi d'Angleterre. Le 16 juin, il lui écrivait de Gand pour l'informer que le gouvernement anglais se ferait représenter à Auxerre ; mais il lui prescrivait une grande discrétion dans la suite des pourparlers et lui donnait pouvoir de conclure une trêve de longue durée, si on ne pouvait arriver à la paix générale (2).

Le chancelier fit expédier d'Autun les sauf-conduits né-

(1) Dom PLANCHER, t. IV, preuves.
(2) *Ibid.*

cessaires aux ambassadeurs du roi de France (1). Il arriva
lui-même le 4 juillet, avec son ambassade, à Semur, où il
devait se rencontrer avec le cardinal de Sainte-Croix, pour
préparer la conférence d'Auxerre. Cette réunion de Semur
fut retardée de plus d'un mois, par suite d'une maladie du
légat, qui avait dû s'arrêter à Pouilly. Rolin profita de ce
délai pour prendre toutes les mesures nécessaires au
maintien de la tranquillité en Bourgogne pendant son
absence et pour empêcher les infractions à la trêve qui se
produisaient journellement. C'était en effet, suivant l'expression de l'auteur de l'*Histoire de Bourgogne* (2), une chose
déplorable de voir des capitaines accoutumés à s'enrichir
du pillage des provinces, et des soldats enlever le fruit des
travaux aux gens de la campagne. Nous verrons plus tard
jusqu'où furent portés ces désordres et quel fut le rôle de
Rolin dans la triste période connue sous le nom de l'Écorcherie.

La conférence préliminaire, qui se tint à Semur après
le rétablissement du cardinal de Sainte-Croix, et à laquelle
assistèrent, à leur passage, les ambassadeurs français, fut
bien de nature à laisser prévoir que la « journée » d'Auxerre
n'aboutirait pas, en raison de l'impossibilité de mettre
d'accord l'intransigeance anglaise et les revendications
légitimes du roi de France, à qui la reconstitution pro-
gressive de son royaume permettait de parler avec plus
de fermeté. Il importe d'analyser les documents relatifs à
cette conférence, donnés en preuves dans l'*Histoire de
Bourgogne* de dom Plancher (3).

Le premier soin de Rolin fut de pressentir les ambas-

(1) Bibl. nat., collection de Bourgogne, t. 21, fol. 72.
(2) Dom PLANCHER, t. IV, preuves.
(3) BEAUCOURT, *Histoire de Charles VII*, a donné une analyse de
ces pièces.

sadeurs français relativement à la paix générale, et il eut la
conviction qu'on n'était disposé à céder aux Anglais aucune
portion nouvelle de territoire et qu'au fond Charles VII
ne désirait pas la paix générale et que sa négociation avec
les Anglais n'était qu'un simulacre. Du reste les ambassadeurs de France ne cachèrent pas au chancelier leur opinion sur l'impossibilité de cette paix : d'après eux, l'intervention à Auxerre du roi d'Angleterre n'aurait d'autre
résultat que d'aggraver la situation entre le roi de France
et le duc de Bourgogne en amenant la discussion sur le
traité de Troyes, sur la mort du duc Jean, ce qui nécessairement provoquerait une réplique sur l'assassinat du
duc d'Orléans et aboutirait à des discussions regrettables
pour le duc.

En ce qui concerne ce dernier, Rolin avait soudé le
terrain pour savoir si, comme condition de paix, on lui
céderait la Champagne ; mais, sur ce point, les ambassadeurs français furent intraitables et se prononcèrent formellement contre une cession à laquelle les États généraux du royaume ne consentiraient jamais.

En présence de ces divergences, le cardinal de Sainte-
Croix semblait partisan d'une paix séparée entre la
France et la Bourgogne, en laissant de côté la question
anglaise. Rolin était dans un grand embarras : placé entre
l'entêtement du duc à lier sa cause avec celle des Anglais,
et les nécessités d'une situation militaire de plus en plus
inquiétante ; voyant les seigneurs du parti bourguignon
traiter séparément avec Charles VII ; témoin des violations
de la trêve qui laissaient les frontières livrées à toutes les
attaques ; redoutant une prise d'armes générale, il crut
devoir avertir son souverain avant de s'engager plus
avant.

Dans un mémoire remis à un de ses serviteurs et écrit

par lui au nom de l'ambassade, il mit Philippe au courant
de ce qui s'était passé à Semur : en ce qui concerne le
légat, « très bon preud'homme et notable seigneur et de très
bonne vie », et témoignant d'une grande affection pour
le duc, le mémoire indiquait que son intention était certainement d'entraîner le duc à une paix séparée, et que,
d'après l'opinion de plusieurs, il était plus favorable « au
dauphin » qu'au roi (d'Angleterre) et au duc.

Aussi, avant de s'engager davantage, il était nécessaire
d'avoir des indications plus précises : Rolin priait le duc
d'envoyer de ses pays de Flandre et d'Artois des personnes
notables avec « une bonne et suffisante instruction » sur
tous « les termes et manières » qui seront traités à
Auxerre, ou, du moins, de faire savoir « par escripture
de sa propre main... qu'on devra répondre si la question
de la Champagne et celle de la mort du duc d'Orléans sont
agitées : autrement on ne pourra pas se départir des termes
des instructions données aux ambassadeurs avant leur
départ ». Le duc doit bien savoir, ajoutait le mémoire,
que ses ambassadeurs doivent être prêts de traiter à
Auxerre de la paix générale ou particulière : le légat ne
doute pas qu'ils aient cette mission. Il est donc nécessaire
que le duc indique nettement ce qu'il attend de ses ambassadeurs. Que devrait-on faire, en particulier, si un sauf-
conduit n'était pas accordé par « les ennemis » aux gens
du roi d'Angleterre? Serait-ce une raison pour ne point
abandonner « la matière », et la remettre à une autre conférence, en faisant dresser procès-verbal « des diligences,
et devoirs faits en cette partie » par le duc? Enfin le chancelier s'exprimait avec énergie sur la nécessité de protéger la Bourgogne, dévastée par l'ennemi, malgré les
trêves, et sur la présence indispensable du duc à la tête
d'une grande armée, soit pour appuyer les efforts de sa

diplomatie à Auxerre, soit, en cas de l'insuccès de la conférence, pour tenir tête à l'invasion du duché par toutes les forces ennemies.

A ce moment, en effet, les capitaines au service de Charles VII continuaient plus que jamais leurs courses sur le territoire bourguignon; le comte de Clermont, malgré « les abstinences », s'emparait de Noyers, en Charolais, et du Bois-Sainte-Marie, et menaçait la petite ville de Mont-Saint-Vincent. Sur un autre point, le seigneur de Juys et Philibert Rosset enlevaient le château de la Roche-Solutré, et la ville de Marcigny-les-Nonains, dont les Bourguignons s'étaient emparés, était reprise par le comte de Clermont (1).

La réponse du duc fut loin d'avoir la netteté que son chancelier réclamait de lui : Philippe n'avait point encore pris franchement un parti et louvoyait, comme autrefois son père, au risque d'encourir, non sans raison, le reproche de dissimulation. En tout cas, il ne facilitait pas la tâche de ses ambassadeurs. Il demeurait sur le terrain vague qu'il avait adopté précédemment et estimait qu'on devait tendre à la paix générale « par toutes voies et manières raisonnables ». Il fallait « tenir la main » à ce que les gens « du roi et de monseigneur le régent (d'Angleterre) » aient sauf-conduit du « dauphin », sans indiquer, comme on le lui demandait, ce qu'on devrait faire au cas où ce sauf-conduit serait refusé.

Quant à la mort du duc d'Orléans, s'il en était question, il faudrait répondre que tout ce qui touche à cet événement a été réglé autrefois par des traités solennels, et, en cas d'insistance, on devrait répondre du mieux qu'on pourrait (ce qui était sûrement difficile) « à l'hon-

(1) Marcel CANAT, *Documents inédits pour servir à l'histoire de Bourgogne,* 1863.

neur et décharge de Monseigneur et de sa partie ».

Le duc estimait que, si on ne s'entendait pas avec « les
ennemis » sur la paix générale, mieux vaudrait « ne pas
abandonner la matière » et la renvoyer à une autre journée, et, dans toùs les cas, faire constater par le légat les
diligences faites par le duc : « et par ainsi mon dit sei-
gueur n'est point délibéré et ne luy semble point faisable
de se bouter pour le présent en termes nouveaùx de paix
particulière, mais toujours tenir la main à paix générale
pour le plus expédient, sans autre délibération. »

C'était parler pour ne rien dire, et on rendait par
avance à peu près nuls les efforts du chancelier. Les
représentants des trois puissances, auxquels se joignirent
les ambassadeurs du duc de Bretagne, se réunirent à
Auxerre; sous la présidence du cardinal de Sainte-Croix,
à la fin de novembre 1432 (1).

Dès le début de la conférence, on s'aperçut que l'œuvre
ne pouvait être menée à fin. Certaines prétentions étaient
inconciliables « et un chascun se voulait dire Roy de
France (2) ». Ce titre, Charles VII ne pouvait l'abdiquer
et les affaires d'Henri VI n'étaient pas encore assez com-
promises pour que son conseil voulût y renoncer. On ne
put s'entendre davantage sur la question des trêves,
auxquelles les ambassadeurs de France déclaraient ne
pouvoir consentir, par l'impossibilité de les faire respecter. Ils demandaient, en outre, la mise en liberté des

---

(1) Un auteur signale une revue qui aurait été passée le 3 novembre 1423, à Auxerre par Rolin, des hommes d'armes réunis
pour la garde de cette ville et « la convention et assemblée des
ambassadeurs qui devaient être à la journée tenue pour la paix
générale ». (D'ARBAUMONT, *Revue nobiliaire*, 1865). Il y a sûrement
dans cette date une faute d'impression ; la journée d'Auxerre eut
lieu en 1432 et c'est à cette date que Rolin passa la revue en
question.

(2) *Chronique de Berry* (GILLES LE BOUVIER).

princes français, parents du roi, prisonniers en Angleterre ; mais, tout en admettant le principe de cette demande, on répondit qu'on n'avait pas pouvoir de la régler. Bref, la conférence tourna court et le cardinal de Sainte-Croix en assigna une autre pour le mois de février suivant, qui n'aboutit pas à un meilleur résultat. A Auxerre, Rollin réussit cependant à renouveler la trêve pour les marches de Bourgogne, le Nivernais et le Donzois. Même décision était prise pour les marches de Picardie, Beauvoisis, Vermandois et Champagne (1).

Au moment même où avortait la conférence d'Auxerre, la duchesse de Bedford, Anne de Bourgogne, mourait prématurément à Paris, et avec elle disparaissait le seul lien qui pût rapprocher son frère et son mari, si divisés déjà de caractères et d'intérêts, et Bedford mit le comble à d'autres mauvais procédés en se remariant cinq mois après avec Jacqueline de Luxembourg, vassale de Philippe, sans aviser ce dernier. Les deux beaux-frères se brouillèrent, les efforts faits pour les rapprocher n'eurent aucun résultat, et, à partir de ce moment, l'alliance anglaise devint plus pesante au duc de Bourgogne. Celui-ci n'était pas d'ailleurs sans inquiétude du côté de la France, en voyant les seigneurs bourguignons, favorables à la cause royale, se remuer de tous côtés et des complots se former partout. Il en est un qui mérite d'être signalé.

Charles VII était alors sous la domination complète de son premier chambellan, La Trémoille, dont les intrigues, les dilapidations pendant les six années que dura son gouvernement ne reculèrent devant rien et accumu-

(1) Bibl. nat., collection de Bourgogne, 107, p. 784.

lèrent contre lui la haine et le mépris universels. La Trémoille entretenait des relations constantes avec la cour
de Bourgogne par son frère Jean de la Trémoille, sire
de Jouvelle, conseiller du duc, celui-là même qui assis-
tait Rolin à la conférence de Semur. Venu à Dijon à la
fin d'avril 1432, ainsi qu'on l'a vu, avec le chancelier de
France, Regnault de Chartres, pour traiter du projet
de la conférence d'Auxerre, le premier chambellan de
Charles VII avait profité de sa présence dans la capitale
du duché pour ourdir un complot contre le gouvernement
ducal. Les détails en furent réglés ensuite dans un conseil
présidé par lui à Amboise au mois de septembre, et
composé de Regnault de Chartres, de Christophe d'Harcourt et de l'archidiacre de Provins, Guillaume Le Breton.
Le but était de faire entrer par surprise les Français à
Dijon, et, après l'occupation de la ville, de provoquer un
soulèvement général contre le duc.

La Trémoille, pendant son séjour à Dijon, avait gagné
à ses projets un des seigneurs de la cour ducale, Guillaume de Rochefort, qui avait promis, moyennant une
somme de 100,000 livres, de se saisir du chancelier Rolin,
le personnage le plus redouté du gouvernement, et de le
livrer à La Trémoille. Un sire de Rosembos s'était mis de
moitié avec Rochefort pour s'embusquer à Noyers, avec
trente ou quarante hommes, et arrêter le chancelier à son
retour de l' « avitaillement d'Auxerre (1) ». Quant au duc,
on devait, d'après les témoignages produits depuis, s'assurer de sa personne.

Le complot fut découvert la veille du jour où il devait
être mis à exécution; huit cents soldats français étaient
réunis aux portes de Dijon et se préparaient à pénétrer

(1) BIGARNE, op. cit.

dans la ville au moyen d'échelles, quand le 2 octobre, deux marchands (1) de Dijon donnèrent avis au lieutenant du maire de la ville des agissements bizarres de certains individus qu'on arrêta, qu'on mit « à la question de l'eau et de la corde », et qui confessèrent « que l'on faisait force échelles pour écheller et donner assaut à la ville de Dijon ». On mit la main sur l'agent principal de La Trémoille, le héraut Guyenne, qui fut interrogé par Rolin du 2 au 14 octobre. Le chancelier fit en outre arrêter Guillaume de Rochefort, et l'interrogea à Dijon, au mois d'avril.

Le complot était indéniable, sans qu'on puisse affirmer que tous les faits avoués par le héraut Guyenne, mis à la torture, fussent complètement exacts. Il en ressort nettement que La Trémoille baïssait le duc et le chancelier : « Le duc, aurait dit La Trémoille dans le conseil tenu à Amboise, garde ses alliances avec les Anglais. Quand il parle de Monseigneur le roi, il l'appelle : notre adversaire Charles de Valois. Ses gens ne respectent pas les trêves. Eh bien! nous aussi, nous ferons la guerre. » Ces griefs sans doute étaient justifiés, mais ils n'excusaient pas le complot.

Guienne ajoutait encore avoir entendu dire qu'on ne tiendrait rien de tout ce qui serait accordé au due de Bourgogne, que, si le roi prenait le duché, il le garderait pour lui et ne le donnerait à personne. Enfin, Rolin apprenait, sans en être probablement très surpris, que le sire de Jouvelle « le haïssait à mort », partageant en cela les sentiments des nobles que le chancelier tenait sous sa main de fer.

Ce qui était plus fâcheux que l'existence d'un complot

(1) Bibl. nat., collection de Bourgogne, t. 99, p. 309.

ourdi par les représentants d'une puissance étrangère, c'était la participation des seigneurs de la cour ducale, donnant ainsi le signal de défections auxquelles d'autres pouvaient s'ajouter.

Guillaume de Rochefort et Jean de la Trémoille, seigneur de Jouvelle, étaient tous deux chevaliers de la Toison d'or. On réunit le chapitre de l'ordre, et Guillaume de Rochefort fut admonesté pour avoir manqué à ses devoirs de chevalier. Un auteur ajoute qu'il reçut de la propre main du duc, grand maître de l'ordre, la correction fraternelle (1). Il est plus vraisemblable qu'il ne s'agit que d'une admonestation purement verbale. Aucune autre mesure de sévérité ne paraît avoir été prise contre les coupables.

Après l'échec de la négociation d'Auxerre et en présence des éventualités militaires qui allaient se produire, le gouvernement bourguignon devait se préparer à la reprise des hostilités : le chancelier en était d'autant plus préoccupé que la mort du maréchal de Toulongeon, chargé des opérations militaires en Bourgogne, augmentait sa responsabilité, en l'absence du duc, alors en Flandre.

On en trouve la preuve dans la lettre suivante, adressée par lui au seigneur de la Guiche, le 2 octobre 1432, le jour même de la découverte du complot de La Trémoille (2) : « Très cher et espécial seigneur, nous nous recommandons à vous, et de très bon cœur, et vous plaise scavoir que lundy dernier passé, feu messire Anthoine de Thoulongeon, en son vivant maréchal de Bourgogne, alla de vie à trespassement en cette ville de Dijon : et est verité qu'un peu avant son trespas, en mettant à exécution ce

---

(1) BIGARNE, op. cit.
(2) Collection Moreau, t. 802, fol. 49.

que conclu et ordonné avoit esté pour le bien et deffense
du pays de Bourgogne, il avoit mis et estabii garnison de
gens d'armes et de trait sur les marches et frontières du
duché de Bourgogne, en plusieurs lieux et places, pour
résister aux ennemis de nostre très redoubté seigneur,
Monseigneur le duc de Bourgogne, qui s'efforçaient journellement d'entrer esdits pays et de les fouler et dommager
de tout leur pouvoir. Et aussi avoit faictes et mises sur
certaines autres entreprises très nécessaires et proufi-
tables pour nostredit seigneur et lesdits pays, lesquelles,
obstant ce cas advenu de ladite mort, n'ont pas encore
peu estre mises à exécution. Et pour ce, très cher et espécial seigneur, que sur toutes ces matières, et en spécial
serment et de quelle personne les conseillers à nostredit
seigneur de pourvoir à l'office dudit trespassé est expédient de tres briefvement adviser, et aussi sur la sureté
et deffense desdits pays, jusqu'à ce que, par mondit sei-
gueur y soit pourveu, ce que ne voulons faire sans vos
bons advis et conseils, vous réquérons de par nostredit
seigneur que, toutes affaires délaissées et excusations ces-
sans, vous pour lesdites causes et autres que nous dirons
plus à plain, veuilliés venir, et estre en cette ville, où
vous vous trouveres au 8 de ce présent mois, auquel jour
et lieu nous escriprons aux aultres seigneurs barons desdits pays qu'ils y vueillent pareillement estre sans y faillir.
Et ne veuillés avoir desplaisance si ladite journée est si
brefve, car la nécessité le requiert. Si vous prions de
rechief que à ce ne veuilliés faillir, ne prendre aucune
excusation à ce contraire, sur tant que voulés et aimés le
bien et prouffit de nostredit seigneur, et de ses pays et
subjets de Bourgogne, et par ce porteur nous veuilliés
respondre votre volonté sur ce, ensemble, si chose voulés,
si puissions pour l'accomplir de tres bon cuer. Très cher

et espécial seigneur, Nostre Seigneur soit garde de vous. Escript à Dijon le jeudy second jour d'octobre trente-deux. N. Rolin, seigneur d'Authume, et chancellier, et les gens du conseil de nostre seigneur le duc de Bourgogne, estans à Dijon tous vôtres. »

On voit par cette lettre quelles étaient à ce moment les préoccupations du chancelier et on suit d'ailleurs, en maintes occasions, son intervention utile et active dans les choses de la guerre; là comme ailleurs, on trouve l'empreinte de sa main puissante et expérimentée. Déjà en 1431, au moment de ses inquiétudes les plus vives au cours des négociations pour la paix, on le voit prendre des mesures et donner des instructions pour la défense du pays.

Depuis Autun, il rendait compte de la situation aux gens du conseil de Dijon par lettre du 20 juin (1). Il leur annonçait l'attaque faite par la garnison de Château-Chinon contre la forteresse de Maison-Comte et ajoutait que les Français avaient dessein « de faire la plus forte guerre qui leur serait possible au pays de Bourgogne et de Nivernais, dont il est bien aise de les informer, afin qu'ils sachent toute la grandeur du péril où l'on se trouve exposé ». Les sires de Joigny et de Couches, de Chastelux, de Præles, de La Guiche, ainsi que les autres gens du conseil qui sont auprès de lui, pensent qu'il ne pourrait rien arriver de plus fâcheux pour le pays; et « quoique ce qui se passe ailleurs soit extrêmement intéressant à considérer, il est néanmoins de la dernière conséquence de s'empresser de ce côté et d'y diriger tout son attention pour en empêcher les suites ». Bien qu'i soit impossible d'y pourvoir en l'absence du maréchal,

---

(1) *Journal de Jehan Denis.*

toutefois, en attendant son arrivée, Rolin a résolu, d'accord avec le conseil, de mettre des garnisons aux places de Lucenay, Chissey, et autres, aux environs de Château-Chinon. Il ajoute qu'il mande, d'autre part, Jean de Thavannes et les gens du sire de Varambon qui sont en Charolais, avec ordre cependant de ne pas laisser le pays dégarni, surtout les places de Charolles et de Paray, et, aussitôt l'arrivée des renforts demandés, il les enverra à la Perrière, Chasen et Monthelon; il a résolu, en outre, que les sires de Vitteaux, Thil et Saint-Bris, et plusieurs autres seigneurs et gentilshommes marcheraient sans délai de ce côté en armes, et s'assembleraient promptement à cet effet avec tout ce qu'ils trouveraient de soldats dans la vallée de Pouilly, le 26 juin, afin de surveiller les troupes de Château-Chinon et empêcher leur jonction avec les renforts attendus.

Il donne avis de tout cela au comte de Nevers pour que ce prince ordonne à Perrenet Grassart, un des plus célèbres routiers de cette époque, de se joindre aux seigneurs bourguignons. Rolin indique enfin, dans cette lettre, qui est un véritable plan de campagne, les mesures prises par lui pour hâter l'arrivée du maréchal.

On voit, par une autre lettre du chancelier, écrite au duc trois jours après, que ses craintes étaient fondées : il signale la garnison de Château-Chinon « apatissant et gastant tout jusqu'à Manlay, où étaient logés les gens du sieur de la Guiche, qu'ils attaquèrent et deffirent entièrement, emmenant le fils du sieur de la Guiche prisonnier, après quoi ils brûlèrent cet endroit ».

Nul doute qu'en 1432 Rolin fit part de ces mêmes inquiétudes au duc; car, quelques jours après la convocation adressée au seigneur de la Guiche, Philippe lui écrivit qu'il avait fait choix, pour remplacer Toulongeon, de Pierre de Beauffremont, seigneur de Charny et Molinot (1), et le choix fut excellent.

Les hostilités reprirent avec violence au mois de janvier 1433. Au mois de juin suivant, le duc de Bourgogne prit la direction des opérations, à la suite d'un conseil de guerre tenu à Arras. Il divisa son armée en trois corps, dont l'un, sous la conduite de Saint-Pol, fit le siège de Saint-Valéry, dont il s'empara; le second, dirigé par Jean de Luxembourg, était destiné à couvrir la Picardie, et le troisième, sous les ordres du duc, se dirigea vers la Bourgogne, échoua devant Troyes, mais s'empara d'un certain nombre de villes de moindre importance, et arriva à Dijon, d'où le duc envoya le comte de Charny assiéger Avallon, qui capitula au bout d'un mois.

Dès le commencement de la campagne, on voit le chancelier tenir avec Charny, nommé gouverneur de Bourgogne, de véritables conseils de guerre à Beaune (2). Plus tard, après la prise d'Avallon, Rolin tint de nouveau une « journée » ou réunion extraordinaire du grand conseil, à laquelle il convoqua les nobles de la province, pour discuter sur la conduite à suivre et sur la situation créée par la reddition d'Avallon.

La campagne de 1434 se poursuivit sans grands résultats, mêlée d'échecs et de succès, sans autre particularité sérieuse pour le duc de Bourgogne que la continuation des ravages exercés dans les pays frontières, mais signalée pour les Anglais par une série de revers qui rendirent leur situation de plus en plus critique. Le moment étant venu où Philippe le Bon devait comprendre enfin l'intérêt pour lui de cesser de lier partie avec une

(1) Lettre du 13 octobre, Dom PLANCHER, t, IV, preuves.
(2) *Journal de* JEHAN DENIS.

cause irrévocablement perdue et d'entrer résolument dans la voie que lui indiquait depuis si longtemps la sagesse politique de son ministre.

Une révolution de palais en France, en renversant le triste gouvernement de La Trémoille, était de nature à favoriser une réconciliation; elle ramenait au pouvoir le connétable de Richemont, partisan déclaré de la paix. Plus rien ne semblait rattacher Philippe à l'Angleterre; Bedford, qu'il ne voyait plus, allait disparaître à quarante-huit ans (14 septembre 1435). Les serments de Troyes et le souvenir de la mort de Jean Sans Peur pouvaient seuls agir encore sur l'esprit du duc; mais l'état de ses finances ne lui permettait pas de continuer la guerre, la Bourgogne, dévastée, était à bout et lui refusait des subsides. Partout on demandait la paix : dans l'Artois et la Picardie des suppliques étaient adressées au pape, comme au suprême médiateur, et témoignaient de la ruine des églises, des hôpitaux et des monastères. Enfin, l'empereur Sigismond se tournait contre Philippe, dont l'orgueil l'offensait, et dont les empiétements dans la Basse-Allemagne étaient pour lui une cause d'inquiétude; il conclut une alliance avec Charles VII contre le duc de Bourgogne qui « volait trop haut », et il la publia dans un manifeste du 21 juin 1434.

Philippe sentit bien qu'il ne pourrait résister plus longtemps à la pression universelle. A ce moment, le concile de Bâle, convoqué pour travailler à la pacification générale en même temps qu'à la réforme de l'Église, avait pris en main la réconciliation de la France et de l'Angleterre : réuni depuis 1431, il avait vu jusqu'en 1434 ses sessions occupées par ses démêlés avec le pape. Enfin ces difficultés s'étaient aplanies, et, le 24 avril de cette année, les légats et les nonces d'Eugène IV présidèrent les séances du concile en présence de l'empereur Sigismond, et partagèrent dès lors ses travaux.

Le duc de Bourgogne, invité à se faire représenter au concile, y envoya une ambassade, et une question de préséance fut de suite soulevée : bien que les envoyés de Philippe le Bon eussent été accueillis avec les égards réservés aux représentants des têtes couronnées (1), Philippe fit écrire le 12 mai 1433 pour leur recommander de ne prendre place au concile que si on leur donnait celle qui « lui est due d'ancienneté (2) ». Les pères du concile firent rechercher quel rang avaient tenu au concile de Constance les ambassadeurs du duc de Bourgogne, et trouvèrent qu'ils y avaient siégé après les ambassadeurs des rois de France, de Navarre et de Pologne (3), et avant les ambassadeurs des grands électeurs de l'Empire. C'est en ce sens que décida le concile ; mais les électeurs, appuyés par l'empereur, se retirèrent. Des lettres furent échangées pendant toute cette période, et jusqu'au règlement de la question, entre les ambassadeurs et la chancellerie ducale.

Rolin reçut, en particulier, le 18 septembre, un mémoire contenant le récit complet de ce qui s'était passé ; il maintint énergiquement les prérogatives de son maître. Il intervint le 4 juillet une transaction provisoire, en vertu de laquelle les représentants du duc siégèrent immédiatement après ceux des rois, au milieu des grands électeurs. De nouvelles difficultés amenèrent une solution définitive ; désormais les ambassa-

(1) LEROUX, *Relations politiques de la France avec l'Allemagne de 1378 à 1461.* — 1892.

(2) GACHARD. Rapport sur les documents qui existent à Dijon, 1843.

(3) *Ibid.*

deurs bourguignons devaient siéger après ceux des rois, à la droite de l'assemblée, tandis que les grands électeurs et leurs représentants siégeraient auprès de l'empereur.

Cette question protocolaire, petite en elle-même, intéressaute seulement en raison de la part active que Rolin prit à son règlement, donna occasion à l'hostilité de l'empereur Sigismond contre le duc de Bourgogne de se manifester et ne put qu'influer sur le revirement, désormais définitif, de Philippe en faveur de la paix. Le duc était cette fois bien décidé. Il convint, sous la médiation du duc de Savoie, d'une suspension d'armes avec le duc de Bourbon, et il fut décidé qu'un entrevue entre ce prince et Philippe aurait lieu à Nevers pour y débattre et arrêter les conditions de la paix.

Cette entrevue eut lieu au mois de janvier 1435 : Philippe quitta Dijon le 9 janvier avec le chancelier, le comte de Nevers et une suite nombreuse, passa par Nuits, Beaune, Autun, Moulins-Engilbert et arriva le 16 à Nevers au milieu des neiges et de froids rigoureux. Il descendit à l'évêché, et, selon ses habitudes fastueuses, s'apprêta à fêter magnifiquement les personnages qui le rejoignirent successivement, et d'abord les ambassadeurs de France, Regnault de Chartres, Christophe d'Harcourt, le maréchal de la Fayette, le connétable de Richemont, puis la duchesse de Bourbon, sœur de Philippe, que ce prince n'avait pas vue depuis plusieurs années et qui lui présenta ses deux fils.

Le duc parut ravi de retrouver sa famille, et l'entrevue entre le frère et la sœur ne contribua pas peu à aplanir bien des difficultés. Philippe accueillit avec affection son beau-frère de Bourbon et le connétable, avec lequel il n'avait jamais cessé d'entretenir des relations personnelles. Au milieu de cette réunion brillante, il était dans son élément ; il donna de grandes fêtes à sa sœur et à tous ses hôtes : « Là firent grant festes les ungs aux aultres. Et si grant chière faisaient qu'il semblait que jamais n'eussent eu guerre ensemble (1). » L'affection semblait si cordiale entre tous ces ennemis de la veille qu'un capitaine bourguignon ne put s'empêcher de s'écrier que « bien fol estoit celui qui en guerre se boutoit et se faisoit tuer » pour ces princes qui se réconcilient quand il leur plaît, « et alors il advient que ceux qui les ont servis restent pauvres et détruits (2) ».

Pendant que la cour passait ainsi son temps au milieu des banquets, des danses et autres « joyeusetez », les ministres faisaient de bonne besogne. Les difficultés principales furent vite aplanies ; les ambassadeurs de France firent, au sujet de la mort du duc Jean des offres de réparation qui furent acceptées par le duc ; selon l'expression de Monstrelet, elles lui furent assez agréables.

Le 6 février, on tomba d'accord sur le litige particulier existant entre Philippe et son beau-frère de Bourbon, et enfin Rolin, au nom du duc, mit, à cette même date, sa signature au bas des préliminaires de la paix générale. Voici quelles en étaient les stipulations (3) qui sont bien évidemment l'œuvre du chancelier et dont le texte complet se trouve aux archives de Dijon (4) :

I. Pour parvenir à la conclusion de la paix générale et finale, il est expédient de tenir une « journée » où viendront les ambassadeurs des parties, et où seront faites au

(1) Saint-Rémy, t. II.
(2) *Ibid.,* et Monstrelet, t. V.
(3) Dom Plancher, t. IV, preuves.
(4) B 11918.

nom « du roy Charles (1) » des « offres raisonnables au roy Henry et à la partie d'Angleterre », et telles qu'ils en doivent être satisfaits ; si, comme il y a lieu de l'espérer, ils en sont contents, le duc de Bourgogne traitera sur les bases présentement fixées, et ainsi la paix générale et finale pourra s'en suivre ;

II. Dans le cas où les ambassadeurs du roi Henri ne voudraient pas entrer en négociations et accepter les offres raisonnables qui seront faites, le duc de Bourgogne, à leur défaut fera, de son côté, « pour l'apaisement de ce royaume » tout ce que, « son honneur étant sauf », il pourra et devra faire, « tellement que un chascun apercevra clèrement qu'il en fera assez » ;

III. Dans le cas où le duc de Bourgogne « se départira dudit roy Henri et s'unira audit roy Charles », alors, en considération des charges que le duc aurait vraisemblablement à supporter dans ses possessions voisines du royaume d'Angleterre, tant en ce royaume comme au dehors, le roi Charles, outre ce qui est stipulé d'ores et déjà dans un premier traité, cédera à perpétuité au duc et aux siens toutes les villes, terres et seigneuries appartenant à la couronne de France sur les deux rives de la Somme, avec le comté de Ponthieu, les villes de Montreuil, Doullens, Saint-Riquier, et toutes les places pouvant appartenir à la couronne sur la Somme, du côté de l'Artois et de la Flandre, avec la pleine jouissance de tous droits et émoluments sauf les foi, hommage, ressorts de juridiction et souveraineté ; et cela avec faculté de rachat par le roi Charles, moyennant paiement d'une somme de 400,000 écus d'or ;

(1) Selon la remarque de l'historien de Charles VII, c'est la première fois que, dans un document officiel, la chancellerie de Bourgogne désignait ainsi le roi de France.

IV. Pour la stricte observation du traité, les sûretés, les meilleures et les plus amples que l'on pourra seront données de part et d'autre ;

V. Il a été « pourparlé » du mariage du comte de Charolais avec une des filles du roi Charles, et d'autres mariages particuliers qui pourront être très profitables au bien de ce royaume ;

VI. On a été d'avis que, pour parvenir à la réalisation des choses susdites, il était expédient de tenir une « journée » en la ville d'Arras, le 1ᵉʳ juillet prochain, où se trouveront, au nom du roi Charles, messeigneurs de Bourbon et de Richemont et autres qu'il lui plaira d'y envoyer munis de ses pouvoirs pour régler toutes les questions relatives à la paix ; et à l'égard du roi Henri, le duc de Bourgogne lui signifiera la tenue de cette journée pour qu'il s'y fasse représenter, et lui fera faire à cette fin les remontrances et requêtes que bon lui semblera ; quant à lui, il sera en personne « à la journée » prêt à « entendre par effect au bien de la dicte paix », et à travailler à sa réalisation, spécialement près du roi Henri et de ses gens. Et s'il advenait que le roi Henri ne voulût entendre à la paix et qu'il refusât les « offres raisonnables » qui lui seront faites de la part du roi Charles, le duc « montrera par effect le déplaisir qu'il a de la destruction et désolation de ce royaume », et, en ce cas, « entendra à la dicte réunion et appaisement avec ledit roy Charles si avant qu'il lui sera possible, son honneur sauf, et tellement que Dieu et tout le monde en seront contens, et congnoistra chascun qu'il en aura assez fait » ;

VII. Notre Saint-Père le Pape sera requis par le roi Charles et par le duc de Bourgogne de venir à la « journée » ou d'y envoyer les cardinaux de Sainte-Croix et d'Arles avec pouvoirs suffisants d'agir comme médiateurs;

on lui demandera également d'écrire au roi Henri pour l'exhorter à se faire représenter à la « journée ».

VIII. Pareille requête sera faite au concile de Bâle de se faire représenter par les cardinaux de Chypre, de Saint-Pierre et autres et d'en écrire également au roi Henri.

CHAPITRE VI

Toute l'Europe représentée à Arras. — Arrivée des ambassadeurs.
— Fêtes et cérémonies préliminaires. — Rolin est l'âme diri-
geante du congrès. — Rupture définitive avec les Anglais. —
Scrupules de Philippe le Bon. — Paix signée. — Texte du traité.
— Ses conséquences.

La conférence de Nevers était terminée. Le duc de
Bourgogne vint retrouver à Dijon la duchesse Isabelle,
qui avait fait faire, en son absence, des prières publiques
pour la paix. Tous deux reprirent le 31 mars le chemin
de la Flandre, voyageant en grand appareil et suivis de
cent chariots, remplis de tout ce qui, au milieu de ce luxe
encore un peu barbare, était nécessaire pour le vivre et
le coucher d'une cour nombreuse. La duchesse était
portée en litière, et le duc, racontent les chroniques, che-
vauchait avec trois de ses fils bâtards, dont l'aîné avait
dix ans.

Le noble couple arriva à Paris le 14 avril et y fut reçu
avec des acclamations qui s'adressaient surtout à celui
qu'on regardait comme l'arbitre de la paix. Philippe dut
achever de s'y convaincre combien la dynastie anglaise
y avait peu de racines, et combien la popularité du duc
de Bourgogne avait peu à perdre au rapprochement avec
le souverain national. L'Université, le chapitre de Notre-
Dame vinrent le solliciter en faveur de cette paix désirée.

Les bourgeoises et les « démoiselles » de Paris envoyèrent à la duchesse une députation dans le même but : « Mes bonnes amies, répondit Isabelle, c'est une des choses de ce monde dont jay plus grant désir et dont je prie le plus Monseigneur jour et nuit pour le tres grant besoin que je voy qu'il en est; et pour certain je scay bien que Monseigneur en a tres grande voulonté de y exposer corps et chevance (1). »

Le duc reçut les lettres d'assentiment au congrès d'Arras du roi Charles VII, du pape Eugène IV qui désignait pour le représenter comme légat le cardinal de Sainte-Croix, du concile de Bâle qui envoyait comme délégué le cardinal de Chypre, et enfin du roi d'Angleterre qui cependant faisait des réserves et insistait sur l'observation du traité de Troyes

Enfin s'ouvrit ce fameux congrès qui fut l'acte le plus important de la carrière diplomatique de Rolin et dont le résultat eut, au quinzième siècle, l'importance de la paix d'Utrecht au dix-septième et du congrès de Vienne au dix-neuvième. Il importe d'en donner le compte rendu (2).

Jamais plus imposante assemblée n'avait réuni au moyen âge tant de hauts personnages venus de tous les points de l'Europe civilisée. On y vit dix-huit princes, ducs et comtes; trois cardinaux, trois archevêques, dix évêques, dix-huit abbés, vingt-deux chevaliers, le premier président du parlement de Paris, deux secrétaires d'État, des députés d'un grand nombre de bonnes villes

---

(1) *Journal d'un bourgeois de Paris.*
(2) En dehors des chroniqueurs contemporains, nous avons emprunté ces détails au Journal de la paix d'Arras par Dom Antoine de la Tavern, à un mémoire de l'Académie d'Arras (Lecesne), 2ᵉ série, t. VII; à un fragment de Gautier Vanden Vliet, *dans la Revue d'histoire diplomatique*, 1887 et à Beaucourt, *Histoire de Charles VII.*

de France, les membres les plus éminents de l'université de Paris, une foule de docteurs en droit et en théologie, venus de tous les pays. Le nombre des personnes faisant partie des ambassades qui y figuraient s'élevait à plus de huit cents : l'empereur Sigismond ; les rois de Pologne, de Sicile, d'Aragon, de Navarre, de Danemark ; les ducs de Bretagne et de Milan s'y étaient fait représenter ; seul, le duc de Savoie, ce sage et persévérant défenseur des idées de paix, n'y avait pas d'ambassadeur. Les chroniques du temps n'évaluent pas à moins de dix mille le nombre des étrangers que ces grandes assises attirèrent à Arras.

L'ouverture du congrès, fixée d'abord au 1ᵉʳ juillet, ne put, d'un commun accord, avoir lieu que plus tard. Seuls, trois ambassadeurs anglais arrivèrent au jour dit ; mais, ne trouvant personne, ils firent constater par acte notarié leur présence par le gouverneur d'Arras ; c'étaient du reste des diplomates de sous-ordre.

Le 8 juillet, les délégués du concile de Bâle firent leur entrée ; le chef de l'ambassade était le cardinal de Chypre, Hugues de Lusignan, frère du roi de ce nom. Il était accompagné de l'archevêque d'Auch, Philippe de Lévis, de l'évêque de Wexio, ambassadeur du roi de Danemark au concile ; de Mathieu del Caretto, évêque d'Albinga, ambassadeur de Milan à Bâle ; de Nicolas Lazisky, grand archidiacre de Pologne, et de l'archidiacre de Metz, Guillaume Hugues.

Le cardinal de Sainte-Croix, légat du pape, arriva le 10 juillet, avec l'évêque de Vizeu en Portugal, Louis de Garsiis, chanoine de Bologne, auditeur de la chambre apostolique et Luc de Sainte-Victoire, archiprêtre de Jumelles. Le légat, qui avait déjà figuré dans toutes les négociations précédentes, était appelé à jouer encore un rôle important au congrès ; malheureusement sa santé lui fut une entrave, comme elle l'avait été à Semur, et on dut plus d'une fois, pendant son séjour à Arras, le porter dans la salle des délibérations. Philippe le Bon, qui ne voulait arriver à Arras qu'après la venue des ambassadeurs français, se fit excuser auprès des cardinaux, en les informant que, seul, le concours des représentants du roi de France était de nature à justifier sa présence.

Le 15 juillet, le chancelier de Bourgogne arriva à Arras avec une suite nombreuse, dans laquelle on remarquait le comte de Nassau, et, dès le lendemain, Rolin alla présenter lui-même aux cardinaux les excuses du duc; puis, dans cette ville d'Arras, où il était difficile de loger convenablement tant de personnages de marque, il offrit au cardinal de Chypre, représentant du concile, une hospitalité qui, dit-on, fut magnifique. Aux Anglais arrivés dès le 1er juillet, il porta également les excuses du duc de Bourgogne.

Le 22 eut lieu une procession générale, à laquelle assista le chancelier. Le 25 arriva le haut personnel de l'ambassade d'Angleterre, l'archevêque d'York, Jean Kemp, l'évêque de Norwick, l'évêque de Saint-David, le comte de Suffolk, Walter, seigneur de Hungerford, et Jean Popham, avec une suite de deux cents personnes.

L'évêque d'Arras partit au devant des ambassadeurs de France pour presser leur arrivée. Ceux-ci firent dire au duc que leur retard ne devait être attribué à aucune mauvaise volonté et qu'ils se hâtaient de leur mieux. Cette déclaration satisfit les exigences du protocole et Philippe le Bon ne fit plus de difficulté pour fixer son départ.

Le duc fit son entrée à Arras le 29 juillet, suivi d'une multitude de seigneurs de Brabant, de Hollande, de Bourgogne, d'Artois, de Flandre et de Hainaut, escorté de trois cents archers à sa livrée. Il avait auprès de lui son beau-frère, le duc de Gueldre, et son neveu de Clèves. Tous les personnages arrivés à Arras se portèrent à sa rencontre.

Le lendemain, le duc, « après son dormir d'après disner », tint conseil pour savoir s'il devait aller au devant des ambassadeurs français, dont on lui apprenait l'arrivée à Cambrai. Conformément à l'avis qui lui fut donné, Philippe, accompagné des princes de sa famille et de toute sa maison, se porta au devant d'eux jusqu'à une lieue de la ville, au grand mécontentement des Anglais, qui refusèrent de l'accompagner, en manifestant leur étonnement qu'on fît tant d'honneur à l'ennemi commun.

Le duc, avec sa magnificence accoutumée, voulut supporter tous les frais du séjour des ambassadeurs, et la chancellerie prit toutes les mesures pour qu'une pareille réunion d'hommes n'entraînàt pas de désordres.

L'ambassade du roi de France se composait du duc de Bourbon, du comte de Vendôme, du connétable de Richemont, de l'archevêque de Reims, chancelier de France, de Christophe d'Harcourt, de Théaulde de Valpergue, du maréchal de la Fayette, du premier président Adam de Cambray, de Jean Tudert, maître des requêtes, de Guillaume Chartier, conseiller au Parlement, d'un grand nombre de conseillers français, avec une suite de près de mille chevaux.

Lorsqu'ils se trouvèrent en présence, les princes s'embrassèrent avec la même effusion affectueuse qu'à Nevers, les deux escortes se confondirent, « montrant semblant de toutes joies ». On revint lentement à Arras. En tête du cortège, que précédaient les ducs de Bourgogne, de Bourbon et de Gueldre, marchaient sept trompettes qui sonnaient « très mélodieusement », et tous les rois d'armes,

hérauts et poursuivants, ayant pour chef Montjoie, roi
d'armes de France. Une foule énorme, massée sur le passage du cortège, criait *Noël* et témoignait sa joie de la
paix qu'elle croyait déjà faite.

Le 1er et le 2 août furent consacrés aux visites officielles. Les ambassadeurs de France se rendirent chez
les deux cardinaux et les ambassadeurs anglais remirent
au chancelier de Bourgogne la commission dans laquelle
le roi d'Angleterre désignait le duc comme son « commis-
saire général et principal au congrès ». Le duc refusa
cette mission.

Le 4 août, la duchesse de Bourgogne fit son entrée
solennelle à Arras, dans une litière magnifique, escortée
de toute sa maison. Les ambassadeurs allèrent à sa rencontre et son arrivée fut l'occasion de fêtes : un congrès
ne se passe pas sans divertissements, et, avec Philippe le
Bon, on pouvait compter sur leur variété et leur magnificence ; bals, festins, tournois, rien ne fut négligé. Les
démonstrations religieuses, processions, sermons d'apparat, jouèrent aussi un grand rôle au congrès.

Le 4 août, le duc reçut la visite des ambassadeurs de
France et d'Angleterre. Les Anglais demandèrent à
entrer en négociation avec les cardinaux ; mais le duc
leur fit comprendre qu'il convenait auparavant de recevoir les communications de la partie adverse. La soirée
de ce jour, qui était la veille de l'ouverture du congrès,
fut consacrée au plaisir ; un grand festin fut suivi d'un
bal qui dura jusqu'à deux heures du matin.

Les conférences s'ouvrirent le 5 août, à l'abbaye de
Saint-Vaast, où trois grandes salles avaient été décorées
de ces superbes tapisseries d'Arras qui n'avaient pas alors
d'égales : l'une des salles était destinée aux cardinaux,
l'autre aux ambassadeurs anglais, et la troisième à ceux

du roi de France; d'autres étaient réservées aux réunions particulières des plénipotentiaires.

La première séance fut toute d'apparat et de représentation. Une question de préséance s'éleva tout d'abord : qui aurait le pas du légat du pape ou de celui du concile? Elle fut bientôt réglée. On décida que chacun aurait la préséance à son tour. Cette affaire arrangée, Philippe entra dans la salle des séances et vint s'asseoir au-dessous des cardinaux. Ses représentants officiels étaient : les évêques de Liège, de Cambrai et d'Arras; le duc de Gueldre, le damoiseau de Clèves; les comtes de Nevers, d'Étampes, de Saint-Pol, de Ligny, de Nassau, de Montfort et de Meurs; les seigneurs de Croy, de Roubaix, de Santes; le prévôt de Saint-Omer, Philippe Maugart, etc. Mais l'âme de son conseil et le véritable directeur du congrès fut Nicolas Rolin.

Quand le duc eut pris séance, les deux cardinaux lui présentèrent successivement les lettres du pape et du concile, dont le chancelier donna lecture; puis Rolin fit réponse en latin, mais il parla si bas, écrit le chroniqueur, que l'on ne put entendre; on supposa qu'il disait que le duc « s'offrait à entendre au bien de la paix ». Un grand discours fut ensuite prononcé au nom des deux cardinaux par le prévôt de Cracovie qui, rappelant toutes les calamités de la guerre, déclara que le Saint Père et le concile, « ayant compassion du royaume de France, moult désolé, avaient envoyé les susdits cardinaux pour labourer de mettre paix et union audit royaume ». En conséquence, il exhortait les parties « à faire des propositions si courtoises et si raisonnables qu'elles se pussent facilement accommoder ». « Lesdits propos finis, monseigneur le chancelier regracia moult honnêtement lesdits cardinaux et dit que quantes fois que lesdits cardinaux le voudraient

mander, il estoit prest d'entendre au bien de la paix générale. » Le discours de Rolin termina la séance.

Le 6 août au matin, les ambassadeurs de France furent
reçus par les cardinaux et prirent rang sur des sièges au-
dessous de ceux-ci. L'archevêque d'Albi prononça un discours sur le texte : *Pax hominibus bonæ voluntatis*. L'archevêque de Reims répondit et déclara que le roi son maître
avait le plus vif désir de la paix ; que, pour y parvenir, il
était prêt à de grands sacrifices et avait, dans ce but,
envoyé des princes de sa famille munis des pouvoirs les
plus étendus. Le même jour, à quatre heures, une seconde
séance eut lieu pour la réception des ambassadeurs d'Angleterre par les légats. Au nom des cardinaux, l'évêque de
Vexio prit pour texte de son discours : *Pacem habete ad
omnes, et Deus pacis et dilectionis erit vobiscum*. L'archevêque
d'York le remercia « moult hautement et magnifiquement »,
et se fit fort des intentions pacifiques du roi d'Angleterre.

Le 7 août, on procéda à la vérification des pouvoirs
dont la teneur donna lieu à des observations réciproques ;
des modifications furent demandées et acceptées de part
et d'autre, et on convint qu'avant le 15 ces pouvoirs
seraient régularisés.

Tout cela, jusqu'ici, était question de pure forme ; on
allait être bientôt obligé d'aborder les difficultés de fond,
et elles étaient sérieuses : il y avait, en effet, deux négociations en présence, celle relative à la paix entre la France
et l'Angleterre, et celle qui concernait la Bourgogne et la
France. Le but des Anglais était naturellement de les rattacher l'une à l'autre et de les confondre, de façon à empêcher le duc de Bourgogne de traiter sans eux. Ils s'y effor-
cèrent de tout leur pouvoir. Aussi leur zèle apparent pour
aboutir à la paix était sans cesse contredit par d'insurmontables exigences, et leur pensée cachée était de pro-

voquer, par des lenteurs ou des incidents, une rupture qui laisserait intacte leur alliance avec Philippe le Bon.

Rolin, présent à toutes les réunions, continuellement sur la brèche, avait à déjouer ces manœuvres et à séparer les intérêts du duc de ceux de ses anciens alliés. Il était parfaitement aidé par le connétable de Richemont, qui partagea avec lui l'honneur du succès final. Tous deux travaillaient chaque soir après les réunions du congrès, et souvent jusqu'à une heure avancée de la nuit, tout à la fois pour rester sur le terrain d'une double négociation et pour discuter, dans celle qui touchait les puissances dont ils étaient les représentants, les points en litige et les difficultés sur lesquelles ils parvinrent à se mettre d'accord.

Le connétable, pour arriver à ses fins, avait, d'ailleurs, d'autres ressources que les discussions diplomatiques; les conseillers du duc de Bourgogne reçurent plus d'une promesse au nom du roi; de Croy, le seigneur de la cour ducale, qui, par ses fonctions de premier chambellan, touchait de plus près à la personne du duc, figura dans ces libéralités pour une rente de trois mille livres. Tous les moyens étaient bons à Richemont pour prouver aux conseillers bourguignons qu'un traité séparé avec le duc était le meilleur moyen de hâter la conclusion de la paix avec l'Angleterre (1).

Le 8 août, l'archevêque d'York, répondant aux cardinaux, qui s'étaient chargés, comme médiateurs, de transmettre à chaque partie les propositions ou les réponses de l'autre puissance, déclara que le roi son maître ne reconnaissait d'autre juge que Dieu pour ses affaires temporelles et considérait les cardinaux seulement comme d'amiables médiateurs.

(1) Cosneau, le Connétable de Richemont.

Le 9 août, les ambassadeurs anglais, contraints de s'expliquer par la chancellerie bourguignonne, firent connaître à Rolin, devant les autres représentants du duc, qu'ils préféraient traiter pour de longues trêves, en prenant pour base un mariage du roi Henri VI avec une fille de Charles VII. C'était un moyen de traîner les choses en longueur et de se réserver l'avenir. Il ne fut pas pris au sérieux, et, le 10 août, en présence des cardinaux, les ambassadeurs anglais se décidèrent, sur la demande formelle qui leur en fut adressée, à formuler une proposition. Ils demandèrent que « l'adversaire » remît au roi Henri les villes, châteaux et domaines qu'il retenait injustement » ; c'était une demande aussi vague que peu conciliante, et, sur les observations qu'elle provoqua, ils répondirent que, dans une prochaine séance, ils satisferaient le désir des cardinaux.

Le 11 août, il n'y eut pas de séance du congrès, en raison d'une joûte à laquelle le duc convia tous les membres de l'assemblée. Un chevalier espagnol, Jean de Merlo, défia Pierre de Beaufremont, sire de Charni, chevalier de la Toison d'or et brillant chevalier de Philippe ; cette joute, qui se termina sans effusion de sang, fit, paraît-il, grand honneur aux combattants, à qui le duc, très expert en la matière, prodigua les compliments.

Le 12 août, les Anglais en revinrent de nouveau aux projets de mariage et de trêve, pour vingt, trente ou quarante ans, délai dans lequel le roi d'Angleterre, parvenu à l'âge d'homme, pourrait traiter lui-même, s'il le jugeait convenable, de la paix. Les ambassadeurs français, à qui les cardinaux transmirent cette proposition, la repoussèrent en disant qu'ils ne voulaient conclure qu'une paix définitive et qu'ils ne pouvaient accepter une trêve.

. On leur demanda à leur tour quelles bases ils entendaient donner à cette paix. Il était temps, en effet, d'entrer dans le vif des difficultés et de poser la question capitale que nul n'avait encore abordée : à qui appartiendrait le titre de roi de France?

A la mise en demeure qui leur était adressée les ambassadeurs de Charles VII répondirent en demandant que le roi d'Angleterre renonçât à ce titre, à la couronne et aux armes de France, et que toutes les villes, forteresses, occupées par les Anglais en France furent restituées à leur souverain légitime ; en échange de ces concessions, ils déclaraient faire abandon de tout ce que le roi d'Angleterre tenait en Guyenne, des possessions du roi dans les sénéchaussées de Bordeaux, des Landes et du Bazadais, de la ville de Cahors, du pays de Quercy et du comté de Périgord, le tout sous la suzeraineté du roi. Les Anglais, en recevant cette communication par l'intermédiaire des cardinaux, se récrièrent en disant qu'il n'y avait qu'un roi de France, Henri VI. Ils demandèrent la communication de ces offres par écrit.

Le 13 août, les cardinaux leur firent connaître que cette communication ne pouvait avoir lieu quant à présent ; que, tout en s'en référant aux termes de leur précédente déclaration, les ambassadeurs français croyaient devoir faire un pas de plus dans la voie des concessions, et offrir l'Agénais, sauf ce qui appartenait au comte d'Armagnac, toutes les possessions du roi en Saintonge et dans le Limousin, plus six cent mille écus payables en six années. Ils réclamaient en outre la mise en liberté du duc d'Orléans. Les Anglais consultèrent le duc de Bourgogne, qui leur conseilla de formuler de nouvelles propositions. A ce moment, les ambassadeurs de France, dépassant, il semble, les limites des concessions raisonnables, offrirent en outre la Normandie en échange de la liberté du duc d'Orléans.

Les Anglais, s'en tenant toujours à leurs propositions de trêves et de mariage, consentirent seulement à accorder la délivrance du duc, moyennant une rançon qui serait à fixer : à quoi l'ambassade française répondit de nouveau que ce n'était pas une trêve, mais la paix qui était à conclure.

C'était tourner dans le même cercle. Les cardinaux insistèrent pour qu'on en sortit. L'évêque de Lisieux, au nom de ses collègues d'Angleterre, proposa le maintien de la couronne et du royaumé de France à Henri VI moyennant l'abandon à « la partie adverse » de tout le pays au sud de la Loire, sauf la Guyenne et la Gascogne, un revenu annuel de cent vingt mille saluts dans ces contrées et le mariage d'Henri VI avec une fille de « la partie adverse ». Les ambassadeurs de France répondirent par l'offre du payement annuel de cent cinquante mille saluts pour l'évacuation du territoire par les Anglais.

Le 17 août, les ambassadeurs anglais manifestèrent leur étonnement de ce qu'on proposait le payement d'une annuité à leur maître, vrai et légitime roi de France, pour qu'il renonçât à son royaume. Ce même jour, le duc de Bourgogne tint un grand conseil, auquel prirent part deux cents personnes qui jurèrent de tenir secret l'objet de la réunion ; on croit qu'on y discuta les réparations que le duc pourrait exiger relativement au meurtre de Jean Sans Peur.

Le 18 et le 19, la discussion continua dans les mêmes termes et sans avancer d'un pas, les plénipotentiaires français posant toujours comme condition la renonciation d'Henri VI à la couronne de France. Les ambassadeurs anglais dirent alors qu'ils désiraient, avant d'aller plus loin, avoir l'avis du cardinal de Winchester, qui était en route pour Arras. Ce prélàt arriva le 23 avec le comte de

Huntington et une suite nombreuse, et le duc de Bourgogne, qui avait été à sa rencontre, lui rendit visite le 25. Le soir de ce jour, la nouvelle d'un fâcheux événement faillit compromettre toutes les négociations. Philippe recevait à sa table le duc de Bourbon, quand on apprit que La Hire et Xaintrailles, capitaines au service du roi de France, sans égard pour la trêve, étaient entrés en Picardie, à la tête de six cents hommes d'armes, avaient brûlé les faubourgs d'Amiens et s'étaient avancés jusqu'à Doullens, à sept lieues d'Arras, saccageant tout et menaçant d'enlever le congrès et le duc de Bourgogne.

Dans un premier mouvement de fureur, Philippe voulait renvoyer les ambassadeurs de France. Heureusement tout se calma : le duc de Bourbon et le connétable enjoignirent en toute hâte aux deux routiers de rebrousser chemin, mais n'obtinrent qu'à grand'peine qu'ils repasseraient la Somme après avoir restitué leur butin. Les négociations purent reprendre.

Dès son arrivée, le cardinal d'Angleterre avait déclaré qu'après en avoir conféré avec ses collègues, les Anglais ne devaient pas donner de réponse si les droits de leur maître à la couronne de France étaient contestés. Les pourparlers traînèrent jusqu'au 1ᵉʳ septembre sur le même terrain, entre cette intransigeance de l'orgueil anglais et l'ultimatum des plénipotentiaires français offrant la Normandie moyennant la renonciation d'Henri VI à la couronne.

Les Anglais, voyant le duc de Bourgogne se détacher d'eux de plus en plus sous l'influence de son ministre et de ses conseillers, demandèrent aux légats si Philippe avait été relevé par l'Église des serments prêtés par lui à Troyes. La question était au moins captieuse. On se contenta de répondre que le duc n'avait été relevé d'aucun

engagement légitime. Les ambassadeurs d'Henri VI
essayèrent d'intéresser à leur cause les députés des
bonnes villes, en particulier ceux de Paris, dont l'opinion
pouvait être d'un grand poids, et de leur persuader que,
si une rupture se produisait, elle ne proviendrait pas de
leur fait, et que la transmission de la couronne ne pouvait
être consentie sans l'adhésion des États généraux. Mais
ces suggestions n'eurent aucun effet sur des gens qui ne
voulaient qu'une chose, la paix.

Enfin, le 31 août, le cardinal de Sainte-Croix somma
les plénipotentiaires anglais d'accepter les « offres grandes,
notables et raisonnables » de Charles VII, qui consentait
à céder « la meilleure et la plus saine tierce partie du
royaume de France ». Ils refusèrent. Le légat déclara
alors que, du moment où la paix générale était impossible,
il allait, par le commandement exprès du Souverain Pon-
tife, travailler à une paix particulière.

Le 1er septembre, les ambassadeurs anglais protestèrent
de nouveau devant les légats contre une paix particulière,
à laquelle le duc de Bourgogne avait juré de ne pas se
prêter sans le consentement du roi d'Angleterre et sans
l'avis des États. Les cardinaux répondirent qu'ils rempli-
raient leur mandat qui était d'arriver à la paix, et que
d'ailleurs ils ne feraient rien qui ne fût conforme à la justice et à la raison.

Le soir de ce jour, le duc de Bourgogne donnait un
grand festin aux ambassadeurs anglais. C'est là une de ces
fêtes quotidiennes où la cour de Bourgogne déployait un
faste inconnu partout ailleurs et justifiant cette parole
d'un écuyer du connétable qui, se rappelant les six
semaines de son séjour à Arras, disait : « Et Dieu scait
les grandes chères et banquets qui là furent. » Ce soir-là
particulièrement, Philippe avait voulu faire honneur à

ses hôtes. Il était servi par son cousin le comte d'Étampes, et le cardinal de Winchester par le damoiseau de Clèves, neveu du duc. Un grand nombre de seigneurs de Flandre, d'Artois et de Hollande se tenaient autour des tables pour faire honneur aux convives. Les vêtements de toute cette noblesse étaient éblouissants ; le duc portait au cou, rapporte le chroniqueur, « un collier de fin or, semé de grant foison de pierres précieuses qui étaient moult riches et de grande valeur ». Toute cette mise en scène avait évidemment pour but, en frappant l'esprit des ambassadeurs du spectacle de la puissance de leur ancien allié, de les mieux disposer à entrer dans les vues de celui-ci.

Après le dîner, le duc conduisit le cardinal d'Angleterre dans une pièce voisine où il s'entretint avec lui pendant un quart d'heure ; puis on appela l'archevêque d'York, et, pendant ce colloque, qui dura une heure, on pouvait voir le cardinal gesticuler, faire sûrement des reproches à Philippe de sa défection et s'échauffer tellement, raconte encore le chroniqueur, qu'il suait à grosses gouttes. Les écuyers du duc, pour couper court à cette scène, apportèrent du vin et des épices. Après le départ de ses hôtes, vers onze heures du soir, le duc, accompagné de Rolin, se rendit incognito chez le cardinal de Sainte-Croix, et sûrement, dans cette conférence, qui fut longue, on arrêta le plan des nouveaux pourparlers que la rupture avec les Anglais allait rendre nécessaires.

Les ambassadeurs anglais quittèrent Arras le 6 septembre, en déclarant qu'ils abandonnaient des négociations dont le seul but était de priver le roi Henri de sa couronne, et en disant que Dieu, dans sa grâce infinie, saurait bien protéger la juste cause. On assure qu'en prenant congé du duc ils lui auraient dit ne pas comprendre pourquoi leurs réclamations n'avaient pas été mieux appuyées par lui ; car si un duc avait deux duchés, un roi pouvait bien avoir deux royaumes.

Le départ des plénipotentiaires anglais comblait les vœux du chancelier, en déblayant le terrain et en permettant à sa diplomatie de se concentrer sur une seule question, la discussion du traité à conclure entre la France et la Bourgogne, dans les conditions les plus avantageuses à la dynastie ducale.

Et toutefois il restait une grave difficulté à vaincre : sans doute Philippe le Bon avait définitivement mis de côté ses sentiments de haine contre l'auteur présumé du crime de Montereau, et la pensée de reprendre son rang de famille dans la maison de France dominait désormais ses rancunes d'autrefois. A ce point de vue il y a sûrement une part de vérité, qu'il serait injuste de méconnaître, dans ce qu'indique Olivier de la Marche (1) des motifs qui ont déterminé « le bon duc Philippe » à « condescendre » au traité d'Arras. Il semble au chroniqueur que « ce fut au regard du salut du royaume de France, au noble sang dont il était né et issu, qui lui bouilloit dans l'estomac et à l'entour du cœur, et aux grands biens qu'il avoit reçus en ses prédécesseurs de la maison royale, tant de droit nature comme de bienfaits. Ces trois choses, qui font une seule partie, lui firent oublier l'offense et la male aventure, mal faite et mal advenue. Secondement la petite affinité et amour qu'il avoit aux Anglais, et tiercement l'honneur et vertu de lui, et qui toujours et toute sa vie, quelque aiguillonné, quelque piqué au poingt qu'il eût été par plusieurs fois, maintenant de fait, maintenant de paroles, toutefois, il a toujours tendu la main de tout effet et de tout pouvoir à soutenir, maintenir et garder la royale

(1) T. I.

majesté de France, vécut et mourut noble èt entier fràn-
çais de sang, de cœur et de volonté ».

En laissant de côté les exagérations du panégyriste, on
doit convenir que Philippe le Bon s'était fait de l'honneur
chevaleresque une règle de vie, parfaitement compatible
d'ailleurs pour lui avec des actes réprouvés par la morale
vulgaire. Or, ayant juré dans les circonstances les plus
solennelles de maintenir le traité de Troyes et l'alliance
anglaise, il n'avait jamais voulu jusqu'ici s'en départir,
et il éprouvait aujourd'hui à violer ces serments un scrupule qui, en définitive, lui fait honneur.

Afin d'apaiser sa conscience, les légats s'adressèrent
aux plus habiles casuistes, et ils étaient en nombre à Arras.
Louis de Garsiis, docteur de Bologne, fit un mémoire qui
démontra que le roi de France n'avait pu aliéner aucune
partie de son royaume et transmettre à un étranger la
couronne qui, en droit, n'appartenait qu'à son fils; le
traité de Troyes était donc d'une nullité absolue, et la
seule obligation du duc était de remplir son devoir envers
le royaume.

Puis, dans un supplément d'instruction, conçu dans
une forme allégorique au goût du temps, on donna le
récit des événements, en faisant figurer Assuérus, duc de
Galilée (Charles VII), qui avait encouru le courroux de
Darius, roi des Perses, son père; on y ajouta un roi
d'Egypte, Pharaon (le roi d'Angleterre), qui, pour s'emparer des états d'Assuérus, s'était allié avec le cousin de
celui-ci, le duc de Samarie, et on demanda si ce dernier
était obligé de maintenir indéfiniment l'alliance. Les
théologiens, à qui la question était posée, la résolurent
unanimement dans le sens de la négative. On doit ajouter
toutefois qu'un mémoire émané d'un partisan de l'alliance
anglaise établit longuement, et par des raisons dont plu-

sieurs ne manquaient pas de force, que « monseigneur le duc (de Bourgogne) ne peut ni doit prendre ou faire traité particulier avec ses adversaires, en délaissant l'alliance et traité qu'il a avec le Roy (d'Angleterre) ». Plusieurs autres mémoires furent produits dans lesquelles tontes les allégations anglaises étaient réfutées de point en point (1).

Des cérémonies religieuses complétèrent sur l'esprit impressionnable du duc de Bourgogne l'effet de cette consultation. Il y eut d'abord, dans l'église de l'abbaye de Saint-Vaast, une réunion solennelle à laquelle furent convoqués tous les députés des villes, et notamment ceux de Paris; les cardinaux et les ambassadeurs y figuraient, et le duc y arriva, assisté du chancelier et d'une partie de sa cour. L'archidiacre de Metz, après avoir exposé dans un discours la marche et l'état des négociations et l'impossibilité où on avait été de conclure la paix générale, après avoir fait un tableau émouvant de la désolation du royaume et des maux « innumérables » de cette trop longue guerre, dit au duc que « les serments contre charité, bonnes mœurs et bien public, n'étaient tenables, non plus que serments personnels », et l'adjura, au nom du pape, des cardinaux et des ambassadeurs « d'entendre au bien de la paix finale » avec le roi de France.

Rolin se leva après ce discours, et, prenant la parole, déclara qu'il avait toujours été et était encore disposé à traiter de la paix et qu'il donnerait sur ce sa réponse à bref délai. C'étaient là des paroles décisives. Le soir même, le chancelier eut au palais ducal avec les plénipotentiaires français une conférence qui dura jusqu'au milieu de la nuit.

(1) Barante, t. VI.

Une autre solennité religieuse eut encore lien à Saint-Vaast pour attirer la bénédiction de Dieu sur cette paix qui semblait imminente, et d'ailleurs les prières publiques étaient faites pour cet objet « généralement par tout le royaume (1) ». Le 10 septembre, jour anniversaire de la mort de Jean Sans Peur, le duc tint un grand conseil, auquel il convoqua les députés des bonnes villes et demanda l'avis de chacun, pour la forme, car il était bien décidé. Et il déclara au conseil qu'il était prêt à traiter : « N'est-ce pas une chose miraculeuse, disait le soir même l'évêque d'Auxerre? Il y a seize ans que monseigneur le duc Jean fut mort, et aujourd'hui la paix est faite. On peut bien dire : *Unde mors orietur, inde vita resurgeret.* »

Dès le lendemain, les négociations s'ouvrirent pour cette paix, sous la présidence des cardinaux, négociations qui, d'ailleurs, allaient toutes seules. Tout avait été réglé d'avance avec le chancelier; les plénipotentiaires français étaient bien décidés à tout accepter; l'essentiel était, en effet, pour eux d'assurer le présent et de séparer la Bourgogne de l'Angleterre; aussi, selon l'expression d'un contemporain, ils laissèrent « couler plusieurs choses à peu de honneur du roi ». Le duc de Bourgogne, cette fois, vint en personne à la conférence, accompagné du duc de Gueldre, du comte de Meurs, des évêques de Liège et d'Auxerre. Rolin prononça un grand discours; il rappela l'adjuration que l'archidiacre de Metz avait faite à Philippe dans l'église de Saint-Vaast, et déclara que, « pour la révérence de Dieu, pour l'honneur de notre Saint Père le Pape, du saint concile de Basle et des cardinaux, pour le relèvement du royaume de France moult désolé », il consentait, au nom du duc de Bourgogne, à faire droit à

(1) Chartier.

cette demande, mais sous cette double condition que le duc serait « restitué de tous ses intérêts » et que des lettres des cardinaux, scellées de leurs sceaux, le délieraient des serments et « confédérations » qui le liaient aux Anglais. Enfin Rolin déposa, sous forme de conclusions, toutes les conditions du traité. L'archidiacre de Metz, ainsi pris à partie par le chancelier, le remercia avec émotion et « en beaux termes de sa douce, bénigne et aimable response ».

Tous les articles inscrits dans les conclusions de Rolin furent dans les séances suivantes adoptés sans discussion, et on n'y ajouta que quelques changements favorables aux intérêts du duc. Il semblait que le chancelier imposât sa loi et que les ambassadeurs de France n'eussent qu'à écrire sous sa dictée (1).

On reçut à ce moment la nouvelle de la mort du duc de Bedford, survenue à Rouen le 14 septembre. Cette mort arrivait très à propos pour dissiper les scrupules que pouvait encore avoir Philippe : c'était le dernier lien de solidarité personnelle du duc avec les Anglais qui disparaissait avec celui qui avait été son beau-frère et son ami.

Le 20 septembre, dans une dernière séance, les représentants des deux hautes parties contractantes prêtèrent serment entre les mains des cardinaux d'observer les conditions arrêtées. Voici les termes du traité d'Arras; il suffit de comparer cet acte aux articles des conférences de Bourg en Bresse, en janvier 1423, dont il reproduit la plupart des dispositions, avec les seuls changements que le temps et les circonstances avaient dû y introduire, pour s'assurer qu'il est dû tout entier à Rolin, et c'est là assurément le monument capital de son œuvre de ministre,

---

(1) BEAUCOURT, op. cit.

celui qui témoigne le mieux aussi de la ténacité de ses vues pendant cette période de douze ans :

I. Le roi dira par lui-même au duc de Bourgogne, ou fera dire par ses fondés de pouvoir, que « la mort de feu monseigneur Jean de Bourgogne, son père, fut iniquement et mauvaisement faite par ceux qui perpétrèrent le dit cas, et par mauvais conseil » ; qu'il lui en a toujours déplu, et présentement lui en déplaît de tout son cœur, et que, s'il eût su le cas et qu'il eût eu l'âge et l'entendement qu'il a à présent, il y eût obvié à son pouvoir, mais il était bien jeune et avait, pour lors, petite connaissance et ne fut pas si advisé que d'y pourvoir ; et priera à monseigneur de Bourgogne que toute rancune ou haine qu'il peut avoir à l'encontre de lui à cause de ce, il ôte de son cœur et que, entre eux, ait bonne paix et amour ::

II. Tous ceux qui perpétrèrent ledit mauvais cas ou qui en furent consentants seront abandonnés par le roi, qui fera toutes les diligences possibles pour les faire prendre et appréhender, afin de les punir dans leurs personnes et dans leurs biens ; et ils seront hors de tous traités.

III. Le roi ne souffrira qu'aucun d'eux soit reçu ou favorisé dans quelque lien de son obéissance, et fera publier dans son royaume que personne ne les reçoive ou favorise, sous peine de confiscation de corps et de biens.

IV. Le duc de Bourgogne désignera le plus tôt qu'il pourra ceux qu'il regarde comme coupables ou consentants dudit « mauvais cas », afin que le roi puisse procéder « incontinent et diligemment » contre eux. Il aura, en outre, la faculté, si des révélations ultérieures lui viennent à ce sujet, de désigner les coupables et de les faire connaître au roi par lettres patentes ou autrement, et le Roi sera tenu de faire procéder contre eux en la manière susdite.

V. Diverses fondations seront faites pour l'âme du feu duc, du seigneur de Navailles et des autres victimes des divisions et guerres de ce royaùme. D'abord une chapelle et chapellenie sera fondée à titre perpétuel, avec dotation convenable, et une messe basse de *Requiem* y sera célébrée chaque jour; le chapelain sera à la collation du duc.

VI. Ensuite, à Montereau ou à proximité de la ville, le roi fera construire un couvent de chartreux pour un prieur et douze religieux, lesquels seront dotés de rentes annuelles et perpétuelles, bien amorties, jusqu'à concurrence de 800 livres parisis par an.

VII. En troisième lieu, sur le pont de Montereau, à l'endroit même où fut commis ledit « mauvais cas », sera construite une belle croix qui sera entretenue aux frais du roi.

VIII. Enfin dans l'église des chartreux de Dijon où repose le corps du feu duc, le roi fondera à perpétuité une grand'messe de *Requiem* qui sera dite chaque jour au grand autel, avec dotation jusqu'à concurrence de 100 livres parisis par an.

IX. Les fondations seront faites immédiatement, et les édifices seront commencés à Montereau dans un délai de trois mois, après que la ville sera rentrée en l'obéissance du roi, pour être achevés avant cinq années.

X. En compensation des joyaux et autres biens meubles du feu duc qui furent pris et perdus, le roi paiera la somme de cinquante mille écus d'or, savoir quinze mille à Pâques 1437, quinze mille à Pâques 1438 et les vingt mille restant à Pâques 1439. Réserve est faite au duc de Bourgogne de son action et poursuite au sujet du « bel collier » du feu duc son père.

XI. Pour partie des intérêts, le roi cédera au duc et lui transportera à nouveau, pour lui et ses héritiers, légitimes, mâles ou femelles, les villes et comté de Mâcon et de Saint-Gengoux, avec toutes leurs dépendances, sans aucune réserve, sauf les foi, hommage, ressort et sonveraineté.

XII. Le roi cédera, en outre, tous les profits et émoluments venant des droits royaux dans les dites villes et comté.

XIII. Le roi cédera encore au duc et à ses héritiers tous les profits des aides qui sont ou qui seront imposées dans les élections de Mâcon, Chalon, Autun et Langres, et abandonnera la nomination de tous les officiers chargés des recouvrements.

XIV. Le roi cédera encore au duc et à ses héritiers la ville et le comté d'Auxerre avec toutes leurs dépendances.

XV. Il abandonnera également tous les profits et émoluments provenant des droits royaux dans ledit comté.

XVI. Il abandonnera également tous les profits des aides.

XVII. Le roi cédera encore au duc et à ses héritiers le château, ville et chatellenie de Bar-sur-Seine, avec toutes leurs dépendances et tous leurs profits et émoluments quelconques.

XVIII. Il abandonnera aussi tous les produits des aides.

XIX. Le roi cédera encore au duc le comté de Mâcon et la garde de l'église et de l'abbaye de Liancourt, avec tous les droits, profits et émoluments de la dite garde.

XX. Le roi cédera encore au duc les villes, châtellenies et prévôtés de Péronne, Montdidier et Roye, avec toutes leurs dépendances.

XXI. Il abandonnera aussi tous les profits et émoluments quelconques.

XXII. Il abandonnera aussi tous les profits des aides.

XXIII. Le roi abandonnera aussi au duc la compensation des aides dans le comté d'Artois, montant à quatorze mille francs par an, ou environ.

XXIV. Le roi cédera encore au duc toutes les villes, terres et seigneuries appartenant à la couronne sur les deux rives de la Somme, savoir Saint-Quentin, Corbie, Amiens, Abbeville avec tout le comté de Ponthieu, Doullens, Saint-Riquier, Crèvecœur, Arleux, Mortagne, etc., avec toutes leurs dépendances. Ledit transport fait avec faculté de rachat, moyennant la somme de quatre cent mille écus d'or. Le duc donnera des lettres, par lesquelles il s'engagera, pour lui et pour les siens, à remettre les villes de la Somme toutes et quantes fois il plaira au roi et à ses héritiers de faire ledit rachat. Les villes de Tournai, le Tournaisis et Saint-Amand resteront au roi, sauf Mortagne, qui est compris dans la cession faite au duc.

XXV. Eu égard au droit que le duc prétend avoir sur le comté de Boulogne, ce comté restera aux mains du duc et de ses héritiers mâles seulement, et fera retour ensuite à ceux qui ont ou auront droit; le roi sera tenu de les dédommager, pour qu'ils ne troublent pas le duc dans sa possession.

XXVI. Le château, ville, comté et seigneurie de Gien-sur-Loire, qu'on dit avoir été donnés, avec le comté d'Étampes et la seigneurie de Dourdan, par feu le duc de Berry au feu duc Jean, père du duc de Bourgogne, seront mis en la main du duc de Bourbon pendant un an; durant ce temps, le comte d'Étampes devra produire les lettres de don, et, si elles sont reconnues valables, le comté de Gien sera délivré par le duc de Bourbon au comte d'Étampes ou au duc de Bourgogne.

XXVII. Le roi fera restituer au comte de Nevers et à son frère le comte d'Étampes la somme de 32,800 écus d'or à lui due depuis le temps de Charles VI; quant aux dettes du feu roi à l'égard du duc, son droit pour en poursuivre le recouvrement demeurera dans son entier.

XXVIII. Le duc ne sera point tenu de faire nul hommage ou service au roi pour les terres et seigneuries qu'il tient au royaume, ni pour celles qui pourraient lui échcoir par héritage; il demeurera de sa personne exempt de tous cas de sujétion, hommage, ressort, souveraineté et autres du royaume durant la vie du roi. Mais après sa mort, le duc devra lesdits foi et hommage et services, qui seront dus également par les héritiers du duc, s'il mourait avant le roi.

XXIX. Et comme au présent traité, ou dans d'autres lettres ou de bouche, le duc nomme et pourra nommer le roi *son souverain*, cette désignation ne porte aucun préjudice à l'exemption personnelle dont il jouira sa vie durant.

XXX. Les sujets du roi résidant dans les seigneuries qu'il tient ou qu'il tiendra de la couronne ne seront point astreints à s'armer sur l'ordre du roi, ni de ses officiers, à moins qu'ils ne tiennent d'autres terres du roi. Mais le roi est content que, toutes et quantes fois qu'il plaira au duc de mander ses sujets étant dans ce cas, pour ses guerres, soit dans le royaume, soit au dehors, ils soient astreints d'y aller, sans pouvoir ni devoir venir au mandement du roi, s'il les mandait à ce moment.

XXXI. Si toutefois il advenait que les Anglais ou leurs alliés fissent la guerre au duc à l'occasion du présent traité ou autrement, le roi serait tenu de secourir le duc et ses pays et sujets avec toute puissance, comme s'il s'agissait de sa propre cause.

XXXII. Aucun traité ne sera fait avec les Anglais, soit par le roi, soit par ses successeurs sans le signifier au duc, ou à son héritier principal, et sans les y appeler et

comprendre, s'ils veulent y être compris, pourvu que le
duc et son héritier en fassent autant.

XXXIII. Le duc et ses sujets qui ont porté l'enseigne
de la croix de Saint-André ne seront pas tenus de la quitter,
dans quelques armées qu'ils se trouvent, même en présence du roi ou de son connétable.

XXXIV. Le roi fera dédommager ceux qui furent pris
le jour de la mort du feu duc, et qui perdirent leurs biens
et furent mis à rançon.

XXXV. Abolition générale sera donnée de toutes choses
faites, passées et dites, à l'occasion des divisions survenues dans le royaume, sauf en ce qui concerne le meurtre
du duc Jean; chacun recouvrera ses terres et héritages,
sauf pour les terres confisquées par le duc ou son père
dans le comté de Bourgogne, et dont ils ont disposé.

XXXVI. En ce présent traité seront éteintes et abolies
toutes injures, malveillances et rancunes de part et
d'autre.

XXXVII. Seront compris au présent traité tous gens
d'église, nobles, bonnes villes et autres, ayant tenu le
parti du duc et de son père; ils jouiront du bénéfice
d'abolition et du recouvrement des héritages, moyennant
leur adhésion au traité.

XXXVIII. Le roi renoncera à l'alliance qu'il a faite
avec l'empereur contre le duc, et à toutes autres alliances
par lui faites avec quelques princes et seigneurs que ce
soit contre le duc, pourvu que le duc le fasse pareillement.
Le roi sera tenu en outre, et il le promettra au duc, de le
soutenir contre tous ceux qui voudraient lui faire la
guerre et lui porter dommage ; le duc fera de même,
sauf l'exemption portée plus haut.

XXXIX. Le roi consentira, et il en donnera ses lettres,
à ce que, si le présent traité était enfreint par lui, ses

vassaux, féaux et sujets, présents et à venir, ne fussent plus tenus de lui obéir ni de le servir, mais qu'ils soient dès lors obligés de servir le duc contre lui. Dans ce cas, tous ses dits sujets seront déliés de leurs serments de fidélité et de leurs obligations à l'égard du roi, sans que, dans l'avenir, ils puissent être inquiétés à ce sujet. Dès maintenant, le roi leur commande d'agir ainsi, et les décharge, le cas échéant, de tous serments et obligations. Le duc de Bourgogne donnera les mêmes consentement et déclaration.

XL. Le roi fera les « promesses, obligations et soumissions » touchant l'observation du présent traité, entre les mains des deux cardinaux, et de la façon la plus ample que l'on pourra trouver, et sous peine d'excommunication, aggravation, réaggravation, interdit dans ses terres et seigneuries, et autrement « le plus avant que la censure de l'Église puisse s'étendre en cette partie », pourvu que le duc en fasse autant de son côté.

XLI. Le roi fera remettre, avec son scellé, ceux des princes et seigneurs de son obéissance, dans lesquels sera inséré le scellé du roi. Le duc fera de même de son côté.

XLII. Le roi fera remettre pareil scellé de la part des gens d'église, nobles et bonnes villes de son obéissance, sur la désignation du duc pour les gens d'église et les bonnes villes.

XLIII. S'il advenait qu'il y eût quelque faute ou omission, ou que quelque infraction à certains articles fût commise, le traité n'en demeurera pas moins en pleine vigueur, et réparation ou amendement seront faits aux infractions ou omissions.

Tel est ce traité fameux qui mit fin à une lutte où la France, qu'elle ensanglanta pendant tant d'années, aurait pu succomber. C'était la consécration de l'œuvre de

Rolin, suivie depuis près de quinze ans. Il avait fait œuvre de grand ministre et avait agrandi la puissance de la dynastie bourguignonne dans des conditions presque inespérées. Philippe le Bon devait être content de lui : l'agrandissement de ses états, au sud, par les comtés de Mâcon et d'Auxerre ; au nord, par les villes de la Somme, objet des convoitises de sa maison ; toutes les réparations exigées pour le meurtre de Jean Sans Peur, et surtout cette satisfaction, la plus sensible à l'orgueil du duc, de se soustraire à tout hommage, à tout droit de souveraineté vis-à-vis de ce roi si longtemps détesté ; d'être désormais prince souverain, maître *Dei gratiâ* de tant de « pays et seigneuries », tel était le résultat d'une diplomatie si activement et si patiemment suivie.

Ne peut-on ajouter que le succès même dépassait la mesure ? La meilleure politique consiste-t-elle à abuser des circonstances, à aller jusqu'au bout de ce que l'on peut imposer ? Un traité signé dans ces conditions ne prépare-t-il pas, chez celui qui le subit, le désir de la revanche et des revendications futures ? N'avons-nous pas, dans notre histoire contemporaine, la preuve de l'instabilité d'une situation restée menaçante quand la force a primé le droit ? et ne pouvait-on penser qu'en acceptant les conditions du traité d'Arras et les humiliantes réparations imposées à son amour-propre de souverain, Charles VII chercherait, quand la patrie française serait reconstituée après la défaite des Anglais, à se soustraire à des exigences excessives ? La suite prouva bien combien ces craintes auraient pu être fondées. Mais, les eût-il écoutées, Rolin n'aurait pu prévoir dans l'avenir, et un avenir bien court, les coups du sort qui, en dehors de toute prévision humaine, devaient amener l'écroulement de son œuvre.

La conclusion du traité d'Arras fut suivie d'une grande et imposante cérémonie ; le 21 septembre, un service religieux réunit dans l'église Saint-Vaast les membres du congrès. Le duc de Bourgogne, entouré de toute sa cour, prit place dans· le chœur ; les ambassadeurs de France étaient en face de lui. Au milieu du chœur on avait placé, sur un petit autel, le livre des Évangiles, avec un crucifix. Après la messe, dite par le cardinal de Chypre, et un « très-notable sermon » de l'évêque d'Auxerre, un chanoine d'Arras, Pierre Brunet, lut le traité qui venait d'être signé, et les bulles du Pape et du concile donnant mission aux cardinaux. A peine cette lecture faite, et celle de la promulgation du traité donnée par les cardinaux, la foule remplissant l'église fit retentir l'edifice de ses acclamations joyeuses et des cris de *Noël, Noël,* si bien que, selon l'expression du chroniqueur, « on n'eust pas ouï Dieu ».

Quand le silence fut rétabli, Nicolas Rolin s'avança au milieu du chœur· et déclara que René d'Anjou, duc de Lorraine et roi de Sicile, ne serait pas compris dans le traité. C'était là un acte de mauvaise foi, et cette déclaration produisit l'effet d'un coup de théâtre. Nous reviendrons sur ce sujet au chapitre suivant. Toutefois on passa outre, et il fut procédé à la partie la plus émouvante, la plus humiliante aussi de la cérémonie, l'amende honorable faite au nom du roi pour le meurtre de Monterean.

Cette mission fut confiée à un vieillard, Jean Tudert, prêtre doyen de Paris, ambassadeur du roi, membre de son conseil depuis longues années, mêlé, comme Rolin, à toutes les négociations dont le traité d'Arras était le terme. Le vieux prêtre vint s'agenouiller aux pieds du duc de Bourgogne et fit la déclaration suivante : « La mort de monseigneur le duc Jehan (que Dieu absolue!) fut iniquement et malvaisement faite par ceux qui perpétrèrent le dit cas, et par mauvais conseil; il en a tous diz despleu au roy, et de présent desplaît de tout son cuer; et s'il eut seen le dit cas et cust eu tel eage et entendement qu'il a de présent, il y eut obvié à son pouvoir; mais il estoit bien jeune et avait pour lors petite cognoissance, et ne fust point si advisé que d'y pourveoir. Et prie à monseigneur de Bourgogne que toute rancune ou hayne qu'il pnet avoir à l'encontre de lui, à cause de ce, il le oste de son cuer, et que entre eulx ait bonne paix et amour. »

Le duc releva Jean Tudert, l'embrassa et déclara qu'il n'y aurait plus jamais guerre entre le roi et lui. Un acte fut dressé de cette double déclaration. Puis le duc, sur l'invitation du cardinal de Sainte-Croix, jura sur le crucifix de ne jamais rappeler la mort de son père et d'entretenir fidèlement « bonne paix et union » avec le roi et avec les siens, conformément au traité. Les deux cardinanx ie déclarèrent alors délié du serment qu'il avait fait aux Anglais.

Puis les ambassadeurs et tous les seigneurs présents prêtèrent serment; l'un de ces derniers, Jean de Lannoy, dit tout haut : « Cette main a juré cinq fois la paix durant la guerre, mais cette fois la paix sera tenue de ma part et jamais je ne l'enfreindrai. » Quelques seigneurs bourguignons seuls aimèrent mieux sortir de l'église que de manquer à la cause qu'ils avaient fidèlement servie.

'Quand les seigneurs eurent prêté serment, les cardinaux firent lever la main à tous les assistants, en signe d'adhésion à la paix, et le chant du *Te Deum*, suivi d'une bénédiction solennelle, termina la cérémonie. Les ducs de Bourgogne et de Bourbon quittèrent l'église en se donnant le bras, au milieu des acclamations enthousiastes de la foule. Les chroniques sont unanimes pour constater la joie universelle qui accueillit le traité ; à Arras, des feux de joie furent allumés sur les places, et de nouvelles fêtes terminèrent le congrès,

Philippe ne quitta Arras que le 27 octobre, après onze semaines de séjour dans cette ville. Il y attendit le serment que le chancelier avait été demander au roi de France. Rolin partit d'Arras le 8 octobre, après l'échange de toutes les formalités protocolaires qu'entraînait le traité ; il était accompagné d'une suite nombreuse, à la tête de laquelle se trouvaient messire Jean de Croy, et maître Jean Tranet, conseiller du duc. Le 13 octobre, il était à Reims, où on le voit traiter, de concert avec l'archevêque de Reims, de la reddition de la ville d'Épernay (1). Charles VII était à Tours où il assembla, pour la venue du chancelier de Bourgogne, les États du royaume. A l'arrivée de l'ambassade bourguignonne, il tint une séance solennelle dans laquelle, la main sur le livre des Évangiles, il jura la paix dans les termes du traité. Rolin reçut son serment, qui fut répété par tous les membres des États, et la même allégresse qu'à Arras salua cet acte de ratification.

Et toutefois, un grand nombre de seigneurs français, tout en adhérant au traité, firent des réserves ; les partisans de la maison d'Anjou et de la maison d'Orléans ne cachaient pas leur mécontentement : « Le traité, disait-on, est tout à l'avantage de monseigneur de Bourgogne et à la foule et charge du roi. » Pourquoi accepter tant de réparations pour le meurtre de Montereau et ne pas en imposer de semblables pour l'assassinat de la rue Bar-

(1) Jean CHARTIER, t. I, p. 213.

bette? Le comte du Maine, tout en prêtant serment, déclara que celui-ci n'aurait de valeur que si son frère, René d'Anjou, était mis en liberté, et le bâtard d'Orléans ne jura que sous la réserve de l'adhésion de ses frères, le duc d'Orléans et le comte d'Angoulême, encore prisonniers des Anglais.

On verra plus tard quelles marques sensibles de sa satisfaction Charles VII donna au ministre de son nouvel allié. Le pape confirma le traité; le concile lui donna son adhésion empressée et, aux acclamations de toute l'assemblée, l'évêque de Vienne put dire que, quand le concile n'aurait rien fait autre chose, il aurait rendu un assez grand service à la chrétienté. Par contre, la colère des Anglais fut extrême; Philippe avait cru devoir envoyer à Londres des hérauts et des délégués pour notifier la paix d'Arras au conseil d'Angleterre et au roi Henri VI. Ses ambassadeurs furent accablés d'outrages, et le peuple mit au pillage les maisons des commerçants hollandais, flamands, brabançons et picards qui habitaient la Cité.

Tous les membres du congrès n'avaient pas encore quitté Arras quand on y apprit la mort de la reine Isabeau de Bavière. La triste veuve de Charles VI finit à Paris son existence dans l'abandon et la misère; traitée avec dureté par les Anglais, elle expia, par la détresse de ses derniers jours, les fautes d'une vie frivole plus encore que criminelle et d'un esprit plus léger que méchant. On dit que la nouvelle, parvenue jusqu'à elle, de l'accord probable qui se préparait entre son fils et le duc de Bourgogne, lui apporta une joie et un repos de conscience. Son corps, déposé dans une barque, fut transporté à Saint-Denis, accompagné seulement de quatre personnes. Qui se souvenait à Paris qu'elle avait été reine de France?

Philippe le Bon, on doit le rappeler, ne l'oublia pas; il
fit, avant son départ d'Arras, célébrer pour son ancienne
alliée de Troyes un service solennel à Saint-Vaast, et
y assista vêtu de deuil. C'était là un acte de haute convenance, un de ceux dans lesquels le tact personnel de
Philippe le Bon faisait rarement défaut.

CHAPITRE VII

ROLIN ET RENÉ D'ANJOU

Maison d'Anjou. — Visées de Rolin sur la Lorraine. — Bataille de
Bulgnéville. — René d'Anjou, prisonnier à Dijon. — Son caractère. — Il est remis conditionnellement en liberté. — Seconde
captivité. — Dureté du duc de Bourgogne et de Rolin. — René
est exclu du traité d'Arras. — Conditions de sa délivrance. —
Stipulations spéciales avec le chancelier.

On a vu qu'à Arras, au moment où allait être prêté le
serment au traité de paix, le chancelier Rolin avait déclaré
que René d'Anjou en serait exclu. Il est temps de remonter
en arrière et d'indiquer la suite des infortunes d'un prince
sur la vie duquel le duc de Bourgogne et son ministre
eurent une si funeste action.

Il est peu d'hommes à qui Philippe le Bon ait témoigné
une haine plus profonde et plus vivace qu'à René d'Anjou ;
ce sentiment datait de loin, et la division des maisons
d'Anjou et de Bourgogne remonte à Jean Sans Peur : le
chef de la dynastie angevine sous Charles VI était le duc
Louis II, couronné roi de Sicile, en 1384, à Avignon, par
le pape Clément VII. Louis II avait épousé une des princesses les plus accomplies de son temps, Yolande d'Aragon, la future belle-mère du roi Charles VII, qui exerça
sur la destinée de son gendre, dans les difficultés du début
de son règne, une heureuse et considérable influence.
Leur fils René naquit à Angers le 10 janvier 1408. Louis II

resta étranger aux factions qui désolèrent Paris et la France au commencement du quinzième siècle, après la démence de Charles VI. Jean Sans Peur avait recherché son alliance, et, par un traité conclu le 22 octobre 1407, Jean avait promis la main de sa fille Catherine à un fils aîné de Louis II et d'Yolande, âgé alors de quatorze ans ; la jeune princesse fut conduite en Anjou.

Le meurtre de la rue Barbette modifia tout. Lorsque Jean Sans Peur, jetant le masque, se décida à avouer son forfait et à se déclarer assassin du duc d'Orléans, c'est Louis II qu'il prit pour confident, et celui-ci, épouvanté du crime, ne put s'empêcher d'en témoigner son horreur au meurtrier. Il fit plus : en novembre 1413, il fit reconduire en grande pompe la jeune princesse bourguignonne à son père et lui restitua tout son trousseau (1). C'était le plus sanglant affront que pût recevoir Jean Sans Peur ; la rupture fut complète et Philippe le Bon trouva dans l'héritage de son père, contre la maison d'Anjou, une rancune que les circonstances ne firent qu'aviver.

Au moment de l'assassinat du duc Jean à Montereau, Louis II était mort depuis deux ans, en recommandant à son gendre, le duc de Touraine, celui qui devait être Charles VII et que la mort de son frère aîné allait faire le dauphin, de ne jamais se fier au duc de Bourgogne.

René d'Anjou, élevé par une mère incomparable, ayant reçu de la nature des dons remarquables et des goûts d'artiste, se trouva bientôt appelé à une des situations prépondérantes du royaume. Il épousa le 14 octobre 1420, à Nancy, Isabelle de Lorraine, fille du duc Charles II, et, à la mort de ce prince, il hérita du duché de Lorraine, et, presque en même temps, du duché de Bar, que lui laissa

(1) Voir *Religieux de Saint-Denis*, t. V, p. 160 et t. VI, p. 50. JOUVENEL, p. 267.

son oncle, le cardinal Louis de Bar. Rien ne pouvait causer à Philippe le Bon un plus vif déplaisir : de tout temps, il avait existé une étroite alliance entre les maisons de Lorraine et de Bourgogne, alliance resserrée par le mariage du duc Charles II avec une proche parente de la duchesse de Bourgogne, Marguerite de Bavière; or la pensée de voir régner à Nancy un des princes armagnacs qu'il détestait le plus était odieuse au duc de Bourgogne.

Il trouvait d'ailleurs dans son ressentiment un appui très puissant auprès de son chancelier : la pensée dominante de Rolin était de créer à la dynastie ducale un état unifié, peut-être une monarchie, sous la domination d'un maître absolu que ne gênerait plus une noblesse réduite à l'impuissance.

Ce calcul politique, repris aux siècles suivants par de grands ministres au profit de la royauté française, trouvait un obstacle considérable dans la configuration même de cet empire bourguignon, divisé en deux tronçons qui ne se soudaient en aucun point, et dont la séparation rendait presque impossibles des mesures d'ensemble et une administration commune. Le point de jonction qui devait, dans ces conditions, tenter le plus vivement l'ambition du ministre et du souverain était cette Lorraine, qu'on espérait bien faire rentrer un jour ou l'autre dans une combinaison de succession, de mariage ou de conquête. N'avait-on pas trouvé le moyen d'assouvir d'insatiables convoitises, en s'étendant peu à peu jusqu'au delà du Zuyderzée? Aussi l'avènement de René au duché de Lorraine était le coup le plus direct qui pût être porté à des espérances, vagues peut-être, mais persistantes, et dont la réalisation faisait partie du programme du chancelier.

Il fallait à tout prix chercher le moyen de réduire à néant la fortune du nouveau duc de Lorraine. On trouva de suite un instrument précieux : le duc Charles II avait laissé un neveu, Antoine de Vaudemont, qui, considérant la Lorraine comme un fief masculin, revendiqua à ce titre la possession du duché, malgré les dispositions testamentaires de son oncle, qui l'avait attribué à son gendre. René avait à peine pris possession de ses nouveaux États et prêté serment d'en maintenir les privilèges, que Vandemont fit appel aux armes pour conquérir son « héritage ». La chancellerie bourguignonne seconda de son mieux cette revendication. Vaudemont alla trouver Philippe, qui lui fit le meilleur accueil, lui promit son alliance, et lui donna six mille hommes, avec le maréchal de Toulongeon.

Le maréchal pénétra dans le duché de Bar, atteignit l'armée ducale à Bulgnéville, et la mit en déroute le 2 juillet 1431 : « Comme les batailles étoient l'une devant l'autre, lit-on dans Monstrelet, et prestes à choquer, arrive ung merveilleux présage : car un très bel et grand cerf apparut entre les deux armées, et là, se arresta tout coy quelque temps sans partir; puis frappant trois fois du pied de devant en terre, advisant tout au long cette bataille, prit la fuite vers les Barrois, et disparut. Il fut fait alors une très grande huée, et le comte de Vaudemont, voyant les Lorrains et Barrois en désordre : « Frappons « sur eux, cria-t-il à ses gens, car ils sont nôtres, et Dieu, « par cette beste, nous monstre signe que la fuite tournera « aujourd'hui du côté de nos ennemis. » Plus que le cerf mis en scène par le chroniqueur attitré du duc Philippe, l'artillerie bourguignonne et les bataillons des archers picards, protégés par de fortes palissades, eurent raison des efforts et de la vaillance de René d'Anjou. Le malheureux prince chercha à vendre chèrement sa vie, sans y réussir. Il fut fait prisonnier par un écuyer brabançon et conduit à Dijon. Barbazan, que Charles VII avait envoyé à son beau-frère avec un faible contingent, fut tué dans le combat.

Cette nouvelle combla de joie le chancelier, qui attendait avec impatience le résultat de la bataille. Il en fut avisé le 10 juillet et les comptes de Bourgogne rapportent que « récompense du duc » fut accordée « à Jean Mont, chevaucheur, pour avoir apporté diligemment jour et nuit lettres du maréchal de Bourgogne des pays de Barrois, à monseigneur d'Authume, chancelier, et aux gens du conseil à Dijon », donnant avis de la bataille de Bulgnéville (1). Le duc René fut enfermé à Dijon, par les ordres de Rolin, dans une tour, nommée de Brancion, et qui porte encore aujourd'hui le nom de tour de Bar, en souvenir de son illustre prisonnier; attenant au palais ducal, flanqué de deux tourelles inégales, ce bâtiment, de forme quadrangulaire, devint pendant près de six ans le séjour du duc de Lorraine. On ne ménagea aucune rigueur à sa captivité et on avait pris soin de faire griller les fenêtres, et jusqu'aux cheminées de sa prison.

René trouva dans son goût pour la peinture un moyen de tromper les heures de sa captivité; on prétend qu'il peignit dans la tour de Brancion le portrait du duc de Bourgogne et de son père, et qu'il les offrit à Philippe le Bon. Il était, dans tous les cas, un des princes les plus lettrés de son temps; plus tard, lorsque après ses malheurs il vint habiter son duché d'Anjou, sa cour fut un centre de littérateurs et d'artistes; lui-même écrivit un certain nombre d'ouvrages, tous empreints de la grâce de son esprit. Son talent de peintre ne doit pas cependant être exagéré; il savait peindre à coup sûr, mais il inspirait

(1) Compte rendu de REGNAULT, cité au *Journal de Jehan Denis*.

surtout les peintres; il les dirigeait, les aidait de ses largesses et créa ainsi l'école angevine, qui eut son heure de
célébrité.

Cependant la femme de René n'épargnait aucune démarche pour hâter sa délivrance; Isabelle de Lorraine,
« tête virile jointe à un dévouement féminin (1) », s'adressa
à l'empereur Sigismond, qui avait évoqué devant lui la
cause de la succession de Lorraine; mais la mésintelligence qui existait entre Philippe le Bon et l'empereur,
allié de Charles VII, fit que cette intervention demeura
sans effet.

La duchese fit agir le duc de Savoie, traita avec des
seigneurs bourguignons, obtint l'appui de toute la noblesse
lorraine, dont René était très aimé, tint en échec Vaudemont, et enfin obtint de Philippe que René serait remis
conditionnellement en liberté (avril 1432).

Cette délivrance ne touchait en rien au différend relatif
à la succession de Lorraine. René d'Anjou s'engageait
sous serment à venir se remettre, le 1er mai de l'année
suivante, à la disposition du duc de Bourgogne; il donnait en otage ses deux fils, et, en dépôt, quatre de ses
forteresses, dont il s'engageait à payer les garnisons. Le
prix de sa rançon était fixé à deux cent mille thalers d'or,
sans compter les rançons des seigneurs lorrains dont il
obtenait l'élargissement. Trente de ses gentilshommes se
portaient garants pour leur souverain et promettaient de
se constituer prisonniers à sa place, s'il manquait à son
engagement. Une suspension d'armes était également
stipulée. Enfin, une union était projetée entre Yolande,
fille de René, et Ferry, fils du comte de Vaudemont.

La chancellerie ducale faisait payer cher au duc d'An-

---

(1) Le Coy de la Marche; *René d'Anjou.*

jou une année de liberté. On connaissait son caractère,
et on était certain que, le délai expiré, il viendrait délivrer
ses fils. Ses relations avec son beau-frère Charles VII
pouvaient être d'un grand secours dans les négociations
pour la paix; enfin, s'il ne revenait pas, on trouvait un
prétexte sérieux pour mettre la main sur la Lorraine, et,
dans tous les cas, tant que la question de la succession de
Charles II ne serait pas vidée, la méthode la plus sûre
était de laisser les deux partis en présence et d'intervenir
au moment favorable en imposant ses conditions. Tous
les calculs du chancelier aboutissaient donc à l'opportu-
nité de cette délivrance.

Le duc de Lorraine répondit pleinement aux espérances
de Rolin en s'efforçant de ramener la paix entre le duc de
Bourgogne et le roi de France. Aussi laissa-t-on passer
le temps sans rappeler le prisonnier de la tour de Brancion; on n'y avait encore aucun intérêt; en 1434 sur l'invitation de Charles VII, René d'Anjou, prenant prétexte
du mariage du fils d'Amédée de Savoie avec la princesse
Anne de Lusignan, alla à Chambéry auprès du duc de
Savoie, dont nous avons rappelé tout le dévouement à la
cause de la paix. Philippe le Bon se rendit de son côté
dans cette ville, et, à son retour, le chancelier envoya des
instructions très détaillées à la cour de Savoie, par l'en-
tremise de son fils naturel, Girard, conseiller du duc.

Girard Rolin devait affirmer que le duc de Bourgogne
« avait toujours été enclin à la paix générale, l'avait
désirée et désirait de tout son cœur ». Si on lui parle des
conditions à offrir par l'intermédiaire du duc de Savoie,
il devra se tenir sur la réserve; répondre que c'est à la
partie adverse à parler la première; « mais que, toutefois, la matière est si bonne, utile et nécessaire, que chacun doit s'y employer de son mieux »; qu'on doit conti-

nuer ce qui a été commencé par le pape et le concile;
enfin qu'en supposant que, malgré les bonnes dispositions
des deux parties pour la paix générale, celle-ci ne puisse
se faire à bref délai, il serait nécessaire, non pour l'empêcher, mais afin de l'avancer, d'aviser à la conduite de
la guerre pour la saison prochaine, etc. A ces instructions très développées était jointe une note sur tous les
points de détail. Cette pièce diplomatique est un modèle
d'habileté, et, si les négociations auxquelles elle était destinée n'aboutirent pas, elle furent du moins un des préliminaires sérieux de celles d'Arras et de cette paix à
laquelle René d'Anjou contribuait ainsi dans la mesure
du possible.

Il allait en être bien mal récompensé. A ce moment, en
effet, l'empereur Sigismond cita devant lui, à Bâle, les
deux prétendants à la succession de Lorraine, pour y
soutenir leurs demandes respectives. Philippe le Bon déclara que René était son prisonnier sur parole et qu'il
ne devait quitter Nancy que pour revenir à Dijon. Puis,
se ravisant, il l'autorisa à se rendre à Bâle. Les deux
concurrents firent valoir leurs raisons : Vaudemont reprit
cette thèse que la Lorraine, étant un fief masculin, ne
pouvait sortir de la famille ducale par le fait d'un mariage.
René excipa du testament du feu duc et des arrangements
conclus entre ce dernier et le cardinal Louis de Bar.
Sigismond, dans une grande assemblée tenue à la cathédrale de Bâle, rendit un jugement solennel, par lequel il
conférait à René l'investiture du duché de Lorraine.

Quels que pussent être, d'après la législation existante,
les droits de René à la couronne ducale, une autre décision eût étonné de la part de l'allié de Charles VII. Un
héraut d'armes de la cour de Bourgogne fut immédiatement envoyé à Nancy pour rappeler René; le nouveau

Régulus, fidèle à sa parole, vint retrouver sa prison. Philippe, qui avait contre lui une antipathie exceptionnelle, le traita avec une extrême dureté. Il garda un an encore en otage un des fils de René (1), et ce dernier fut enfermé, non plus à la tour de Brancion, mais au château de Rochefort, que l'on jugeait plus sûr que la capitale du duché, où le captif de 1431 s'était conquis de vives sympathies.

C'est dans cette prison qu'on vint lui apporter une couronne; la mort de son frère, Louis III d'Anjou-Sicile, et celle de sa belle-sœur, Jeanne de Duras-Anjou, veuve de Louis III, venaient de laisser vacant le trône de Naples, et une ambassade napolitaine vint lui annoncer son avènement. Le seul résultat de cette démarche fut de resserrer plus étroitement les chaînes du nouveau roi : « Philippe, duc de Bourgogne, donna ordre à son cher et bien aimé chevalier, conseiller et chambellan, Girard Rolin, son bailli de Chalon, aux seigneurs de Charni et de Rochefort, de conduire au château de Bacon le duc d'Anjou, son prisonnier, par mandement donné à Dijon le 14 février 1435 (2) ». Bacon était une place réputée plus forte. Le nom de Girard Rolin, figurant parmi les exécuteurs de cette mesure, laisse bien penser qu'elle ne fut pas étrangère au chancelier, qui avait voulu la confier à quelqu'un de son nom.

On doit supposer aussi que l'amour-propre de Philippe, froissé de voir son prisonnier ceindre une couronne royale, avait pu conseiller ce redoublement de rigueur. Rolin assista, avec le sire de Beauffremont, à l'audience de l'ambassade napolitaine chargée d'apporter au nouveau roi la couronne de Sicile : « Mon cousin Philippe, dit René au chancelier, si épris de festoiement, ne se con-

(1) LE COY DE LA MARCHE, op. cit.
(2) Bibl. nat., ms. fr., v. 31960.

tenterait pas de si pauvre appareil. Pour moi, ce jour est le plus pompeux de ma vie. » Il nomma sa femme Isabelle lieutenant général du royaume de Naples, dont cette courageuse princesse alla prendre possession. La captivité de René, à dessein prolongée par le duc de Bourgogne, contribua pour la dynastie d'Anjou à la perte de cette couronne.

René fut ramené au bout de quelque temps à Dijon et enfermé de nouveau à la tour de Brancion, où la surveillance fut plus étroite que jamais, et où les communications au dehors lui étaient parcimonieusement accordées. On en trouve la preuve dans le récit d'un ambassadeur de Philippe Visconti, duc de Milan.

Ce prince était intéressé à la mise en liberté de René; il venait de signer avec Isabelle de Portugal, agissant au nom de son mari, un traité d'alliance, et l'appui personnel du roi de Sicile lui était nécessaire pour le succès de sa politique en Italie. Voici ce qu'écrivait à son maître l'envoyé de Visconti, Candido Decembrio (1) : « Lorsque je fus arrivé à Dijon, le duc de Bar me fit dire de venir lui parler. M'étant donc muni de l'autorisation du chancelier de Bourgogne, je me rendis en sa présence, accompagné de celui-ci, et je le trouvai dans une chambre, fortement gardé et resserré, avec la barbe longue. Il me dit devant tout le monde, les larmes aux yeux : « Je vous en prie, « veuillez me recommander à mon cousin et lui dire que « j'ai grand désir de le voir ». Il n'en dit pas davantage, « et soudain le chancelier me fit sortir avec lui de la · « chambre. » Et, dans la suite de cette lettre, Decembrio ajoute que René put lui envoyer un serviteur fidèle, chargé des instructions du captif, « n'ayant pu parler comme il désirait, à cause des gardes qui l'entouraient ».

(1) LE COY DE LA MARCHE, *op. cit.*, pièces justificatives.

Le rôle du chancelier de Bourgogne, on doit l'avouer, était, en cette occasion, celui d'un geôlier. Pour en assumer le caractère odieux, qu'excuseraient difficilement les nécessités politiques, Rolin avait, à ce moment, un motif d'animosité personnelle contre le roi de Sicile : un de ses fils, fait prisonnier pendant la guerre de Lorraine, était encore en captivité à Commercy. Des seigneurs du parti de René, qui avaient comme prisonnier le fils du seigneur de Commercy et qui pouvaient faire l'échange de celui-ci avec le fils de Rolin, avaient fait serment de ne délivrer ce dernier que lorsque René aurait recouvré la liberté (1). Or, Rolin, âme froide autant que génie supérieur, avait pour ses enfants une affection, des indulgences, des faiblesses, dont on donnera plus loin de nombreuses preuves, et la pensée de se venger sur le souverain de ceux qui prolongeaient la captivité de son fils n'est sûrement pas étrangère à la dureté dont nous trouvons la trace dans la lettre de Decembrio.

Le malheureux prisonnier du duc de Bourgogne reçut cependant l'autorisation d'entendre la messe à la chapelle ducale, édifice attenant au palais et contigu à la tour de Brancion; il ne s'y rendait d'ailleurs que sous bonne escorte, et la tradition rapporte qu'il la décora de son pinceau et y peignit son portrait « au naturel ». Par lettres du 19 octobre 1436, René fonda dans cette chapelle une messe quotidienne. Pour acquitter les charges de cette fondation, il donna notamment soixante muids de vin

---

(1) Ce fils, on le verra plus loin, est appelé, comme son père, Nicolas Rolin. Aucun des enfants légitimes du chancelier, figurant aux actes de partage dressés après sa mort, ne porte ce prénom. Ce Nicolas Rolin est-il mort avant son père? Serait-ce un des enfants naturels du chancelier, autre que ceux dont l'histoire a été conservée? Nous n'avons pas trouvé la solution de cette question. V. Bibl. nat., collection de Lorraine, t. 185, fol. 6.

que les ducs de Bar avaient le droit de prélever dans les celliers ducaux de Beaune et de Pommard. Ce qui est intéressant à relever dans cet épisode, c'est qu'il est constaté par lettres des 2 et 3 avril 1437 de Philippe le Bon et du roi René que la reprise de fief de ces soixante muids de vin a été faite en la personne de Nicolas Rolin (1).

Le but de Philippe et de son ministre, en prolongeant cette captivité déloyale, s'était précisé : on voulait obtenir de René le mariage de sa fille, Marguerite d'Anjou, avec Charles, comte de Charolais, fils de Philippe, et là jouissance de ce duché de Bar, si bien placé pour servir de point de jonction avec les états du duc de Bourgogne ; on voulait, en outre, un million de saluts d'or. René n'acceptait pas ces propositions. Qui lui eût dit alors que celui qu'on lui proposait pour gendre irait mourir misérablement dans les étangs glacés de Nancy, au cœur de cette Lorraine, objet des convoitises héréditaires de sa maison ? Qui lui eût dit aussi que cette enfant qu'on lui demandait serait cette reine héroïque et malheureuse de la guerre des Deux Roses, digne fille de son père par son courage dans la lutte et sa fermeté dans l'infortune ? Et c'est un des caractères curieux de la destinée de René d'Anjou, ce lettré, cet artiste, ce caractère à la fois chevaleresque et féminin, très supérieur à son temps et à ses rivaux, d'avoir trouvé dans sa famille, à son berceau, une mère incomparable, comme compagne de sa vie, une femme supérieure par le cœur et par l'esprit, et, à son foyer paternel, une fille qui avait reçu en partage tout le charme et la noblesse d'âme de sa race.

Nous avons vu ce qui s'était passé à Arras : tout avait été arrêté entre les plénipotentiaires de France et de

(1) PEINCÉDÉ, t. I, p. 653 et 654, cité par D'ARBAUMONT, Généalogie de Rolin.

Bourgogne ; une abolition, c'est-à-dire l'amnistie générale des faits antérieurs, sauf en ce qui touchait au meurtre de Montereau, avait été accordée. René était le beau-frère de Charles VII ; c'est dans une des phases de la lutte entre France et Bourgogne que René avait été fait prisonnier puisque c'était un corps français qui avait été défait à Bulgneville ; le traité signé consacrait donc la délivrance du roi de Sicile. Et c'est au moment où le serment de fidélité à ce traité allait être prêté dans l'église de Saint-Vaast que le chancelier de Bourgogne, s'avançant au milieu du chœur de l'église, avait lu devant les ambassadeurs français une déclaration inattendue par laquelle le duc de Bourgogne stipulait que son intention n'était pas et n'avait jamais été de comprendre René d'Anjou dans le traité ; il annonçait son intention de le garder en prison comme auparavant.

Il y eut un moment de stupeur (1) ; les ambassadeurs français, ne voulant pas remettre en question un résultat si péniblement acquis, baissèrent la tête et répondirent qu'il en serait fait selon la volonté du duc. Un peu plus de fermeté eût peut-être déjoué cette manœuvre de la dernière heure, et il est permis de penser que Philippe s'était trop avancé pour pouvoir désormais reculer. Quoi qu'il en soit, Charles VII ressentit très vivement l'injure de cette déclaration et l'éclat donné à une pareille exclusion. Un historien affirme que le chagrin éprouvé par le roi à cette occasion l'empêcha toujours de traiter son nouvel allié en ami et d'entretenir avec lui des relations intimes (2).

Cependant de toutes parts s'élevaient des protestations

----

(1) LE COY DE LA MARCHE, *op. cit.*
(2) Thomas BASIN, *Histoire de Charles VII et de Louis XI*, t. I, p. 101.

en faveur du malheureux captif ; la noblesse de Bar et de Lorraine s'imposait des taxes extraordinaires en vue de la rançon, pour laquelle Charles VII promettait 20,000 florins, l'évêque de Verdun 8,000, le prince d'Orange 15,000. Le pape Eugène IV se fit l'organe du vœu général auprès du duc de Bourgogne qui, à la fin de 1436, consentit à céder aux plaintes et à la pression morale de la chrétienté. Il accorda la liberté au roi de Sicile, mais, suivant l'expression d'un chroniqueur, après l'avoir rançonné plus que les Anglais auraient fait. Il n'avait pu décider René à souscrire à ses prétentions primitives ; le prince déclara qu'il resterait toute sa vie en prison plutôt que de céder son duché ; mais les conditions qui lui furent imposées n'en furent pas moins très dures.

Le roi de Sicile quitta Dijon sous escorte et fut conduit à Lille le 25 décembre. Les conférences entre la chancellerie bourguignonne et lui durèrent jusqu'à la fin de janvier ; il dut disputer le terrain pied à pied ; mais finalement il fut obligé d'accepter les conditions du chancelier : le roi de Sicile s'engageait, dans une série de traités, à payer pour sa rançon la somme énorme de 400,000 écus d'or et à céder les seigneuries de Cassel et d'autres en Flandre ; quarante gentilshommes devaient se présenter comme cautions pour les divers paiements de la rançon ; pour arriver à la paix entre les puissances, René donnait sa fille Marguerite à Henri VI, roi d'Angleterre, sans préjudice du mariage arrêté entre Yolande d'Anjou, son autre fille, et Ferry de Vaudemont, et, dans le cas où les fils de René mourraient sans postérité mâle, la Lorraine serait dévolue de plein droit à Yolande, ou à sa postérité.

Enfin un traité d'alliance entre le roi de Sicile et le duc de Bourgogne fut signé le 7 février 1437. Les deux princes prêtèrent serment de n'avoir plus aucune querelle ensemble au sujet du passé, de vivre en bonne intelligence, de ne conclure aucune alliance sans s'y faire comprendre l'un et l'autre, de s'aider réciproquement en cas d'attaque ou de guerre « comme s'ils étaient frères germains ». Ce traité faisait perdre à Philippe son espérance de relier la Bourgogne à ses États du Nord, sauf peut-être dans l'hypothèse de la réalisation de cette clause, un peu louche, qui faisait tomber éventuellement la Lorraine dans la possession de la maison de Vaudemont, sa tributaire ; mais il s'agrandissait en Flandre ; il s'assurait, sinon l'alliance, du moins la neutralité d'un prince que les circonstances pouvaient conduire à jouer un rôle important ; enfin il remplissait ses coffres épuisés. Pour René, s'il perdait Cassel et ses domaines de Flandre, ses droits sur le duché de Bar restaient intacts, et, comme l'a très bien bien remarqué son historien, il était reconnu comme légitime possesseur de la Lorraine par celui-là même qui l'avait combattu et gardé prisonnier dans l'espoir de lui arracher ce grand fief.

La politique de Rolin avait donc moins complètement réussi ici qu'à Arras. Du moins n'oublia-t-il pas des compensations personnelles. Voici ce qu'il fit insérer dans le traité pour la délivrance de son fils : « Item et pour ce que Nicolas Rolin, fils dudit messire Nicolas Rolin et Benetru de Chassaul furent pièça pris et emprisonnés par aucuns de nos sujets durant les abstinences qui lors étaient entre nous et notre dit cousin de Bourgogne, et ses pays et les nôtres et que depuis... promîmes à notre dit cousin de Bourgogne de lui bailler et faire délivrer lesdits Nicolas Rolin et Benetru hors de la prison où ils étaient audit Commercy, franchement et sans rançon, nous, pour ces causes avons juré et promis, jurons et promettons à notre

dit cousin de Bourgogne par la foi et serment de notre
corps et en parole de roi, et sur notre honneur, de faire
délivrer ledit Nicolas Rolin de la prison où il est encore
audit Commercy, franchement et quiétement, et à nos
frais et dépens, tout le plus brief que faire se pourra, et
audit Benetru, qui, pour sa rançon et finance de la dite
prison, paya au seigneur de Commercy la somme de
II^m sainz d'or, payer, rendre et restituer les II^m sainz, et
pour iceulx, lui bailler et délivrer réellement et de fait
II^m escus, tels que dessus sont déclarés, c'est à savoir la
moitié dedans la fin du prochain mois de mai 1437 et l'autre moitié à la fin de mai 1438, sans y faillir aucunement.
En témoin de ce, nous avons fait mettre notre scel à ces
présentes. Ainsi signé René. Par le roi, en son conseil
R. de Castellione. »

Cette préoccupation paternelle peut se comprendre, et
Rolin était un trop haut personnage pour qu'un adversaire,
fût-il roi, eût à s'étonner de joindre ainsi la négociation
de questions personnelles au règlement d'affaires publiques. Mais, ce qui est moins excusable, c'est le profit ma-
tériel que le chancelier crut bon de s'adjuger aux dépens
d'un prince qu'il ne laissait qu'à regret s'échapper de ses
mains : la maison d'Anjou possédait en Hainaut les importantes seigneuries d'Aymeries et de Raismes, qui
avaient été données par Albert, comte de Hainaut, à
Louis II, roi de Sicile (1). Pendant la captivité de René,
Philippe le Bon mit la main sur ces terres et en donna la
jouissance à son chancelier, et, en 1434, les déclara terres
franches, en faveur de Rolin. Or voici un extrait des conventions passées par René pour sa délivrance : « ... Item
jurons et promettons, comme dessus, par la foi et ser-

(1) BIGARNE, *op. cit.*

ment de notre corps, en parole de roi, sur notre honneur et obligation de tous nos biens, avons et tenu agréable, ferme et establi à toujours les adhéritement, bail, cession et transport que fait avons des chastel, terres et seigneuries d'Aymeries , de Raismes et leurs appartenances, séants au pays de Hainaut, à messire Nicolas Rolin, chevalier, seigneur d'Authume, chancelier de notre dit cousin de Bourgogne, pour lui, ses hoirs et ayant cause, sans jamais aller à l'encontre, mais iceulx ratifions et confirmons par ces présentes, et d'abondant après notre dite délivrance, les ratifierons et confirmerons, si mestier est requis en sommes par ledit messire Nicolas Rolin, relèverons derechef ledit chastel, terres et seigneuries d'Aymeries et de Raismes, de notre dit cousin de Bourgogne, de qui elles sont tenues et mouvantes en fief à cause de sa comté de Hainaut, et tantôt après nous en deshériterons et en ferons adhériter et saisir ledit messire Nicolas Rolin pour lui, ses boirs et ayant cause à toujours... »

On voit que, si le chancelier avait rançonné sans merci le roi de Sicile au profit de son souverain, il n'avait pas oublié sa part dans cette royale curée. Son génie politique n'était pas fait, d'ailleurs, pour comprendre les côtés très nobles du caractère de René d'Anjou, à qui il ne pardonnait pas d'avoir été un obstacle à une de ses plus ambitieuses conceptions. On le voit, à l'heure où il prenait congé du prince qu'il faisait élargir, recevoir de lui, le 2 avril 1437, foi et hommage pour les soixante muids de vin de rente annuelle sur les celliers du duc de Bourgogne à Beaune et à Pommard, que René possédait en fief (1).

Quant aux relations entre le duc de Bourgogne et le

_____

(1) D'Arbaumont, _op. cit._

roi de Sicile, elles ne pouvaient être et ne furent jamais cordiales. Philippe ne pardonna pas à son ancien prisonnier ce titre royal auquel il aspira toute sa vie, sans pouvoir l'obtenir. D'autre part, René n'avait payé qu'une partie de sa lourde rançon; en 1442, il avait proposé un arrangement qui n'avait pas été accepté, et la guerre était imminente. Elle fut conjurée par l'intervention de Charles VII à la suite de conférences avec la chancellerie ducale.

La ratification de la paix et le règlement définitif des intérêts des cours de Bourgogne et d'Anjou furent arrêtés le 5 juillet 1445 à Châlons, où la cour de France recevait la duchesse de Bourgogne, Isabelle de Portugal; le but du voyage de cette princesse était de défendre des intérêts politiques sur lesquels nous aurons à revenir, et non pas, comme l'indique Olivier de la Marche, de se rapprocher de la reine de France et de « se complaindre » avec elle des infidélités de leurs époux respectifs. Les princesses savaient à quoi s'en tenir sur ce chapitre, et la femme de Charles VII, la reine Marie d'Anjou, sœur de René, princesse d'une haute vertu, faisait preuve à cet égard d'une abnégation peu commune (1).

La duchesse de Bourgogne trouva à Chalon la femme de René, Isabelle de Lorraine, reine de Sicile, et il lui parut dur de céder le pas à la femme de l'ancien prisonnier de son mari; des querelles d'étiquette et de préséance faillirent tout rompre. La question fut pourtant réglée, et, en ce qui concerne René d'Anjou, Philippe le Bon ratifia les conventions acceptées par la duchesse et probablement inspirées par sa chancellerie : le gou-

(1) On la voit, en 1455, envoyer de superbes étrennes à la maîtresse attitrée de son mari, Mlle de Villequier. LAVISSE, t. IV, 2ᵉ partie.

vernement ducal avait besoin, à cette époque, des bonnes
grâces du roi et il fallut subir sa loi. On tint René quitte
du surplus de sa dette, à condition de mettre à exécution
toutes les autres clauses du traité de Lille et de les faire
garantir par son fils. Le roi de France s'engageait de son
côté à retirer de Montbéliard la garnison française qui
était un sujet d'inquiétude pour cette partie des états
bourguignons. Une quittance générale datée de Middel-
bourg fut donnée par Philippe le Bon à René d'Anjou le
28 octobre 1445.

CHAPITRE VIII

ROLIN ET LES ÉTATS DE BOURGOGNE
LES ÉCORCHEURS

Organisation militaire. — Rolin demande des subsides aux États de Bourgogne pour solder les gens de guerre. — Désordres causés par les compagnies de soldats licenciés à la paix d'Arras. — Période de l'écorcherie. — Désastres en Bourgogne, calamités publiques. — Rôle des États et de Rolin. — Affaires de Mâcon et de Beaune. — Réforme militaire de Charles VII. — Fin de l'Écorcherie. — Procédés financiers du gouvernement ducal; emprunts forcés. — Lutte des États pour le vote libre de l'impôt.

Nous devons laisser maintenant de côté l'action de Rolin dans les affaires extérieures de l'empire bourguignon pour reconnaitre la part active qu'il prit dans le gouvernement du duché au milieu de la crise terrible que la Bourgogne eut à subir pendant une longue période que l'histoire a qualifiée du nom d'Écorcherie.

On a vu comment la paix d'Arras avait failli être compromise au dernier moment par une échauffourée, et quelle avait été la stupeur du congrès en apprenant que des capitaines au service du roi de France se trouvaient aux portes d'Arras, après avoir saccagé Amiens, et menaçaient le congrès lui-même. A cette époque et en l'absence de cette armée régulière que Charles VII eut la gloire de créer et d'organiser en 1439, les troupes qui formaient l'armée étaient composées d'un ramassis d'aventuriers et de gens sans aveu que les princes prenaient momentanément à leur service, troupes soldées, dont l'origine remonte à Philippe-Auguste (1) et qui reçurent successivement le nom de routiers, brabançons, compagnies, etc. Les désordres de ces gens de guerre, pendant la période des luttes entre la Bourgogne et la France faisaient la terreur des populations, et nulle autorité n'était suffisante pour réprimer le mal. C'est surtout à prix d'argent qu'on parvenait à venir à bout de ces auxiliaires, à l'appui desquels on ne pouvait renoncer.

Les compagnies commandées par ces chefs avaient une organisation régulière. Le prince nommait seulement les capitaines et on licenciait la compagnie après la guerre (2). Même licenciés, ces mercenaires conservaient une sorte de discipline et de hiérarchie, à leur seul profit, et guerroyaient pour leur propre compte. La guerre était leur élément et restait pour eux une nécessité. La compagnie était composée d'éléments disparates, où nobles et roturiers se coudoyaient : ces compagnies, comme on le voit, tenaient à la fois des troupes féodales et de l'armée moderne (3). Se soutenant entre eux, pénétrés de l'esprit de corps, sans l'ombre de patriotisme, ces mercenaires avaient à leur tête des bâtards de grande maison, des cadets de famille, des capitaines qui s'étaient fait plus particulièrement remarquer par leur bravoure, Antoine de Chabannes, les deux bâtards de Bourbon, le bâtard d'Armagnac, La Hire, Xaintrailles, Blanchefort; en Bourgogne, Perrenet Gressart.

Ce Gressart, ancien maçon, s'était acquis une véritable

---

(1) BEAUCOURT, op. cit., t. I.
(2) FRÉMINVILLE, les Écorcheurs en Bourgogne, 1888.
(3) BOUTARIC, Institutions militaires.

renommée à la tête de sa compagnie au service du duc de Bourgogne : en 1431, Rolin lui avait donné mission d'agir du côté de Château-Chinon contre les troupes françaises : c'est à lui que le chancelier s'adressa au moment où devait se tenir la « journée » d'Auxerre en 1432, au sujet des sauf-conduits nécessaires aux ambassadeurs français. C'était une puisssance avec laquelle il fallait compter (1); un serviteur qui le plus souvent parlait en maître, et lorsque, le 22 octobre 1435, le chancelier lui notifia, par l'intermédiaire d'un écuyer du duc, Jean Perrenet, l'obligation d'avoir à exécuter le traité de paix qui venait d'être signé, et, en conséquence, de restituer certaines places prises par lui, notamment la ville de la Charité-sur-Loire, Perrenet Gressart demanda 22,000 fr. pour prix de cette reddition et de sa neutralité.

Rolin avait fait proclamer la paix à son de trompe dans tous les états du duc, et donné ordre de licencier toutes les garnisons, en menaçant des peines les plus sévères la transgression à ces instructions. On verra combien peu on répondit à son appel. Le chancelier était d'ailleurs, à cette époque, aux prises avec les plus graves embarras financiers et il est nécessaire, avant d'indiquer les mesures qu'il eut à prendre avec les États de Bourgogne pour combattre le fléau de l'Écorcherie, dont la paix d'Arras fut le point de départ, d'examiner ses rapports avec les États, auxquels il était obligé de s'adresser si souvent pour faire face aux dépenses de la guerre et à toutes celles du gouvernement.

Nous avons vu, en donnant l'idée générale de la constitution de ces États et du mode de recouvrement de l'impôt en Bourgogne que cet impôt était un don

(1) FRÉMINVILLE, *op. cit.*

volontaire des représentants de la province au duc, et que ce principe fondamental des franchises des deux Bourgognes n'avait jamais été méconnu, tout en étant fréquemment tourné. Le rôle du chancelier n'était point facile entre les exigences d'un souverain prodigue, les nécessités d'un gouvernement difficile et les réclamations des États, dont Rolin ne méconnaissait pas la justesse. Il essaya toujours de concilier ces intérêts divers, y réussit souvent, et peu à peu, arriva à assurer le fonctionnement régulier de la situation financière.

C'est en 1424, le 7 janvier, que Rolin présida pour la première fois, à Dijon, les États de Bourgogne, et y porta la parole au nom du duc. Le duché vota à cette session 20,000 livres et le comté 10,000. Il avait accompagné en 1422 le duc Philippe qui, en se rendant en Savoie, avait présidé les États du comté à Salins et en avait obtenu 9,000 livres (1). La session de 1425 vota 21,000 livres, dont 9,000 pour le comté.

Celle de janvier 1431 fut signalée par la protestation des élus contre les exactions des officiers de finances qui faisaient, au nom du duc, des emprunts arbitraires dont ils conservaient une partie. Ces plaintes furent comprises de Rolin, et un mandement ducal, daté de Bruges, « inclinant à la requeste des ambassadeurs et députés de nos pays de Bourgogne et de Charolais, à présent estant par devers nous », porta « défense à anlcuns d'estre si hardis de lever, exiger ou extorquer aulcune somme de deniers. »

Une seconde session fut tenue le 13 juillet de la même

(1) Voir, pour de plus amples détails, l'ouvrage de Clerc sur les États-généraux en Franche-Comté, à qui nous avons emprunté de nombreux renseignements sur les sessions des États de Bourgogne à cette période.

année : la guerre avec la France, le besoin d'hommes et d'argent, pour reprendre les places occupées par les troupes royales, avaient contraint le chancelier, sans consulter les États, à imposer un droit de dix sols sur chaque queue de vin (1). Rolin réunit les États pour sanctionner cette mesure; les protestations furent si vives que l'impôt fut aboli. Mais le chancelier insista avec tant de chaleur sur les nécessités de son gouvernement que l'assemblée vota, sous sa pression, un subside de 25,000 livres. C'était là une ressource insuffisante, et Rolin dut imposer d'autorité une somme égale, sous forme d'emprunt.

A la fin de février 1435, le chancelier réclama des États réunis à Dijon une somme de 30,000 livres pour « le reboutement des ennemis » autour de Langres et de Coulange la Vineuse. Les États en accordèrent 20,000, dont le premier terme serait immédiatement payé au moyen d'un emprunt sur les gens d'église, bourgeois et habitants des bonnes villes. Ces ressources étaient iusuffisantes : Rolin, ne sachant à qui s'adresser, demanda 8,000 francs à la ville de Dijon qui refusa, en répondant que le vote du dernier impôt était trop récent.

A bout d'expédients, Rolin convoqua, au mois de mai de la même année, les États à Dijon, puis à Beaune, et fit de nouveau appel aux élus en leur demandant d'autres sacrifices. Il leur exposa la ruine et la désolation qui attendaient le pays si on ne portait promptement remède aux incursions de l'armée ennemie. L'abbé de Citeaux se fit l'organe de l'opposition, et son rôle, à coup sûr, n'était pas difficile. Il invoqua l'état pitoyable du pays; les maux, pilleries, voleries, prises et incarcérations des

(1) La queue représente deux barriques ou pièces de Bourgogne.

sujets par les ennemis; les aides déjà accordées depuis deux ans; l'appauvrissement général qui en était résulté, au point que ceux qui jadis avaient l'aisance pouvaient à peine vivre. Il insista surtout sur la nécessité de subordonner le vote d'une aide, si l'on ne pouvait s'y soustraire, à des conditions formelles qui en assureraient la répartition et le bon emploi.

Ces conclusions furent adoptées par les États du duché, qui votèrent 10,000 livres, et par ceux du comté, qui en votèrent 2,000 sous les réserves suivantes : le gouverneur et les baillis devaient faire tous leurs efforts pour assurer la liberté des labourages, entravés ou rendus impossibles par les soldats; toute sécurité serait donnée aux commerçants, toute assurance à la circulation des marchandises; seuls les « nobles d'armes » et les gens d'église, ainsi qué les commensaux de l'hôtel du prince, seraient exemptés des subsides; le contribuable qui aurait payé son contingent ne serait pas tenu de payer celui d'un autre, qui serait insolvable : on ne pourrait saisir les bêtes trahantes, les lits ni les corps de ceux qui, comme garantie du paiement de leur part des subsides, fourniraient des gages; aucun emprunt ne serait fait, au nom du duc, comme avance sur les termes de l'impôt. Rolin dut s'exécuter, devant l'unanimité des adhésions des élus à ces réserves d'une élémentàire équité et que le duc accepta par une lettre du 4 mai 1435.

Enfin au mois de septembre de cette même année 1435, le chancelier fit un nouvel appel aux États et obtint 4,000 livres pour solder les gens de guerre en garnison sur les frontières de l'Auxerrois, du pays de Troyes et du pays de Langres. L'arrivée des écorcheurs allait ajouter d'autres difficultés à sa tâche.

La paix d'Amiens laissait sans emploi l'humeur belli-

queuse des compagnies. Le connétable de Richemont
licencia les troupes cantonnées en Champagne; toutes
ces compagnies franches se répandirent dans les campagnes; les rôdeurs, les mécontents, les soldats que la
misère du temps n'avait pas permis de payer, les gens
d'armes de l'armée anglaise abandonnés par leur gouvernement (1) se joignirent à ellés, et en bandes organisées,
réunies sous des chefs de leur choix, se ruèrent sur les
provinces, qu'elles dévastèrent et mirent au pillage pendant les années qui suivirent le traité d'Arras et ne
mirent complètement fin à leurs excès que lorsque la
création de l'armée régulière par Charles VII en 1439
eut pour effet d'organiser peu à peu une répression
sérieuse et de faire disparaître tous ces éléments de brigandage.

C'est la période de l'Écorcherie, et il n'en est guère de
plus triste dans l'histoire de France, et dans celle de
Bourgogne en particulier. Ce fut un fléau général : de la
Picardie au Languedoc et de la Normandie à la Guyenne,
aucune province ne fut épargnée : « Tout le tournoiement
du royaume de France, écrit Olivier de la Marche (2),
estoit plain de places et de forteresses vivans de rapines
et de proie. Et par le milieu du royaulme et des pays voisins s'assemblèrent toutes manières de gens de compagnies, que l'on nommoit escorcheurs et chevaulchoient
et alloient de pays en pays, de marche en marche, qué-
rans victuailles et adventures, pour vivre et pour gaigner,
sans regarder ne espargner les pays du Roy de France,
du duc de Bourgoingne, ne d'aultres princes du royaulme.
Mais leur estoit la proye et le butin tout ung et tout d'une
querelle... Et à la vérité les diz escorcheurs firent moult

(1) LAVISSE, op. cit.
(2) T. I, p. 243.

de manix et de griefs au povre peuple de France et aux marchans, et pareillement en Bourgoigne et à l'environ. » Les auteurs contemporains présentent tous le spectacle des désordres sans nom de cette lamentable époque : la vie publique était suspendue, le commerce avait cessé; il était impossible de communiquer d'une ville à une autre, sinon à de rares intervalles; chacun faisait le guet pour éviter les surprises; les campagnes étaient désertes; on cherchait un refuge dans les lieux fortifiés; à peine osait-on essayer, entre deux passages des compagnies, de cultiver quelques champs plus à l'abri de leurs attaques. Les églises et les monastères étaient abandonnés (1), « quant (combien de) lieux demeurez inhahités, écrivait dans son journal le Bourgeois de Paris, comme villes, chasteaulx, moustiers, abbayes, et autres, hélas! Quans orphelins, on peut en terre chrétienne trouver, et quantes povres femmes vefves et chétives par telz occisions! » Certaines abbayes, transformées en forteresses étaient envahies par les habitants des campagnes voisines. On voit le chapitre de Cîteaux obligé de défendre, en pareil cas, l'introduction des femmes dans le réfectoire et le dortoir des couvents.

La Bourgogne fut surtout le théâtre de ces excès. Il faut lire les enquêtes qui furent faites, par ordre du gouvernement ducal, en 1439 et 1444 (2), pour se rendre compte du degré de férocité auquel peut atteindre la bête humaine dépouillée de tout frein.

Voici, d'après un auteur (3), le résumé de ces enquêtes : le premier soin des écorcheurs quand ils arrivent en un

(1) Deniffle, *Désolation des églises en France*.
(2) Marcel Canat, *Documents inédits pour servir à l'histoire de Bourgogne*, 1863. Tuetey, *les Écorcheurs sous Charles VII*.
(3) Beaucourt, *op. cit.*

lieu, c'est celui de leur appétit; qu'on leur serve promptement à boire, qu'on les festoie bien; sans cela, ils menacent de tout brûler. Se présentent-ils devant un château, ils demandent avec courtoisie qu'on abaisse le pont-levis, promettent de payer tout ce qu'on leur servira et de ne faire aucun dommage; mais à peine sont-ils entrés qu'ils font main basse sur tout, brûlent la basse-cour, la grange et les étables et ne se retirent qu'en emportant un riche butin. Parfois ils prennent les villes de vive force, incendiant les maisons, rançonnant les habitants, emmenant et maltraitant les plus jeunes, faisant subir aux femmes les derniers outrages. Pour eux, les plus horribles traitements ne sont qu'un jeu. Lier les gens avec des cordes jusqu'à en faire jaillir le sang, les rouer de coups, leur chauffer les pieds au fer rouge, les brûler vifs, les crucifier, les pendre, voilà les supplices habituels.

Ici les traits abondent : c'est un homme pendu par les pieds, qu'on accable de coups de maillet jusqu'à ce qu'il ait promis de payer deux saluts d'or; c'est un valet roué de coups, sans qu'on puisse lui extorquer aucune rançon, qu'on lie avec de la paille à laquelle on met le feu et qui est forcé de courir ainsi; c'est un malheureux dont les pieds et les mains sont enchaînés qu'on suspend au moyen d'un bâton au-dessus d'un feu qui le rôtit lentement, jusqu'à ce que son corps tombe en lambeaux : alors moyennant quatre saluts, il sauve sa vie; c'est un paysan lié « en faison de crucifix », dont on brûle le visage, et qui, après avoir payé trois florins d'or, est encore battu « très vilainement »; c'est un enfant de trois ans qui succombe aux barbares traitements qui lui ont été infligés.

Certains chefs mettent à prix le rachat des animaux et ne craignent pas de dire qu'ils agissent en vertu d'une autorisation du roi; ils ont pour cela un tarif : tant pour un cheval, tant pour un bœuf, tant pour une brebis; tout bétail non racheté est mis à mort. Détruire pour détruire, telle semble être la devise des écorcheurs. Quand ils ne peuvent enlever tout le bétail, ils coupent les jambes des animaux qu'ils abandonnent. Ils brûlent, dans les maisons, jusqu'aux tables, aux moindres ustensiles de ménage. Ils scient par le pied les arbres des jardins et des vergers.

Un mémoire de 1444 dresse en ces termes le bilan de ces destructions : « C'est assavoir de destruire et abatre entièrement molins, fours, pressouoirs et maisons tout par le pié, fauchier chenevières, lins et tous biefs, et ardoir le tout, destruire et ardoir vaisseaulx à faire vin et tous autres ustensilles d'ostel, s'ilz n'ont ce d'argent qu'ilz demandent. » Le pillage, le meurtre, le viol n'assouvissent pas la rage de ces bandits; ils se ruent sur les monastères et les églises et commettent les plus horribles sacrilèges.

Sous un pareil régime, la population devait diminuer; le nombre des feux dans les villes de Bourgogne s'était abaissé d'une façon sensible, et ne se releva qu'après 1440, pour atteindre, pendant la période de paix qui suivit, un chiffre supérieur à celui des années qui avaient précédé l'Écorcherie (1).

Que faire contre de pareils excès? Aucun moyen de recourir à la force, puisqu'il n'existait aucune milice régulière. Sans doute Rolin s'adressait aux chefs militaires, aux nobles, intéressés à la défense du pays; ainsi, dès 1435, on voit le bailli de Dijon, Jehan de Noident, venir le trouver à Autun, « duquel lieu, icellui, monsei-

---

(1) GARNIER, *la Recherche des feux en Bourgogne.*

gueur le chancelier, pour aucunes nouvelles qui lui vinrent d'aucuns gens de guerre, que l'on disoit vouloir entrer esdits pays de Bourgogne, pour iceulx fouler, fourrager et dommaiger, envoya le dit bailli en la ville d'Auxerre, où... devoient être assemblés plusieurs féaulx et nobles des pays de Bourgogne pour aucunes causes et pour leur signifier les dites nouvelles, et aussi les requérir d'eulx mettre sus à puissance pour la deffense desdits pays, si mestier estoit (1) ». Mais on n'était alors qu'au début du fléau, et ces ressources militaires allaient être insuffisantes et se retourner contre la société qu'elles devaient défendre.

Philippe le Bon, peu soucieux de se trouver en Bourgogne et retenu d'ailleurs en Flandre par d'autres intérêts, ne pouvait donner aucun appui à son duché d'origine; c'est à Rolin seul qu'incombait la tâche de lutter contre des difficultés presque insurmontables. Il n'avait, pour y parvenir, qu'un moyen : payer les pillards pour les faire quitter le pays; ressource dangereuse, car une première aubaine pour les écorcheurs était une tentation inévitable d'en chercher une seconde. Pour trouver ces subsides, le chancelier devait avoir recours aux États; ils furent convoqués quinze fois pendant cette période et votèrent 80,000 livres, dont l'assiette fut répartie sur tous les bailliages. On se demande comment il était possible de trouver pareille somme chez les populations épuisées.

En 1437, les écorcheurs français et bretons ravagèrent le Hainaut et le Cambrésis; le duc put rassembler à Douai une armée suffisante pour les chasser de ses États du Nord et les rejeter en Champagne, d'où ils gagnèrent la Bourgogne. Philippe et le chancelier furent, en ce moment,

_____

(1) Canat, op. cit.

en relations constantes de messages pour conjurer le péril commun; des chevaucheurs étaient envoyés jour et nuit d'Arras, où résidait alors le duc, à Rolin pour lui faire savoir « certaines choses ... touchant les gens de guerre estrangers et hattivement en rapporter response (1) ». Pendant cette année 1437, la Bourgogne fut ravagée par un des plus terribles routiers de cette époque troublée. Les États furent assemblés et votèrent une somme de 7,500 livres destinée à acheter le départ de ce bandit.

L'année 1438 marqua le point culminant des misères publiques : le manque de culture, en amenant la disette et en se joignant au poids écrasant des impôts qui enlevaient au pauvre peuple ses dernières ressources, entraîna, au commencement de cette année, une effroyable famine en France, en Flandre et en Bourgogne; les chroniques du temps sont remplies de détails navrants et des épisodes lamentables de cette triste année : à Abbeville, une femme fut brûlée pour avoir égorgé des petits enfants et mis leur chair en vente, après l'avoir salée (2). Une peste terrible, suite inévitable de tant de privations, vint mettre le comble à tant de souffrances; les malades mouraient par milliers; Paris perdit environ cinquante mille habitants; dans nombre de villes, on ne pouvait suffire à l'ensevelissement des morts; les loups y venaient chercher pâture, y dévorant les enfants; la chambre des comptes promit vingt sous par tête de loup (3). La France se dépeuplait; des villages entiers avaient disparu; les grandes villes étaient « presque deshabitées »; Limoges n'avait plus que cinq personnes y vivant (4). Tel était

(1) CANAT.
(2) MONSTRELET.
(3) Voir *Journal d'un bourgeois de Paris*, MONSTRELET, BERRY.
(4) LAVISSE, *op. cit.*

l'état où la guerre de Cent ans et ses suites avaient réduit la France : « Pour ce doncques », s'écriait Jean Jouvenel des Ursins, s'adressant au roi, dont l'ordonnance du 15 septembre 1438 contre les routiers demeurait encore sans résultat, « je puis bien dire qu'il fault que vous vous esveillez, car nous n'en povons plus. »

Rolin, plus que tout autre, se consacra à cette œuvre de relèvement; mais l'heure n'en était point encore venue, et il n'était question encore que de pourvoir chaque jour aux difficultés toujours renaissantes : un traité avait été conclu, traité humiliant, s'il en fut, par Pierre de Beauffremont, seigneur de Charni, gouverneur de Bourgogne, avec deux chefs de marque des bandes de l'Écorcherie, Blanchefort et Antoine de Chabannes, qui ravageaient la Bourgogne; ceux-ci s'engagèrent, moyennant finances, à quitter le duché, de Noël 1438 à 1439; ce paiement était un encouragement au brigandage. Les états furent appelés à le ratifier; réunis en octobre et novembre, ils votèrent 6,000 saluts d'or « pour le département des écorcheurs et pour fournir à certain traitié avec leurs capitaines qui estoient en très grand nombre et puissance, et vouloient plus avant entrer audit duchié et autres pays de Bourgoigne, pour vivre et séjourner à la destruction des dits pays et des sujets d'iceulx », mais à condition que ce subside serait levé également sur les gens d'église.

Rolin avait, d'ailleurs, à lutter même contre les villes, qui se mettaient presque en rébellion et qui se refusaient à recevoir garnison des troupes soi-disant régulières, du duc; dans cette atmosphère d'indiscipline et de reuversement de toutes barrières sociales, les excès des soldats de l'armée ducale au milieu des populations qu'ils étaient appelés à défendre n'étaient guère moins à redouter que ceux des brigands qu'ils avaient à combattre; c'étaient surtout les soldats picards envoyés par le duc qui effrayaient les populations; on les avait baptisés du nom de *retondeurs*. Le 25 janvier 1438, la ville de Dijon, avertie par le chancelier que les écorcheurs arrivaient en nombre, et se trouvaient tout auprès, à Gemeaux, refusa de rien faire, du moins sans l'avis du conseil et des États (1); mais l'alerte ne semble pas avoir eu de suite.

Mâcon était une des villes avec lesquelles le gouvernement ducal avait le plus de difficultés et que Rolin sentait le besoin de ménager : en 1431, il avait envoyé au bailli et aux bourgeois et échevins des lettres pour leur annoncer la prise de René d'Anjou à Bulgnéville. La même année, il avait délégué messire Regnier Pot, pour leur notifier la prise de possession par le duc des duchés de Brabant et de Limbourg, et faire savoir aux habitants de Mâcon que le chancelier, sachant combien les Mâconnais avait eu à souffrir de la guerre, était dans l'intention de venir promptement à leur secours. Le but secret de cette ambassade était, paraît-il, de s'enquérir du nom et des dispositions de certains des habitants suspects de soutenir le parti des adversaires du duc (2).

En 1432, le chancelier vint à Mâcon pour mettre fin aux désordres dont se plaignaient les habitants; il y signa un traité avec le duc de Bourbon pour la reddition du château de la Roche, près Mâcon, et de deux autres places occupées par les Français. Mais la remise de ces places n'eut lieu que le 24 février 1434, après de longues négociations entre Rolin et les gens de Mâcon, à qui il s'agissait de faire payer des subsides, ce qui nécessita la réunion des États particuliers du Mâconnais. Les relations de Rolin

(1) Arch. munic. de Dijon, B 155, fol. 74, cité par CANAT.
(2) CANAT.

avec les habitants de Mâcon n'étaient pas mauvaises à cette époque, puisque la ville donna à « monseigneur le chancelier, le jour de sa venue, en huit boîtes, six livres de confitures, et six torches de cire, pesant chacune onze livres (1) ».

Mais, le 14 février 1438, Rolin prescrivit aux échevins et aux bourgeois de Mâcon d'avoir à secourir, recevoir et aider, en cas de besoin, le gouverneur et capitaine général de Bourgogne au moment de son entrée en campagne contre les écorcheurs. Il lui fut répondu qu'on ferait comme le doivent de bons et loyaux sujets du duc; mais on lui représenta qu'il y avait bien peu à vivre dans tout le pays, et que le pauvre peuple d'alentour, avec son bétail, était tout retiré en la ville, que toutes les maisons en étaient pleines, et que, si on y voulait mettre des gens d'armes « à puissance à la ville », ce serait sa destruction, et on ajoutait qu'il n'était pas nécessaire d'y mettre plus de gens qu'il y en avait; car la ville était assez forte pour résister à « plus grande puissance » que n'en ont les écorcheurs. Toutefois, on assurait le chancelier qu'en cas de nécessité, la ville et les habitants seraient toujours prêts à faire « l'honneur, le service, plaisir et obéissance que faire se pourrait, comme vrais, bons et loyaux sujets ».

Ce n'était là qu'une protestation qui n'était pas faite pour décourager l'énergie de Rolin. A Beaune, en février 1439, ce fut plus sérieux; des troupes nombreuses d'écorcheurs battaient la campagne entre Nuits et Beaune, le pays était dévasté; Beaune était défendu par Girard Rolin, fils du chancelier, celui-là même que nous avons trouvé à Chambéry, en 1434, porteur des instructions de son père. La ville avait fermé ses portes à tous les hommes d'armes, quel que fût leur drapeau. Des troupes, commandées par

(1) CANAT.

des officiers au service du gouverneur de Bourgogne, se présentèrent pour entrer à Beaune; le maire Grignard s'y refusa énergiquement. On avertit le chancelier, qui accourut pour faire entendre raison à la municipalité beaunoise et exiger l'entrée des soldats de l'armée ducale et leur logement chez les habitants. Le maire assembla le conseil de la commune pour aviser; pendant cette délibération, des hommes, au nombre de plus de quatre cents, se portèrent en armes à la maison qu'habitait le chancelier et lui déclarèrent qu'ils se refusaient absolument à recevoir garnison. Rolin essaya tous les moyens de persuasion, sans réussir. Il fit alors venir le maire seul et, de concert avec lui, fit entrer pendant la nuit dans la ville un des officiers de l'armée bourguignonne, le sire de Ternant, avec vingt hommes, comptant bien faire accepter le reste de la troupe.

A cette nouvelle, la population exaspérée se réunit le lendemain à l'hôtel de ville et jura d'exterminer chancelier, gouverneur, bailli, plutôt que de recevoir des soldats. La foule hurlait à la porte de Rolin : « Vous nous voulez bailler garnison; par la mort Dieu, nous n'en aurons pas. » « De quoy, ajoute un chroniqueur, le chancelier fust tout esbahi et cust grand paour. » L'affaire eût pu tourner au tragique; elle se dénoua par le départ des troupes bourguignonnes, poursuivant les écorcheurs, qui avaient pris la direction de Chagny. Mais l'émeute beaunoise méritait une répression, ne fût-ce que pour l'exemple; le maire et les échevins furent suspendus de leurs fonctions et condamnés à mille livres d'amende, et à présenter humblement les clefs de la ville au gouverneur.

De 1439 à 1444, on trouve la répétition monotone des mêmes misères, des mêmes réunions des États; les mêmes subsides accordés pour repousser les écorcheurs ou pour

payer leur départ, malgré les doléances de quelques opposants sur « les foulements et povreté du pays » (session
du 26 juin 1442) (1). On vivait toujours dans de perpétuelles alarmes. Le 18 février 1443, on voit le chancelier
porter la parole devant les États et demander vingt mille
livres pour soudoyer les hommes d'armes chargés de
« rebouter » les écorcheurs. A raison des misères de la
province, les États n'en donnèrent que dix mille, sous la
condition que, dans le cas où la cause de l'impôt viendrait à cesser, les sommes seraient déposées en lieu
sûr et employées seulement au service de la province.
Le duc accepta ces conditions par lettres patentes du
12 mars 1443. Ces réserves étaient nécessaires en raison
des usages parfois bien différents auxquels le duc affec-
tait les ressources de la province, on le verra plus loin.

Il reste à raconter le dernier épisode de cette mortelle
période : au cours de l'année 1444, Charles VII avait profité des ressources que lui laissait libres l'alliance conclue
à Arras, pour continuer la conquête de son royaume ; Paris
avait été pris par le connétable de Richemont en 1436 ;
Montereau et Pontoise étaient tombés au pouvoir du roi
en 1437 ; la situation des Anglais était partout compromise, et ils venaient de signer une trêve avec le roi
en 1444.

Le 2 novembre 1439, Charles VII avait rendu l'ordonnance mémorable qui, en constituant une armée permanente, créait un ordre de choses nouveau, et donnait au
pays une ressource efficace et définitive, non seulement
contre l'ennemi extérieur, mais contre les fauteurs de
désordre et les ouvriers d'anarchie. Cet acte, le plus
important, à coup sûr, du règne de Charles VII, dépasse

(1) Archives de la Côte-d'Or, B 1660, 2404, 2102, cité par CANAT.

de beaucoup les monuments législatifs de ses prédécesseurs et est, par toutes les conséquences qu'il a entraînées, le piont de départ véritable de l'époque moderne. Un auteur se demandant ce qui résulte de l'ordonnance de 1439, répond : « C'est d'abord que le roi veut avoir et aura une armée à lui ; c'est enfin que cette armée est faite pour servir le pays, et non pour le rançonner. Une innovation imprévue, et qui doit causer un grand scandale à quelques-uns et une grande joie au plus grand nombre, est aussi annoncée à plusieurs reprises : c'est le droit, égal pour tous, d'être respecté dans sa vie et dans ses biens, et de pouvoir se défendre par tous les moyens. Ainsi, par un seul coup de vigueur, le roi s'affranchissait de l'aristocratie militaire ; il se donnait une armée, et il s'assurait l'obéissance et le dévouement de toutes les classes laborieuses contre l'insubordination féodale (1) ».

Mais, on le comprend, la mise à exécution de cette grande pensée, si elle fut aussi rapide que possible, ne put entraîner les conséquences heureuses qui se dégagèrent de la nouvelle institution qu'après des tâtonnements et des délais ; retardée par l'insurrection de la Praguerie, elle arriva peu à peu à faire rentrer l'ordre dans un grand nombre de provinces. Ce n'était pas assez ; les écorcheurs restaient encore assez nombreux pour exploiter et torturer une partie de « ce peuple de France duquel montait vers le roi un immense cri de détresse (2) ». Il fallait, selon les expressions d'une lettre de Charles VII, « trouver façon de vuider et mettre hors de nostre dit royaume les gens de guerre qui y vivaient sur les champs ». Une occasion se présenta de réaliser pour eux ce que Duguesclin

---

(1) DANSIN, *Étude sur le gouvernement de Charles VII*. Voir ISAMBERT, *Recueil des anciennes lois françaises*, t. IX, p. 57, n° 3.

(2) LAVISSE, *op. cit.*

avait fait autrefois pour les Grandes Compagnies. Le roi
les envoya guerroyer contre les Suisses soûs les ordres
de son fils, le dauphin Louis, en 1444.

Cette expédition, on doit l'ajouter, avait, à côté de ce
but officiel, un mobile politique d'un autre ordre : le
traité d'Arras, en mettant fin à la guerre entre Charles VII
et Philippe le Bon, n'avait pu établir entre les deux princes
une intimité complète ; on avait, nous l'avons vu, dépassé
la mesure vis-à-vis du roi de France, et nous aurons à
montrer quelles occasions il saisit, à mesure que s'affermis-
sait son autorité, de lutter d'influence contre son puissant
voisin. Une circonstance se présentait en 1444 ; il ne la
laissa pas échapper.

Il s'agissait d'établir l'influence française jusqu'au Rhin
dans les régions mêmes convoitées par le duc de Bourgogne, d'agrandir à cet effet le duché de Lorraine au
profit de René d'Anjou et de fortifier la maison d'Autriche
dans ses domaines voisins de ceux de la maison de Bourgogne. Deux expéditions furent tentées, l'une en Alsace,
en faveur de René, l'autre contre les Suisses, sous prétexte de secourir le duc d'Autriche (1). Le résultat obtenu
fut médiocre pour le duc de Lorraine, qui fit seulement
rentrer quelques villes dans son obéissance, sans agrandir
les limites de son duché. En Suisse, le dauphin Louis mit
en déroute les Suisses à la bataille de Saint-Jacques
(26 août) ; mais, appréciant leur valeur, il demanda leur
amitié et conclut avec eux un traité qui commença les
relations traditionnelles et les bons rapports dont la
France eut plus d'une fois l'occasion de se féliciter.

Du moins, le but avoué de cette double expédition fut
complètement rempli ; en Alsace, les écorcheurs commi-

(1) Leroux, *Relations politiques de la France avec l'Allemagne de*
1378 à 1461. — 1892.

rent pendant six mois les plus épouvantables méfaits. Quant au dauphin, il avait d'abord établi son quartier général à Langres le 20 juillet 1444, pour y concentrer son artillerie et une armée de brigands cosmopolites dont il s'agissait de débarrasser la France ; il en était venu de toutes les parties du royaume : on y trouvait même des Anglais ; il y avait là de quinze à vingt mille routiers, suivis d'une tourbe de mendiants et de femmes. C'était, suivant l'expression d'un auteur, une cohue, en grande partie misérable et déguenillée, mais redoutable par sa brutalité, ses habitudes militaires, et par une soif de pillages et de supplices que le dauphin ne chercha point à contenir (1). Partout où elle passa, elle sema la désolation et la mort. Rien n'égala les atrocités commises par ces hordes sauvages sur les frontières du comté de Bourgogne (2), qu'elles devaient suivre pour aller de Langres à Bâle, et il fallait à tout prix éviter leur invasion dans le comté.

La chancellerie ducale envoya au dauphin, au nom du duc, des présents de vin de Bourgogne, avec dix mille saluts d'or, et on en ajouta trois mille cinq cents pour les seigneurs de sa suite. C'est alors que se produisit à la fin de 1444 un incident qui dut être pour Rolin la cause des plus graves perplexités. Malgré les ordres donnés par les autorités bourguignonnes de n'inquiéter en rien le passage de cette armée, le sire de La Marche, frère du seigneur de Pesmes, dont nous aurons à raconter la fin tragique et les conséquences qui en résultèrent pour Rolin, imagina de se placer en embuscade entre Baume et Besançon, d'attaquer avec ses hommes un convoi destiné au dauphin, et de piller tout ce qu'il contenait, chars,

(1) LAVISSE, *op. cit.*
(2) TUETEY, *Écorcheurs*, t. II.

vivres, coffres, objets précieux. On conçoit la fureur d'un
homme aussi peu endurant que le dauphin Louis. Il jura
de se venger s'il n'obtenait pas une satisfaction complète,
et on put croire que le comté subirait les représailles de
la criminelle folie du sire de La Marche; le dauphin, alors
à Montbéliard, donna des ordres en conséquence. Le duc,
avisé de suite par le chancelier, désavoua le coupable et
écrivit au dauphin. Il fit restituer aussitôt les objets pillés,
indemniser les conducteurs du convoi et poursuivre les
auteurs de cette agression insensée. Heureusement pour
la Bourgogne, la politique du dauphin, pas plus que celle
roi, n'était en ce moment d'entrer en lutte ouverte avec
Philippe le Bon; combattre le duc par des menées sourdes
et des attaques indirectes entrait seulement dans leurs
vues. L'affaire n'eut pas de suite; on tomba d'accord sur
le chiffre de l'indemnité.

Les États eurent encore à se réunir plusieurs fois pour
solder le prix de toutes les déprédations. Mais c'était la
fin de tous ces maux; le reste des Écorcheurs fut incor-
poré dans des bandes d'ordonnance permanentes et soldées; on n'en vit plus en Bourgogne, et, ainsi qu'il arrive
après les grandes crises, une détente complète et une
réaction de bien-être et d'allègement succédèrent à tant
de misères; la fin du règne de Philippe le Bon et du ministère de Rolin fut, pour la Bourgogne, une ère de véritable
prospérité. Le chiffre de la population se releva rapidement; le commerce bourguignon reprit son essor comme
par enchantement et rendit au pays toute sa richesse.

Rolin eut sa part personnelle dans les désastres de
l'Écorcherie : la terre qu'il possédait à Riceys, près de Bar-
sur-Seine, fut envahie par le bâtard de Beaujeu, Pierre de
Colombier, à la tête de dix-huit cents chevaux. Cette
bande détruisit les moulins, les fours, les pressoirs; rasa

les maisons, faucha les chenevières et les blés, brûla les meubles de tous ceux qui ne voulaient pas payer une rançon exorbitante (1).

Partout où le chancelier put exercer les rigueurs de la justice contre ces brigands, il fut d'une impitoyable sévérité. On surprit plus tard à Dijon, vers 1455, une bande de malfaiteurs organisés sous le nom de *coquillarts*, association dont la Bourgogne n'était pas le siège exclusif et qui était sûrement un dernier souvenir de l'Écorcherie. Les membres de l'association à Dijon étaient au nombre d'au moins cinq cents : ils se recrutaient un peu partout ; les étudiants ne craignaient pas, à cette époque de s'affilier aux pires malandrins : « pires ne trouverez que escoliers », tel était le proverbe du temps ; des clercs de la chapelle ducale étaient associés aux coquillarts.

La « Coquille » avait sa hiérarchie, et le principe de la division du travail y était appliqué (2) : il y avait les apprentis, qu'on appelait « gascâtres », qui passaient ensuite « maîtres » ; celui qui était « bien subtil » pouvait devenir un « long », voire « le roi de la coquille ». Il y avait les « vendangeurs », spécialité pour couper les bourses ; les « biffeurs », joueurs de bonneteau du temps, qui pratiquaient l'escroquerie par les jeux de hasard ; les « blancs coulons », qui dévalisaient les marchands dans les hôtelleries ; les « envoyeurs », sinistre allusion aux envois dans l'autre monde. La Coquille avait ses correspondants à Paris pour receler les produits du vol.

Les coquillarts menaient joyeuse vie à Dijon dans les tripots mal famés ; de temps en temps, on les voyait disparaître ; puis ils revenaient les poches bien garnies. Malgré tout, on n'opérait plus au grand jour, comme aux

(1) CANAT.
(2) LAVISSE, *op. cit.*

beaux temps de l'Écorcherie, et on savait qu'il fallait compter sur les moyens d'action de la justice du chancelier. On arrêta la bande et on appliqua aux meneurs les pénalités terribles que le moyen âge tenait en réserve contre les crimes qui menaçaient la société : trois d'entre eux furent mis dans une chaudière et bouillis; six furent pendus. On n'entendit plus parler de la Coquille.

Nous avons indiqué que, dans ses rapports avec les États, Rolin n'avait pas seulement à obtenir des secours pour sauvegarder le pays contre les invasions des routiers. D'autres difficultés naissaient, pour son administration financière, de dépenses de toute nature : les unes étaient provoquées par des nécessités politiques, par exemple le payement de la rançon du duc Charles d'Orléans et de la dot de sa fiancée, Marie de Clèves, à qui Philippe le Bon constituait un douaire de 100,000 francs (demande de subsides en 1441), ou le payement des forteresses de Grancey et de Châteauvilain, acquises par le duc (États de 1448); les autres résultaient de l'exécution de travaux publics, comme la construction du palais ducal de Dijon (même session); mais trop souvent elles naissaient de l'obligation de faire face aux dépenses voluptuaires, au faste prodigieux de Philippe le Bon. Le duc de Bourgogne, si puissant qu'il fût, si redouté que fût son ministre, n'avait pu empêcher que bien des plaintes, bien des représentations contre son gouvernement parvinssent jusqu'à lui. La plus importante est celle d'un conseiller, demeuré inconnu, qui, dans un mémoire volumineux (1), protestait contre ses dépenses, contre ses exactions, et contre son système d'impôt forcé, si justement qualifié de confiscation (2).

---

(1) Bibl. nat., fonds français, nº 1278. Voir KERVYN, *Programme d'un gouvernement constitutionnel en Belgique au quinzième siècle.*
(2) PICOT, *États généraux*, t. I, p. 135.

Ce mémoire, écrit en Belgique, posait les bases d'un sys-
--tème représentatif bien en avance sur les idées du temps,
et on ignore quelle impression il produisit sur le prince
auquel il était adressé. Chastellain, lui aussi, déclarait que
le souverain ne peut agir que d'après les inspirations de
sa seule volonté, « mais en grant délibéré et mûr conseil
de sages prud'hommes, gens et clercs ».

Les États de Bourgogne luttèrent autant qu'il leur fut
possible contre les fantaisies ruineuses et le despotisme
de Philippe, et leur résistance, aussi digne que persévérante, amena un réel progrès. Ils protestèrent à maintes
reprises contre cet emprunt forcé qui, sur l'ordre du
prince, était imposé à tel citoyen riche désigné à ses convoitises, et qui constituait l'abolition absolue des libertés
publiques, dont la première était, en Bourgogne, le vote
libre de l'impôt. Avec ce système, aucun patrimoine n'était
à l'abri ; chacun pouvait, à toute heure, être frappé par
une réquisition imprévue, sans aucun moyen de s'en
défendre.

Cette pratique, en se généralisant, tendait à s'ériger en
institution ayant ses règles, ses contraintes, ses commissaires en titre, et aussi ses exemptions (1). On trouve un
exemple de cette exemption privilégiée dans une lettre de
Rolin du 23 octobre 1436, lue au conseil du Bourg-des-
sous-Salins et déclarant que les nobles sont exempts « des
impôts et *emprunts* » qui se font au dit Bourg (2).

Ce mode d'exaction n'avait pas toujours pour excuse
d'être la mesure exceptionnelle des jours de détresse; on
y recourait pour des raisons d'une importance secondaire :
en 1435, le gouvernement ducal trouva bon, par exemple,
de frapper quatre-vingts bourgeois d'un emprunt de six

(1) Clerc, *op. cit.*
(2) *Inventaire de Salins.* 1613, p. 5, cité par Clerc.

mille livres pour la continuation du siège de Coulange-la-
Vineuse : « Lettre de Jehan de Fribourg, gouverneur général de Bourgogne, du 4 avril 1435... Pour ce que mousei-
gueur le duc, à son dernier parlement, nous a chargé de
faire empruns en ses duchié comté de Bourgogne et terres
d'outre-Saone de la somme de 6 000 francs pour (la continuation)... du siège de Collanges les Vineuses, et aussi
pour la conduite des aultres affaires de ses dits pays, mè-
mement pour entretenir gendarmes ès frontières de Langres et ailleurs où besoing sera pour le bien d'icculx ;
nous vous envoyons les noms... bourgeois des villes
d'Auxonne, Pontaillier et autres desdites terres d'outre
Saône, escripts en un rôle signé, et les sommes d'argent
que voulons être relevées sur euix, par manière d'emprunt,
et vous commandons par mon dit seigneur et par le pouvoir qu'il nous a donné sur ce, que les dits impôts et écrits
au dit rôle, vous contraigniez tantôt, et sans délay, et
sans aucun départ, que icelles sommes soient baillées,
comptes ès mains de Loys de Viseu, clerc des affaires de
l'ostel de mon dit seigneur, que, en ce fait, vous donnent
confort, ayde et assistance, si besoin est (1). »

Les représentations répétées des états finirent par
amener la modification de ces pratiques. On sentit qu'il
fallait compter avec l'opinion publique soutenue par ses
représentants. Les demandes du gouvernement ducal
perdirent de leur ton autoritaire, on traita d'égal à égal.
Mais, pour en venir là, il faut attendre les sessions pos-
térieures à celles de 1448. Celles de 1451 (il y en eut trois)
sont intéressantes en raison de la part que prit Rolin dans
les débats relatifs aux différents soulevés lors de la
tenue de ces assemblées : le gouvernement ducal avait,

(1) Archives d'Auxonne, cartons des États, cité par CLERC.

sans consulter les États, imaginé, pour satisfaire aux prodigalités du duc, de frapper les vins de Bourgogne d'un
impôt appelé droit de *tréhu*. C'était la violation arbitraire
des franchises du duché.

Les états du duché, assemblés pour accorder les aides
d'usage, votèrent 30,000 francs. Mais les séances en
furent de plus en plus orageuses, et le vote des subsides fut
subordonné à des conditions fort nettes et témoignant
d'une réelle indépendance. Il importe de les reproduire
avec les réponses que, sous ce titre d'*apostilles*, leur donna
Rolin : « *Item* mon dit seigneur baillera ses lettres patentes
par lequel il octroiera que ce qu'il a imposé sur ledit subside sans le consentement desdits états ne tourne au préjudice du pays, ni à ses libertés, franchises et droits. Mais
tiendra et déclarera la chose nulle et telle que si oncques
ne fût advenue, et sans que ce fait puisse aucunement
préjudicier aux dits trois états ni au pays. — *Apostille :*
Mon dit seigneur a octroyé ses lettres patentes, telles et en
la forme et en manière qu'il leur apperra par icelles et dont
lesdites gens des trois États doivent être bien contents.

« *Item* que le dit ayde se lèvera et paiera à trois termes,
c'est à savoir X mille dans la feste de la nativité de Saint-
Jean-Baptiste prochainement venant, X^m à la feste de Noël
prochainement venant après, sans quelconque anticipation
sur ce faire *par emprunts* ou aultrement, et octroiera mon
dit seigneur que, pendant le dit temps, il ne fera ni ne
demandera aucune ayde quelconque. — *Apostille :* Mon dit
seigneur est bien content des termes contenus en cet article. Mon dit seigneur n'a pas accoustumé de demander ayde
sur ayde. Toutefois il ne se veut point lier. Et si est vray
que les gens de ces Estats et de ces pays de par deça (Pays-
Bas) qui lui ont octroyé ses aydes il y a cinq ou six ans ne
luy ont point fait de cette requeste. Par quoy il semble

que ceulx de ses pays de Bourgogne se doivent déporter.

« *Item*. Octroiera mon dit seigneur que les dits états puissent élire cinq ou plusieurs recepveurs, selon que bon leur semblera, pour recepvoir ce présent ayde et le bailler au recepveur général de mondit seigneur. Et si aulcune chose en est réservée plus avant que accordé, le résidu sera mis en la main des eslus pour le garder et convertir au profit du pays et pour ses affaires, sans que mondit seigneur en ait son profit, sinon la dite somme à lui accordée en la manière avant dite. Et semblablement des aydes qui en après se pourront faire... — *Apostille* : Au regard de l'élection de recepveurs il en sera fait ainsi que l'on a accoustumé précédemment en tel cas, et non aultrement. Et s'il est reçu plus avant que ne monte la somme accordée, il en sera ainsi fait et ordonné que l'on a accoustumé, réservé en ce la grâce de mondit seigneur et son bon plaisir, quand temps sera, et si requis en est (1). »

Ces réserves des élus bourguignons leur font grand honneur; ils protestent contre les impôts établis sans eux, contre les emprunts forcés; ils veulent voir clair dans le compte des dépenses, ils se défient des exigences de ce prince qu'ils ne voient presque jamais, qui vit loin d'eux, et dont ils ne connaissent le luxe et la prodigalité que par les comptes qu'on leur demande de solder. On ne doit pas moins être frappé de l'habileté et de la dignité des réponses de Rolin, qui semble tout accorder, en faisant des réserves sur chaque chose, qui s'incline devant les franchises de la représentation nationale, tout en invoquant le bon plaisir du prince et l'excellent exemple que les Pays-Bas donnent à la Bourgogne. Dans tous les cas, la soumission du gouvernement ducal est apparente, si

(1) Archives de la Côte-d'Or.

elle n'est pas sincère, et l'essentiel, c'est-à-dire l'abolition de l'impôt arbitrairement établi, est obtenu.

Les états du comté de Bourgogne, profondément froissés par l'établissement du droit de tréhu, s'étaient séparés sans vouloir voter aucun subside. Le chancelier les réunit de nouveau et exerça sur eux, pour les décider, son autorité, alors toute puissante. Les états consentirent à voter une aide, mais à la condition que le droit de tréhu serait immédiatement aboli, et chargèrent le chancelier de notifier au duc leurs protestations énergiques. Philippe le Bon répondit à Rolin le 6 décembre 1451. Cette lettre, adressée, selon la formule protocolaire, au chancelier, au maréchal de Bourgogne et aux gens du conseil, était bien, en réalité, destinée à Rolin, que le duc charge seul de mener à fin cette négociation :

« Cher et féal chancelier, très cher et féal cousin, et très chiers et bien amez. Nous avons reçus les lettres que vous (chancelier), mareschal et gens de notre conseil et de nos comptes à Dijon, nous avez envoyé par... escriptes en nostre ville de Dijon le XVIIIe jour de novembre, dernièrement passé, faisant mention que vous... avez esté le VIIIe jour du mois de novembre en nostre ville de Dole, en laquelle étoient assemblés lors les gens des deux estats de notre comté de Bourgoigne, que ne fut pas en si grand nombre comme ils avoient été en l'autre assemblée précédente, obstant la pestilence qui règne présentement par tout notre dit comté, auxquelz ainsy assembly, vous avez faict les remontrances et requestes de par nous, telles qu'à l'aultre assemblée elles avoient esté faictes, afin d'avoir ayde d'eulx, selon les instructions qu'en avons fait bailler à vous, nostre mareschal, dernièrement que fustes par devers nous. Lesquelz des deux estats, après plusieurs grandes doléances par eux faictes et baillez par escript et déclarations, lesquelş ils vous ont prié et requis nous signifier, nous ont octroyé et accordé ayde jusqu'à la somme de XII^m francs, à payer à semblables termes que l'ayde de nostre Duchié, en nous suppliant d'avoir agréable ledict octroy et, moyennant iceluy, abolir le tréhu de X sols par queheue de vin par nous, pour aucun temps en ça, mis en tout nostre comté de Bourgoigne. A quoy leur avez faict réponse que volontiers nous en advertiriez, afin que vous en mandions nostre bon plaisir. Sur quoy, très chers amis, sachez que nous sommes bien content de vos déligences, et voulons bien et sommes content que vous acceptiez ledict octroy de XII^m francs, et semblablement celui de II^m francs à nous fait, comme nous escripvez, par ceulx de l'estat de nos terres d'Oultre Saone... Et au regard dudit tréhu de X sols par queheue, nous voulons et sommes content qu'il en soit faict par vous, chancelier, pareillement que en l'avons accordé et ordonnons estre faict à la requeste des gens des trois estats de notre duchié, et iceluy tréhu soit mis jus et aboly. Et serions bien joyeux que, par ce moyen, monsieur le roy abolit et mit jus semblablement le tréhu de XX sols par quehûe par luy aussi mis depuis quelque temps en ça en son royaulme. — Quant aux doléances et requestes à vous faictes, tant par lesdits deux estats de nostre comté de Bourgoigne que par ceulx de nos terres d'Oultre-Saône, dont vous avez donné le double par escript, nous les avons faict voir à nostre Conseil estant lez nous, et le double vous envoyons avec cette lettre, afin que vous, nostre chancelier, y fassiez et pourvoyiez ainsy qu'il appartiendra et que verrez etre expédient PHILIPPE. (1). »

(1) Archives de la Côte-d'Or.

Il est certain que Rolin fit aux États du comté une réponse analogue, sinon semblable à celle que les États du duché avaient reçue de lui. Il résulte, dans tous les cas, de ces incidents la preuve que les droits de la représentation nationale ont singulièrement grandi, et cette heureuse participation du pays au gouvernement de ses affaires est due exclusivement à l'initiative et à l'énergie locales; car c'est à ce moment même que la France, abandonnant ses libertés, avait accepté la taille sans contrôle et par la seule autorité du prince (1).

Un privilège analogue à celui de la Bourgogne existait dans les Pays-Bas : « Depuis le commencement du treizième siècle, écrit un éminent auteur (2), le vote de l'impôt par les États formait la plus précieuse des prérogatives politiques des provinces belges, et il ne fallait pas songer à entrer en conflit sur ce point avec la tradition. Les ducs s'en tinrent donc à l'usage de leurs prédécesseurs. Comme eux ils se contentèrent de demander à leur pays l'aide ou la *Bède*. Seulement de temporaire et d'occasionnelle, celle-ci devint, à partir de leur règne, une des ressources normales de l'État. A mesure qu'on avance, on la voit grossir continuellement. Annuelle tout d'abord, elle finit par être votée pour plusieurs années consécutives, augmentant ainsi l'indépendance financière du prince. »

On verra plus loin quelles conséquences eut pour Rolin l'établissement d'un impôt qui venait frapper une des classes privilégiées d'alors, la noblesse, qui jusque-là en avait été exemptée.

---

(1) Picot, *États généraux*.

(2) Pirenne, *Hist. de Belgique*, 1903, t. II, p. 375. Voir en note l'intéressant relevé des sommes allouées aux ducs par leurs pays de « par deça » de 1388 à 1475.

CHAPITRE IX

Il semblerait que ces graves préoccupations et cette
lutte sans arrêt contre des obstacles sans cesse renais-
sants dussent suffire à remplir la vie du chancelier Rolin
et que le gouvernement de la Bourgogne, avec toutes les
difficultés que nous avons signalées ne lui permît guère
de vaquer à d'autres soins. Ce n'était pourtant là qu'une
partie de son rôle de ministre, et, dans le même temps,
son activité se portait sur un autre théâtre. On le voit
notamment, de 1445 à 1455, gouverner les Flandres, le
Hainaut, les Pays-Bas où il prit à tâche de mettre l'ordre
dans les finances et d'y organiser la justice (1). Mais,
avant de le suivre sur ce terrain, nous devons revenir à sa
politique avec la France depuis le traité d'Arras.

(1) ABORD, discours de rentrée.

Ce traité avait porté à son comble la faveur du chancelier. La confiance du duc était complète et mêlée d'une
sorte de crainte respectueuse. Rien ne en faisait sans
l'avis et presque la volonté de Rolin. Redouté de tous,
détesté des grands, qu'humiliait la grandeur de ce légiste
bourgeois, toujours opposé à leurs empiétements, il était
considéré partout en Europe comme le premier personnage de son temps : « Ce ministre, lit-on dans l'Histoire de
Dom Plancher, équitable dans l'examen de ce qui appartenait aux puissances étrangères, était dans la plus haute
considération, même de ceux dont il combattait les prétentions. » C'est à qui, chez les chroniqueurs, célébrera
ses louanges : « Ce grand et unique personnage... vint à
tel advantage par dessus tous les hommes de son temps
qu'il fut un digne exemplaire et archétype de tout savoir,
piété et honneur, dont il fit miraculeuse preuve ès affaires
du bon duc Philippe, lequel, du tout en tout, se reposoit
sur la sagesse, savoir et conduite de ce prudent chancelier ». (Paradin.) « En France, écrivait Chastellain, on ne
savoit son pareil ni qui oncques se fust faict si grand, car
ailleurs, en maints lieux et hauites et très difficiles
affaires, est apparu assez quelle chose c'étoit de luy. »

En laissant de côté la part d'exagération que ces éloges
peuvent renfermer, on voit quelle place Rolin occupait dans l'opinion publique de son temps. Sa grande
réputation allait trouver dans les événements qui nous
restent à passer en revue de nouveaux motifs de s'af-
fermir.

Le traité d'Arras, on l'a vu, en portant au comble la
puissance du duc de Bourgogne et le prestige de son
ministre, devait fatalement amener des réactions et préparer pour l'avenir les plus graves difficultés et des luttes
nouvelles. Cette fameuse paix, qui avait tant flatté l'or-

gucil du fils de Jean Sans Peur, fut dans l'histoire des ducs
de Bourgogne, selon la remarque d'un auteur, la pré-
face de leur ruine. Le roi de France, bien qu'il n'eût personnellement aucune animosité préconçue contre Philippe
le Bon, ne pouvait oublier l'injure cruelle qu'il avait dû
subir en faisant amende honorable d'un crime commis, il
est vrai, sous ses yeux, mais dont, en définitive, il n'était
pas l'auteur, et il devait trouver à bon droit excessif ce
luxe de fondations expiatoires qui lui étaient imposées.
Il ne les exécuta d'ailleurs jamais et, sur ce point, le
traité fut lettre morte; aucune des satisfactions morales
que Philippe le Bon avait exigées ne lui fut accordée; les
meurtriers de son père ne furent ni punis ni même
recherchés; au contraire, autour du roi, les fidèles du
parti armagnac avaient conservé leur rancune contre le
cynique meurtrier du duc d'Orléans et contre sa maison;
ils ne se gênaient aucunement pour protester contre l'affront fait à leur souverain; les vieilles haines n'étaient pas
apaisées, les Bourguignons étaient mal venus en France,
et on voit dans les registres de l'officialité de Rouen
que, dans les dernières années du règne de Charles VII,
les mots « traître Bourguignon » étaient considérés
comme une sanglante injure (1). Cette fin de règne fut
remplie, dans les relations du roi avec le duc de Bourgogne, des difficultés nées de ces ressentiments, et qui,
plus d'une fois, faillirent renouveler la guerre; nous allons
voir la part qu'y prit Rolin.

Dès l'année 1436, l'exécution du traité souleva des conflits : les officiers du roi prétendirent soumettre à l'impôt
royal les territoires cédés à Philippe et s'opposer aux per-
ceptions faites par les officiers du duc. Sur les frontières

(1) Lavisse.

de la Bourgogne proprement dite, ils essayèrent de percevoir, dans les terres mêmes du duché, des taxes sur les denrées. Dans d'autres circonstances, ils prétendirent que le duc de Bourgogne n'avait pas le droit de battre monnaie à Dijon, ni d'établir de nouveaux péages, ni de donner des lettres de rémission ou d'anoblissement, ce qui constituait un privilège royal. Tout cela était contraire au traité d'Arras. Ce n'étaient pas encore toutefois des tentatives sérieuses, mais des taquineries qui faisaient naître et entretenaient des conflits entre les officiers des deux souverains et qui, peu à peu, pouvaient amener la mésintelligence entre ces derniers.

Ce fut, du moins, l'objet d'un échange constant de pourparlers. Le 15 avril 1436, Rolin, qui se trouvait en ce moment à Semur, envoya au roi à Issoudun une ambassade, composée de Jean de Croy, de Jacques de Crèvecœur et de Jean de Terrant « pour aulcunes hautes matières grandement touchant le bien de mon dit seigneur et de ses seigneuries (1) ». Cette ambassade traita en même temps de la question d'échange des prisonniers faits de part et d'autre (2). Le 9 août, le chancelier envoya à la cour de France messire Germain Trouvé, conseiller du duc, et des gens du conseil, pour porter au roi « plusieurs mémoires de par eulx touchant certains faiz ès païs et seigneuries de mon dit seigneur en Bourgoigne et appartenances, par plusieurs de ses gens et autres officiers royaux, afin de lui requérir, de par mon dit seigneur, d'y faire mettre provision, à l'entreténement des prérogatives, noblesses et préhéminences dues à mon dit seigneur en ses païs de Bourgoigne (3) ».

(1) LA BARRE, t. II, p. 168, note, et 218, note.
(2) TUETEY, t. I, p. 16, note.
(3) Arch. de la Côte-d'Or, B 1659, fol. 129.

Au mois de mars 1435, ce furent Philibert Audrenet, Bertrandon de la Broquière et Jean de Terrant qui, porteurs « d'instructions et mémoires », devaient s'occuper du partage à faire entre le comte de Nevers et le comte d'Étampes. En mai, Rolin, en ce moment aux prises avec les difficultés de toute nature que lui créait la présence des écorcheurs, fit partir Germain Trouvé à Paris, auprès du connétable et du chancelier de France, et, dans le courant de la même année, de nombreux délégués du chancelier furent chargés de missions auprès du roi et de son conseil, pour des remises de places cédées au duc de Bourgogne, que des routiers au service de Charles VII refusaient de rendre.

En février 1438, Étienne Armenier, président du parlement de Bourgogne, Philippe de Terrant et Philibert Audrenet furent envoyés au roi, porteurs d'un long mémoire contenant l'énoncé de toutes les plaintes du gouvernement ducal et demandant la nomination de commissaires pour régler ces questions. Charles VII mit beaucoup de bonne grâce à répondre à tous ces griefs, et consentit au règlement, par des commissaires, des points en litige. Il donna même, de sa propre initiative, satisfaction au duc sur un grand nombre de points secondaires.

Aux termes du traité d'Arras, le duc de Bourgogne devait prendre en main, contre les Anglais, la cause de son nouvel allié; il ne lui fut d'aucun secours; il alla mettre le siège devant Calais, mais cette expédition échoua misérablement.

Le gouvernement bourguignon était en même temps très préoccupé de la situation économique que la guerre contre les Anglais créait aux Pays-Bas et cherchait à y mettre un terme. Le seul moyen qui semblait possible était d'arriver à la paix générale et à une réconciliation

entre la France et l'Angleterre. Philippe le Bon avait personnellement vis-à-vis des Anglais une situation trop difficile depuis le traité d'Arras pour jouer le rôle de médiateur; on imagina d'en confier le soin à la duchesse Isabelle de Portugal; le choix était excellent : cette princesse
était, en effet, restée en bons termes avec la maison royale
d'Angleterre, à laquelle la rattachaient des liens de famille;
elle était du sang de Lancastre par sa mère, sœur du roi
Henri IV. Un diplomate bourguignon, Hugues de Lannoy,
fut envoyé en Angleterre pour sonder les intentions du
gouvernement sur la médiation offerte par la duchesse,
dont la proposition fut favorablement accueillie; on décida
que des conférences se tiendraient sous sa présidence à
Calais entre les ambassadeurs français et anglais; et Rolin,
que nous avons vu à ce moment en Bourgogne pourvoir
aux besoins et aux désastres du duché (V. plus haut
alerte de Beaune, février 1439), revint précipitamment
dans le Nord pour diriger cette négociation.

On le voit, au mois de mai 1439, recevoir à Cambrai la
fille de Charles VII, Catherine de France, âgée de sept
ans, et conduite en Flandre pour épouser le comte de
Charolais, fils du duc de Bourgogne; la jeune princesse
apportait une dot de cent vingt mille écus; les ambassadeurs français, qui se rendaient à Calais, l'accompagnèrent
à Cambrai, puis à Saint-Omer, où furent célébrées les
noces, au milieu de fêtes fastueuses et de tournois qui
durèrent plusieurs jours.

Les conférences s'ouvrirent près de Calais le 6 juillet;
on avait construit des tentes superbement ornées pour la
duchesse et pour les ambassadeurs. Isabelle, qui remplissait le rôle de médiatrice, avait à sa droite le cardinal de
Winchester, que nous avons vu à Arras. Le comte de
Vendôme, les archevêques de Reims et de Narbonne, le

bâtard d'Orléans, d'autres seigneurs, représentaient la France; l'archevêque d'York, les comtes de Suffolk et d'Oxford, d'autres encore, étaient les ambassadeurs d'Henri VI.

On vit alors se renouveler toutes les difficultés qui, à Arras, avaient rendu la paix générale impossible; et, au premier rang, la prétention, de plus en plus insoutenable des Anglais, de revendiquer pour Henri VI seul le titre de roi de France et de le refuser à « Charles de Valois », mit, dès le début, obstacle à une conclusion sérieuse. Les ambassadeurs de France maintinrent énergiquement le droit suprême de leur maître et déclarèrent que ce droit ne pouvait être contesté. Les conférences traînèrent ainsi jusqu'au 18 juillet.

Dans cette situation, la duchesse, sur le conseil de Rolin, proposa la conclusion d'une longue trêve, pendant laquelle les choses resteraient en suspens; le roi d'Angleterre éviterait dans cet intervalle de conserver le titre de roi de France, qu'il aurait la faculté de reprendre ensuite si l'on ne pouvait tomber d'accord dans l'intervalle. A la séance du 22 juillet, le chancelier développa cette proposition et les motifs qui avaient décidé la duchesse à la présenter. Cette base d'accord fut rejetée avec tant de dédain par les Anglais que la duchesse Isabelle ne put retenir ses larmes : « Étaient-elles de rage ou de douleur? Je ne sais (1). »

Des propositions nouvelles, des contre-propositions furent échangées pendant les mois d'août et de septembre. Les dernières déclarations des Anglais, le 9 septembre, portaient que leur maître n'entendait nullement renoncer à la couronne de France et qu'il voulait conserver la Nor-

(1) *Journal de Bekynton*, secrétaire d'Henri VI.

mandie, le duché de Guyenne et un certain nombre de villes, le tout « à tenir de Dieu sans hommage ». Dans l'intervalle, Charles VII avait fait savoir qu'il ne pouvait traiter sur les bases proposées, sans consulter les princes du sang et son conseil, qu'il réunirait à Paris le 25 septembre. C'était une fin de non-recevoir déguisée, et les ambassadeurs anglais la considérèrent comme telle. Dans une dernière conférence, tenue le 15 septembre, ils déclarèrent à la duchesse et au chancelier qu'il n'y avait pas lieu d'espérer, dans ces conditions, la conclusion de la paix. Isabelle insista cependant pour que, du moins, ces conférences fussent reprises l'année suivante.

On doit ajouter que ce n'était pas là ce qui préoccupait davantage le chancelier : la paix entre la France et l'Angleterre était en effet, ainsi que nous l'avons indiqué, un événement important pour la Bourgogne; mais la liberté commerciale entre l'Angleterre et la Flandre qui aurait pu résulter de cette paix, lui semblait autrement intéressante, si elle pouvait être obtenue sans cet accord. Aussi, dans une conversation avec le cardinal de Winchester, la duchesse demanda incidemment si, en tout état de cause, la reprise des relations entre la Bourgogne et l'Angleterre pourrait faire l'objet de pourparlers; le cardinal répondit qu'il n'y voyait pas d'objection. On s'empressa d'entrer en négociation, sans perdre de temps, puisqu'on était au 18 septembre et que les ambassadeurs devaient mettre à la voile pour l'Angleterre peu de jours après. Un traité de commerce fut signé le 29.

C'était là un point capital pour les intérêts du duc de Bourgogne. Ce succès n'était dans les prévisions de personne au début de ces conférences de Calais et ce n'était pas le moindre service que rendait le chancelier Rolin à son pays; ce traité allait être la source d'un accroissement de prospérité pour la Flandre, et il fut complété au commencement de 1440 par une convention analogue applicable aux Pays-Bas (1). Mais c'était là aussi un grief de plus pour Charles VII, qui, tout en constatant les efforts faits pour amener une paix dont il pût profiter, ne devait pas voir sans déplaisir une alliance qui, pour être commerciale, n'en constituait pas moins une infraction directe à l'article 32 du traité d'Arras.

La diplomatie bourguignonne saisissait en même temps toutes les occasions de s'assurer des appuis contre le ressentiment qu'elle supposait au roi. On n'était pas sans inquiétude, sinon pour l'instant présent, du moins pour un avenir prochain, en constatant la puissance chaque jour grandissante de Charles VII, l'activité résolue de ce souverain décidément sorti de son ancienne inertie, l'attitude énergique de son gouvernement; on craignait, à un moment ou à un autre, « quelque estrange voulenté », de la part du puissant allié d'Arras, devenu maître de la situation. Aussi lorsque le duc de Bourbon, de concert avec le dauphin Louis, fit, en 1440, cette levée de boucliers, ridicule et criminelle, de la Praguerie, Philippe le Bon, heureux de chercher une clientèle parmi les princes mécontents, entretint avec le duc de Bourbon, devenu son intime ami, et avec le dauphin, une correspondance secrète et assidue, et, lorsqu'il vit les événements tourner à la confusion des fauteurs de troubles, il s'interposa comme médiateur auprès du roi.

Le plan du gouvernement bourguignon était à ce moment de rattacher à la cause du duc, par des liens de reconnaissance ou de parenté, tous les princes du sang et d'asscoir sa prépondérance sur l'affaiblissement du pou-

(1) Voir dans Pirenne, *op. cit.*, t. II, le chapitre intitulé : mouvement économique des Pays-Bas à l'époque bourguignonne.

voir royal (1). Une autre circonstance sembla très propre
à favoriser ce dessein : depuis longtemps on s'intéressait
en Europe à la triste situation du duc Charles d'Orléans,
prisonnier des Anglais depuis Azincourt. Le gouvernement ducal eut la pensée de prendre en main la question
de la délivrance du prince captif qui, par sa situation et
ses liens de famille avec la maison royale de France, était
un des principaux, sinon le premier des feudataires de la
couronne. Étrange vicissitude que celle qui faisait du fils
de la victime de Jean Sans Peur le protégé et l'homme
lige de l'héritier du meurtrier !

Dès les conférences de Calais, la duchesse Isabelle et
le chancelier firent de cette délivrance du duc d'Orléans
l'objet de nombreux pourparlers avec les ambassadeurs
anglais, et de duc d'Orléans fut même amené à Calais ;
mais le projet n'eut pas de résultat. On y revint
bientôt, et on fit proposer au duc d'Orléans un mariage
avec la princesse Marie de Clèves, nièce du duc de Bourgogne, et une alliance politique avec Philippe. Ces propositions furent accueillies avec empressement. Dès lors,
les pourparlers avec le gouvernement anglais se poursuivirent activement ; la duchesse de Bourgogne y mettait
un entrain tout féminin ; elle correspondait depuis Hesdin,
sa résidence, avec Rolin (2) « touchant l'appointement et
délivrance de monseigneur d'Orléans ».

Le conseil d'Angleterre était fort divisé à cet égard :
le duc de Glocester se fit l'écho d'une opposition violente à
cette libération, en soutenant notamment que, si les circonstances donnaient un jour au duc rendu à la liberté
la direction des affaires de France, le génie politique de
ce prince, et la connaissance des choses d'Angleterre,

(1) BEAUCOURT, *op. cit.*
(2) Arch. du Nord, B 1969, fol. 157 et 196 v°.

qu'un long séjour à Londres l'avait mis à même d'approfondir, constitueraient un véritable danger. L'avis contraire, défendu par le cardinal de Winchester, prévalut avec la pensée que le duc d'Orléans devait être l'intermédiaire indispensable d'une paix, devenue nécessaire, avec la France. Le duc d'Orléans dut payer quatre vingt mille écus avant de partir et promettre le versement dans six mois de cent vingt mille écus, sous la caution de princes dont le duc de Bourgogne faisait nécessairement partie.

Enfin, après que toutes les formalités nécessaires à l'élargissement du prisonnier eurent été remplies, Charles d'Orléans s'embarqua le 5 novembre pour Calais. Le 11, il était à Gravelines, où se trouvaient la duchesse Isabelle et les ambassadeurs de France : « Madame, dit le duc, vu ce que vous avez fait pour ma délivrance, je me rends votre prisonnier. » Philippe vint à son tour et mit à recevoir et à traiter celui vis-à-vis de qui il réparait si largement le mal fait par son père à la maison d'Orléans, la bonne grâce, en même temps que l'éclat fastueux que nul mieux que lui ne savait déployer en semblable occasion. Les deux princes avaient déjà échangé une correspondance au moment des conférences de Calais, où avait été conduit le duc d'Orléans. Charles était poète ; il écrivait à Philippe :

> Puisque je suis vostre voisin,
> En ce païs, presentement,
> Mon compaignon, frère et cousin,
> Je vous requier tres chierement
> Que de vostre gouvernement
> Et estait me faictes savoir
> . . . .
> Il n'est jour, ne soir, ne matin
> Que ne prie Dieu humblement
> Que la paix pringne telle fin

Que je puisse joyeusement
A mon désir prouchainement
Parler à vous et vous veoir

. . . .

Va ma balade prestement
A Saint-Omer, monstrant comment.
Tu vas pour moi ramentevoir
Au duc à qui suis loyaument
Et tout à son commandement
S'il en estoit à mon vouloir, (1)

Et plus tard, au moment de regagner l'Angleterre

Adieu vous dy presentement,
Tout Bourguignon suy vraiment
De cueur, de corps et de puissance.

A quoi Philippe qui, lui aussi, maniait la rime, répondait :

De cœur, de corps et de puissance,
Vous remercie tres humblement
De vostre bonne souvenance.

Lorsque les deux princes furent en présence, leur langage, pour être en prose, n'en fut que plus cordial ; le duc d'Orléans pouvait bien remercier Philippe : « Par ma foy, beau frère et beau cousin, je vous dois aimer par dessus tous les aultres princes de ce royaume, et ma belle cousine, vostre femme, car, si vous et elle ne fussiez, je fusse demeuré à tousjours mais ou dangier de mes adversaires, et n'ay trouvé nul meilleur ami que vous (2). » Philippe répondit « que moult lui pesoit que plus tôt n'y avait pu pourvoir, et que longtemps par avant avait eu grand désir de luy employer pour sa rédempcion (3) ».

Tous deux, avec leur cour, se rendirent ensuite à Saint-Omer, où le duc d'Orléans prêta serment au traité d'Arras,

---

(1) Poésies de Charles d'Orléans, édit. de 1842.
(2) Monstrelet, t. V.
(3) Ibid.

sous la réserve des articles relatifs à la mort de Jean
Sans Peur; il s'en tira du reste assez adroitement : « Je
ne suis tenu, dit-il, de m'excuser d'icelle mort, car, pour
mon âme, je n'en fus oncques consentant et je n'en ai
rien reçu; mais quand elle vint à ma connoissance j'en fus
tres desplaisant, ayant et considérant que, par le moyen de
la dite mort, le royaume de France était en plus grand
danger qu'auparavant (1). » On eut plus de peine à obtenir
le serment du bâtard d'Orléans : Dunois était, en effet, le
seul des enfants du duc Louis d'Orléans qui eût juré de
venger le meurtre de son père, et la mémoire de Jean Sans
Peur lui était odieuse. Il céda toutefois sur l'ordre formel
du duc Charles.

Puis on célébra les fiançailles du duc d'Orléans avec
Marie de Clèves à qui le duc de Bourgogne constituait
en dot cent mille salutz d'or, et on a vu que les questions
financières relatives à la rançon du duc et à son mariage
furent de celles pour ˋlesquelles Rolin n'obtint pas sans
peine des subsides des États bourguignons. Le mariage
fut célébré le 26 novembre, au milieu de fêtes magnifiques. Le duc d'Orléans accompagna ensuite son oncle
de Bourgogne dans les bonnes villes de Flandre; Philippe
tenait à l'éblouir par le spectacle de sa puissance; Gand et
Bruges firent à l'hôte de leur souverain une réception
splendide, et les princes signèrent à Bruges le 26 décembre
un traité d'alliance absolue.

Ainsi le but était atteint; on pouvait compter, le cas
échéant, sur la reconnaissance et sur l'appui en France
du premier prince du sang. On crut bon de l'attacher par
un autre lien.

En créant l'ordre de la Toison d'or, Philippe le Bon,

(1) MONSTRELET, t. V.

on l'a vu, avait eu la pensée de relier par une sorte de
franc-maçonnerie chevaleresque les princes de son temps,
et il distribuait cet ordre, très recherché dès son origine,
à ceux qu'il désirait plus particulièrement attacher à sa
cause. Le moment était donc bien choisi pour offrir cette
distinction au duc d'Orléans. Philippe tint à cet effet le
chapitre annuel de l'ordre : « le jeudi 1er décembre, ils
(les chevaliers de la Toison d'or) entrèrent en leur chapitre où ils furent très longuement pour eslire les chevaliers qui tiendroient les lieux et les colliers de ceux qui
étoient trépassés, auquel chapitre se assentirent tous d'un
commun accord d'en présenter un au duc d'Orléans, et,
pour savoir si c'étoit son bon plaisir de le recevoir (1) »,
on députa auprès de lui le chancelier Rolin, accompagné
de l'évêque de Tournai. Rolin fit connaître au duc le désir
du chapitre et du duc de Bourgogne ; Charles répondit
que « volontiers le recevrait pour l'honneur de son beau
frère et cousin Et briefvement après on vint en la grande
salle », où eut lieu la cérémonie de la réception. On décida
aussi, toujours dans ce même chapitre, d'envoyer le collier aux ducs de Bretagne et d'Alençon. Le duc d'Orléans
se sépara de Philippe à Gand, et, accompagné d'une
escorte brillante, partit avec sa jeune épouse pour cette
France qu'il n'avait pas vue depuis vingt-cinq-ans. Il alla
s'installer à Blois.

Cette année 1440 avait été laborieuse pour Rolin :
la longue série des troubles de Bourgogne, les préoccupations de la Praguerie, les négociations pour la délivrance du duc d'Orléans l'avaient remplie. Il fut, en
outre, chargé au cours de cette même année de représenter le duc de Bourgogne dans une solennelle occasion :

(1) MONSTRELET, t. V.

En 1440, écrit Courtépée (1), les États de Bourgogne accordèrent 4 800 livres pour les frais de l'ambassade que la province devait envoyer à l'assemblée générale convoquée par le roi à Bourges. Charles VII devait, en effet, y tenir une réunion plénière des États généraux pour y traiter des plus grandes questions, la paix avec l'Angleterre, la réforme de l'armée et enfin l'extinction du schisme qui, à ce moment, désolait l'Église. Le duc y envoya le chancelier, accompagné de deux membres du conseil, Guillaume Dubois et Philippe de Nanterre, et d'un secrétaire (2). Du reste, le chancelier n'eut pas à défendre les intérêts bourguignons; Charles VII, absorbé par sa lutte contre la Praguerie, semblait avoir oublié ses convocations et les députés restèrent à Bourges sans rien faire.

Au point de vue religieux, une assemblée du clergé de France, réunie à Bourges, écouta successivement les défenseurs du pape Eugène IV et ceux du concile de Bâle, qui avait donné la tiare à Amédée VIII, duc de Savoie, devenu antipape sous le nom de Félix V. Charles VII décida que le royaume de France resterait sous l'obédience d'Eugène, seul pape légitime, et sanctionna de nouveau la Pragmatique Sanction qui, depuis le 7 juillet 1438, réglait les rapports de la France et de l'Église. Le duc de Bourgogne et son ministre n'avaient aucun intérêt à ne pas adhérer à ces décisions.

Cependant Philippe le Bon, dont les territoires s'étaient singulièrement agrandis, dont les alliances avec les princes avaient affermi l'autorité prépondérante dans le royaume, poursuivait la politique adoptée par lui depuis son rapprochement intime avec les ducs d'Orléans, de Bretagne,

---

(1) T. I, p. 178.
(2) Rolin avait une escorte de huit chevaux, et reçut huit francs par jour de voyage. Bibl. nat., collection de Bourgogne, t. 51, p. 107.

d'Alençon, de Bourbon; politique qui consistait à opposer à la royauté en France la ligne féodale des grands feudataires, et à profiter des embarras que cette opposition pouvait créer au roi pour accroître ses possessions territoriales et dominer la France et l'Europe. « Dès maintenant, la lutte est entre Charles VII, d'une part, et, de l'autre, Philippe le Bon et sa femme Isabelle; lutte entre le roi et le duc, entre deux rois plutôt, et Philippe n'est pas le moins roi des deux (1). » C'est là, on doit l'ajouter, une politique personnelle au duc : car, s'il a, pour l'y pousser, tout l'élément aristocratique de sa cour, l'influence de la duchesse, mêlée directement à une foule de négociations; s'il a pour appui l'opinion des provinces bourguignonnes, toujours en lutte avec les réclamations fiscales des officiers du roi, il trouve une opposition sérieuse dans ses États du Nord, où les succès répétés de la cause royale font chaque jour triompher l'influence française, et permettent à Charles VII d'introduire des relations avec les villes flamandes, en dehors du duc et malgré lui.

Il n'est pas suivi dans cette voie par le chancelier, non seulement parce que celui-ci était, ainsi qu'on le prétendait, non d'ailleurs sans raison, l'obligé de Charles VII, mais parce que la clairvoyance de Rolin le mettait en défiance contre les agitations de cette haute noblesse, dont il méprisait l'esprit frivole; il connaissait la stérilité de nouvelles luttes sur un terrain dont on avait éprouvé le peu de solidité, et il jugeait que le meilleur moyen de s'assurer les avantages souhaités dans l'avenir n'était pas de s'allier aux brouillons de la Praguerie dans un moment où l'on n'avait rien à gagner à se mettre mal avec le roi. Il ne paraît pas que Rolin ait figuré, ou du moins qu'il ait

---

(1) MICHELET, *Histoire de France*, t. II, p. 311.

joué un rôle de quelque importance, dans l'assemblée,
sorte d'états de la haute noblesse, que les ligueurs tinrent
à Nevers au commencement de 1442, et qui, d'ailleurs,
tourna à leur confusion. On vit à cette réunion le duc et
la duchesse de Bourgogne, le duc et la duchesse de
Bourbon, le duc d'Alençon, les comtes de Nevers, d'Eu,
de Vendôme, de Montfort. Charles VII eut le très bon
esprit de ne pas considérer la réunion de ces états comme
un acte d'hostilité contre sa personne, et il envoya, pour
le représenter, son chancelier Regnault de Chartres et
Louis de Beaumont, seigneur de Valens.

Les princes ne s'attendaient pas à cette attitude et espé-
raient une lutte. Très décontenancés, ils prirent le parti
de rédiger un mémoire qu'ils envoyèrent au roi, et dans
lequel, après des critiques générales sur son gouvernement, chacun d'eux exposait ses griefs personnels : ceux
du duc de Bourgogne avaient trait au défaut d'observation du traité d'Arras, et on doit ajouter que sur ce point
ils ne manquaient pas de justesse : les seigneuries du
duc était ravagées, ses sujets ruinés par les gens du roi
qui vivaient sur ses terres et se livraient à tous les excès.
Le mémoire indiquait que le duc s'était abstenu jusqu'ici
de faire aucunes « sommations, requêtes et poursuites »,
et n'en faisait pas aujourd'hui, mais se réservait de
produire ses « humbles requêtes et supplications »,
comme aussi de poursuivre les réparations prévues au
traité, désirant toujours d'ailleurs « être et demeurer en
l'amour et bonne grâce du roi ».

Charles VII fit à ces doléances une réponse « singulièrement habile et d'autant plus accablante qu'elle était plus
douce et plus modérée (1) ». Il insinua, sans insister, que

_____

(1) MICHELET, *Hist. de France*, t. V, p. 236.

si le royaume était troublé et la misère grande, les actes des princes n'étaient pas sans y contribuer. Il promit de rétablir l'ordre et la discipline militaire. Puis, s'adressant à chacun des seigneurs, il s'offrit à rendre les bons offices auxquels chacun tenait en particulier, et ce fut le meilleur moyen de les diviser et d'apaiser leur humeur belliqueuse.

Pour le duc de Bourgogne, le roi affirmait qu'il avait, plus que personne, le désir et la volonté de respecter le traité d'Arras, et que, s'il n'avait pu encore mettre à exécution certaines de ses clauses, c'est parce qu'il était absorbé par les affaires du royaume ; mais il déclarait que sa bonne volonté vis-à-vis de Philippe ne pouvait faire de doute, et la meilleure preuve était d'avoir donné sa fille au comte de Charolais. Si des excès avaient été commis par des gens de guerre, c'était malgré les défenses réitérées du roi, et il en avait le plus grand déplaisir ; il avait d'ailleurs fait évacuer par le connétable les contrées occupées. Mais le roi n'a-t-il pas lui-même des griefs à présenter ? Les soldats du duc n'ont-ils pas commis les mêmes excès sur les terres de la couronne ? Ne pourrait-on opposer au duc le secours prêté par lui au comte de Vaudemont ? Le roi ne doit-il pas rappeler les attentats commis sur ses villes, ses officiers et leurs familles et demander qu'il en soit fait immédiatement réparation ? Dans ce mémoire, il était enfin clairement indiqué que, si le roi avait la preuve que les princes eussent quelque mauvais dessein contre lui, ou contre sa couronne, il marcherait contre eux, toutes affaires cessantes, et il ne les épargnerait pas plus que les Anglais (1).

Les princes avaient trouvé leur maître ; ils ne répondirent rien et ne pouvaient rien répondre. Ils se séparèrent

(1) MONSTRELET, t. V.

après s'être donné des fêtes. Mais ils n'eurent pas plus de
part qu'aupàravant au gouvernement du royaume; cette
croisade nobiliaire n'eut pas de lendemain.

Cependant une trêve, dite traité de Tours, fut signée
entre la France et l'Angleterre le 28 mai 1444, s'étendant
à toutes les possessions des hautes parties contractantes,
et devant durer jusqu'au 1er avril 1446. On fit coïncider
la conclusion de cette trêve avec les fiançailles de Marguerite d'Anjou, celle que les Anglais appelèrent plus
tard la grande Marguerite, et du roi d'Angleterre Henri VI,
représenté par le comte de Suffolk. Dès l'année 1443, la
duchesse Isabelle, au nom de son mari, avait conclu avec
l'Angleterre un traité politique, portant trêve entre les
deux souverains. Le traité avait été signé le 23 avril (1),
au mépris du traité d'Arras qui interdisait au duc de traiter
séparément avec les Anglais; trêves heureuses d'ailleurs,
accueillies avec enthousiasme dans toute la France, qui,
en peu de temps, rétablissant les communications, rendant
au commerce son essor, changèrent la face du pays (2).

Nous avons vu que les relations entre la France et la
Bourgogne continuaient à être très tendues; en 1444, on
crut à la guerre. Philippe le Bon avait eu un grand
déplaisir du mariage de Marguerite d'Anjou avec le roi
d'Angleterre; il avait désiré cette alliance pour le comte
de Nevers, et c'est la volonté expresse de Charles VII
qui y avait mis obstacle. De plus, son amour-propre avait
été froissé de l'accord intervenu à Tours entre la France
et l'Angleterre; ses ambassadeurs sans doute y avaient
figuré, mais relégués au second rang; ce n'était plus le
temps du congrès d'Arras et le moment où le duc jouait
le rôle d'arbitre.

(1) RYMER, t. V.
(2) THOMAS BASIN, t. I, p. 161-62.

Il avait d'autres griefs plus sérieux : les bandes de routiers dévastaient encore la Bourgogne, et le duc apprenait avec irritation qu'ils commettaient leurs ravages, soit dans le Mâconnais et le Charolais, soit au nord, en Picardie, en Hainaut et dans le Luxembourg ; c'était une sorte d'invasion. Puis, on l'a vu, l'armée du dauphin, se rendant en Suisse, commettait les plus horribles attentats sur les frontières du comté de Bourgogne, et ses déprédations avaient un caractère marqué de la plus outrageante hostilité contre Philippe ; on abattait et on foulait aux pieds ses bannières ; ses gens étaient injuriés : « Traîtres, chiens de Bourguignons, leur disait-on, où est-il votre duc de Bourgogne? Il dort. Vous cuidez donc qu'il n'y eût plus personne en France (1). » Les paysans étaient roués de coups, et ainsi apostrophés : « Traître, chien de Bourguignon... va quérir ton duc de Bourgogne, qu'il te vienne revengier (2). »

A ces nouvelles, la fureur de Philippe fut extrême ; il mit son armée sur le pied de guerre et les hostilités semblaient près de recommencer. Charles VII comprit qu'il fallait coûte que coûte arriver à un accord. Il envoya une ambassade au duc à Bruxelles, où fut tenue une conférence de trois semaines, dans laquelle la chancellerie bourguignonne mit sur le tapis non seulement la question des désordres des gens de guerre, mais toute la série des autres difficultés pendantes depuis les dernières années. Tout ne fut pas réglé, mais l'ambassadeur de France, Pierre de Brézé, reçut du chancelier un mémoire où étaient exposés les points multiples du désaccord, pour qu'ils fussent mis sous les yeux du roi. Un autre mémoire fut rédigé par le conseil de Dijon, et Philippe fit dresser

(1) Tuetey, op. cit., t. II.
(2) Ibid.

l'énumération de ses plaintes, qui ne contenaient pas moins de trente-deux articles. On donna ordre, en outre, de faire des enquêtes très exactes sur tous les désordres commis par les gens du roi en Franche-Comté. De son côté, le conseil du roi de France prépara ses réponses, et une nouvelle conférence, dans laquelle toutes ces questions devaient être examinées, fut décidée.

Cette conférence, qui devait se tenir à Reims, s'ouvrit en effet dans cette ville en mars 1445, et se continua au mois de mai à Châlons, où venait d'arriver Charles VII, avec toute sa cour, et où l'avait rejoint la duchesse Isabelle. C'est là que fut définitivement réglée, on l'a vu, la question du paiement de la rançon de René d'Anjou. En ce qui concernait les difficultés pendantes entre les deux cours, le chancelier avait armé l'ambassade bourguignonne, dont les chefs étaient Pierre de Beauffremont, seigneur de Charny, et Étienne Armenier, président du conseil de Dijon, de toutes les pièces nécessaires pour défendre leur cause. Il avait fait dresser un état des « lettres, titres et autres renseignements » qui devaient servir aux ambassadeurs; il mit à la rédaction de ces documents son activité et sa précision d'esprit ordinaires. La liste des réclamations était longue; en dehors de la série des réparations des dégâts commis par les gens de guerre, il y avait la question de la punition des meurtriers du duc Jean, toujours attendue; celle des fondations de Montereau, jamais exécutées; celle des entreprises des officiers royaux dans le duché, etc.

La principale difficulté qui fut réglée à Chalon fut celle qui avait trait aux affaires de René d'Anjou, sur laquelle nous n'avons pas à revenir; on peut dire que, par sa gravité, elle absorba toutes les autres, qui furent remises à une autre époque. Pourtant Charles VII, en ce

qui concerne les fondations de Montereau, prétendit qu'au
moment du mariage de sa fille avec le comte de Charolais il lui avait été dit, par le duc de Bourbon et le comte
de Vendôme, que le duc de Bourgogne passait condamnation sur cet article du traité d'Arras, et déclara s'en rapporter aux affirmations des deux princes; la duchesse de
Bourgogne affirma qu'elle ignorait complètement cet
abandon fait par son mari, à qui elle transmettrait la
réponse du roi. Isabelle et Charles VII signèrent un traité
dont le seul avantage pour le duc était la remise des
places de Montbéliard, de Clermont en Argonne et de
Neufchâteau. Philippe ratifia ce traité, qui était loin de
lui donner satisfaction et qui, tout en évitant la guerre
qu'on avait pu redouter, laissait subsister bien des causes
du conflit.

Son orgueil était d'ailleurs froissé. On contesta au conseil du roi le titre de *duc par la grâce de Dieu* que prenait
Philippe, et il fut déclaré par le procureur général Jean
Dauvert, en présence de l'ambassadeur Pierre de Beauffremont, que les lettres où était inscrit ce titre ne seraient
reçues que sous la réserve des droits du roi. La chancellerie de Bourgogne répondit à cette prétention, et on
envoya des ambassadeurs à la cour de France pour
exprimer l'étonnement du duc de voir discuter un titre
qu'il portait depuis le traité d'Arras. Il ne contestait pas
tenir du roi le duché de Bourgogne, non plus que son
droit de souverain dans ledit duché, sauf l'exemption de
l'hommage que le traité d'Arras lui avait personnellement
accordée. Mais s'il conservait le titre de duc de Bourgogne
pour sauvegarder la prééminence de la couronne de
France, dont nul plus que lui n'était jaloux, il avait, en
prenant possession du Brabant, du Limbourg, du Hainaut, de la Hollande et de la Zélande, gardé le titre que

portaient avant lui ses prédécesseurs dans ces États. Les instructions des ambassadeurs tendaient à conclure à la mise à néant de la protestation du procureur général. Ces remontrances de la chancellerie bourguignonne furent remises au chancelier de France. On verra comment cette difficulté se représenta et fut réglée à l' « appointement » de Paris en 1447.

Un autre affront était réservé au duc de Bourgogne à la fin de la même année. Chastellain en présente le récit bien curieux, et tel qu'il sait les donner avec tant d'esprit et de bonhomie. Le 11 décembre 1445, Philippe le Bon présidait le chapitre de la Toison d'or, en grande pompe, en présence du duc d'Orléans et de toute sa noblesse; on y nomma chevaliers de l'ordre le roi d'Aragon et de hautes notabilités seigneuriales. Les fêtes qui accompagnèrent cette réunion durèrent trois jours. Le chroniqueur décrit (1) la pompe de l'une d'elles.

Le duc était entouré de toute sa cour « en salle, non d'un duc, par semblant, mais d'un empereur ». Devant lui se tenaient deux sergents d'armes portant des masses, avec les armoiries de France et de Bourgogne; dans la salle du banquet, les deux Croy, Beauffremont, Hugues de Lannoy, le bâtard de Saint-Pol, Créquy, Ternant, portant au cou le collier de la Toison d'or, revêtus de manteaux brodés d'or dans « la gloire et solennité de leur estat ». A ce moment se glissa dans la salle un homme très modestement vêtu qui, un papier à la main, vint « bien honnestement » s'agenouiller devant le duc. C'était un huissier du parlement de Paris qui « tout délibéré, et avec l'intention d'esvergonder la compagnie », présentait, au nom d'un chef d'écorcheurs, nommé Dimanche de Court,

_____

(1) T. VI, p. 289.

un exploit ajournant le duc à comparaître en personne devant le parlement. C'était, remarque Chastellain, comme s'il eût dit au prince : voici le fouet de votre orgueil « qui vous vient corriger droit cy et pincer et vous monstrer ce que vous estes ». La fureur de Philippe fut extrême : il se plaignit à Charles VII de cet ajournement fait par un des sujets du roi, au mépris du traité d'Arras et se promit bien d'en tirer vengeance (1).

Toutes les causes de conflit entre les deux puissances étaient donc loin d'avoir disparu. On doit avouer que les circonstances donnaient raison à l'orgueil de Philippe : la puissance bourguignonne avait pris en effet une extension démesurée; les annexions successives faites à son empire, celles qu'il pouvait encore méditer, étaient bien de nature à lui inspirer une confiance illimitée et, par le même motif, à conseiller au roi de France de chercher partout les moyens de combattre son influence et ses velléités d'agrandissement. C'est surtout en Allemagne que ce moyen devait se trouver; Philippe le Bon devenait de moins en moins prince français; en France, il n'avait qu'un tiers de ses domaines, ses acquisitions faisaient de lui un feudataire de l'empire; son rêve, plus ou moins dissimulé, était d'arriver à fonder un royaume indépendant. Mais, à cette date de son règne, son intérêt était surtout de chercher des alliances en Allemagne avec les princes électeurs et avec l'empereur, et c'est sur ce terrain que Charles VII, qui avait de cette situation une intuition fort nette et très juste, chercha à se placer et réussit à contre-carrer les projets de son ambitieux rival.

Il intervint d'abord, de 1444 à 1447, dans une querelle fort grave et qui émut toute l'Allemagne, entre le duc de

(1) V. p. 82, le récit d'une autre assignation donnée à Philippe le Bon.

Clèves, beau-frère de Philippe le Bon, et l'archevêque de Cologne. La plupart des princes allemands avaient pris le parti de l'archevêque, tandis que la chevalerie bourguignonne se mit au service du duc de Clèves; Charles VII fut amené naturellement par sa politique à s'allier avec l'archevêque : il offrit d'abord « charitablement et amicalement » son intervention au duc; puis, voyant que ses paroles n'étaient pas écoutées, il prêta son assistance à l'archevêque et mit à sa disposition un corps d'armée. La lutte contre les deux princes ne se termina qu'en 1449.

Dans le même temps, Philippe le Bon recherchait l'alliance de l'empereur Frédéric III qui, n'ayant pas encore été couronné par le pape, ne prenait que le titre de roi des Romains. Il avait déjà eu avec ce prince, en 1442, une entrevue à Besançon; Rolin accompagnait le duc dans ce voyage. On s'y occupa des affaires du Luxembourg, sur lesquelles nous aurons à revenir, et on obtint la renonciation des droits de l'Empire sur la Hollande, la Zélande et le Brabant (1).

Frédéric était de la maison d'Autriche, ancienne alliée de la France, et il ne semblait pas facile de modifier la politique impériale qui, depuis l'empereur Sigismond, s'était effrayée des agrandissements du duc de Bourgogne et avait lutté contre lui. Mais les traités que Charles VII avait conclus en 1445 avec les princes allemands modifièrent ces tendances et opérèrent un rapprochement entre Philippe èt l'empereur : celui-ci, prince mou et sans valeur, remit le soin de ces négociations à son frère, le duc Albert d'Autriche, homme de grande résolution et très supérieur à Frédéric. Des négociations avec la chancellerie hour-

---

(1) Olivier de la Marche, t. I, p. 279.

guignonne furent entamées dès 1446, par l'intermédiaire du duc Albert. Celui-ci envoya à Bruxelles, au mois de février 1447, comme ambassadeur, Guillaume de Hochberg, margrave de Roteln, chargé de régler la question de l'investiture des fiefs que Philippe devait tenir comme fiefs de l'empire, et celle de l'alliance avec la maison d'Autriche, sur les bases d'un mariage.

Rolin déclara à l'ambassadeur que le duc était prêt à remplir les devoirs que lui conférerait l'investiture, si le duc Albert avait, à cet effet, les pleins pouvoirs de l'empereur, et que, si cette question était réglée, il était disposé à entrer en pourparlers sur les autres points. Ces négociations, que le chancelier était chargé de diriger, avec le concours de l'évêque de Tournai, du maréchal de Bourgogne et du sire de Montargis, présentaient de graves difficultés ; Rolin n'était pas d'accord avec le représentant des princes autrichiens sur le nombre des fiefs désignés par ceux-ci comme devant recevoir l'investiture, et il n'acceptait pas la formule des lettres préparées par la chancellerie impériale pour l'hommage à prêter à l'empereur ; il se refusait en outre à un service quelconque à rendre à l'Empire du fait de ces fiefs. Enfin, le mariage projeté, et qui devait unir le duc Albert avec la fille du duc de Gueldre, n'avait pas de chance d'aboutir, en raison de l'insuffisance de la dot de la princesse. Les questions les plus importantes pour le duc furent cependant résolues à son avantage par le chancelier : on tomba d'accord sur celles des possessions ducales qui devaient être tenues en fief et sur l'investiture, et un traité, signé à Bruges le 18 mai 1447, mit fin à la négociation par une alliance conclue sur ces bases entre Philippe et le duc Albert. C'était là un très important résultat.

Il était cependant insuffisant pour l'ambition de Philippe le Bon; une couronne royale était le rêve du duc de Bourgogne, qui voulait réunir ses États du Nord en un royaume indépendant, « ainsi et par la manière que le roy Lothaire, fils de l'empereur Charles le Grant, tenoit son royaume qu'il eut par partage avec ses frères, enfaus dudit empereur Charles », et c'est cette couronne qu'il demandait à l'empereur de lui donner.

On doit observer qu'ambition de prince à part, la pensée était sage : créer un état uni et indépendant, sorte de tampon entre la France et l'Allemagne; assembler sous un seul gouvernement, sans relation de suzeraineté avec ses deux puissants voisins, des peuples d'origine, d'institutions et de langage complètement différents de ceux-ci, c'était assurer à l'équilibre européen un élément sérieux de stabilité, en même temps que donner au nouveau royaume des conditions de prospérité et de liberté politique, toujours plus faciles à assurer dans les petits États que dans les grands. A cet égard, la création des royaumes de Belgique et de Hollande, en réalisant, dans la période moderne, l'idée émise au quinzième siècle a rempli ce programme et réalisé ces espérances

Mais les désirs de Philippe le Bon ne devaient pas être satisfaits et il demeura le « grand duc d'Occident ». Le duc ne présenta que timidement, on doit l'avouer, sa demande qui, malgré la puissance du solliciteur, était excessive pour l'époque, puisqu'il s'agissait de soustraire un feudataire aux devoirs et aux liens de la suzeraineté. Il n'envoya à Vienne qu'un très obscur ambassadeur, un simple secrétaire, avec ses instructions relatives à un double mariage projeté, l'un, celui de son fils, le comte de Charolais, veuf de Catherine de France, avec une sœur de Ladislas, roi de Hongrie; l'autre, celui d'une nièce de la duchesse Isabelle, avec Ladislas, et d'autre part à la fameuse question du royaume et de son « intitulation ».

Cette partie du programme était la plus importante pour Philippe ; mais, comme « honte serait d'être refusé en tel cas », il n'en avait pas chargé ses ambassadeurs ordinaires, estimant que, si un envoyé sans qualité officielle ne réussissait pas, on en serait quitte pour le désavouer. L'empereur ne refusa pas le titre de roi, mais il n'offrit qu'une royauté de second ordre, un petit royaume de Brabant, *extollereque eum in regem Brabancie*, et encore sous des conditions restrictives importantes. On était loin du royaume de Lotharingie. Philippe comprit, et l'affaire en resta là.

Cependant, les relations directes de la France et de la Bourgogne continuaient à donner lieu à des difficultés nombreuses et à des réclamations sans cesse renouvelées : les griefs du duc au sujet des empiétements croissants des officiers royaux déterminèrent en 1447 le chancelier à envoyer au roi, par l'intermédiaire de trois ambassadeurs, des plaintes, conçues d'ailleurs dans les termes les plus modérés. Puis, en mai 1448, après l'échec des prétentions de Philippe à la royauté, il fut décidé avec le chancelier qu'une conférence aurait lieu à Paris. Cette réunion fort importante s'ouvrit le 1er octobre. C'est Rolin qui fut chargé de défendre les intérêts du duc ; il était accompagné des personnages les plus marquants de la cour ducale, l'évêque de Tournai, le président Armenier, Jean de Croy, seigneur de Chimay, etc. Charles VII avait envoyé pour le représenter le comte de Dunois, Jean Jouvenel des Ursins, évêque de Laon, le procureur général Jean Dauvet.

Voici, d'après le document cité en note, sous le nom d' « appointements (1) », quelles furent les décisions

(1) Appointements faits à Paris avec les ambassadeurs du Roy et ceux du duc de Bourgogne. (Bibl. nat., collection de Bourgogne,

données à chacune des « doléances présentées par Rolin :

1º Punition de Tanguy du Chastel, conformément au traité d'Arras ; 2º fondations et constructions imposées par le même traité ; 3º payement de cinquante mille écus représentant le prix des joyaux de Jean Sans Peur. — Sur ces trois points, les ambassadeurs du roi se retranchèrent sur un manque d'instructions et promirent d'en référer à leur gouvernement.

4º Désordres commis par les gens de guerre des deux parties. — On convint d'une abolition générale pour tous les excès commis depuis le traité d'Arras, sauf les cas de viol et d'incendie.

5º Procès de Dimanche de Court contre les chevaliers et écuyers picards, sujets du duc. — Le roi donnera abolition pour tous ceux poursuivis à ce propos et interdira toute poursuite.

6º Abolition demandée par le seigneur d'Aumont. — Elle lui sera donnée par le roi.

7º Lettres de marque obtenue par Alabre de Suze et excès commis par lui en vertu de ces lettres. — Alabre sera appelé à Paris et un appointement sera pris par les ambassadeurs du duc à ce sujet.

8º Lettre de défi de Joachin Rouault au maréchal de Bourgogne. — Défense sera faite à Rouault d'y donner suite.

9º Affaire d'Évrard de la Marck, qui vint à la cour, sous prétexte d'un procès pendant entre lui et Xaintrailles et Pierre Regnault. — Le procès sera porté par le connétable devant la table de marbre du palais, et déclaration sera faite à Evrard que le roi n'entend nullement le soutenir contre le duc.

t. 95, fol. 1038 et s. Nous avons suivi l'analyse donné par Beaucourt (*op. cit.*, t. IV).

10° Serment exigé des francs-archers et levée d'hommes d'armes appartenant aux pays du duc, contrairement au traité. Les vassaux et sujets du duc et de ses serviteurs ne seront point tenus de fournir des hommes; les arrière-vassaux, sujets du roi, seront seul tenus d'en fournir, sauf le service qu'ils doivent à leur seigneur.

11° Différend relatif aux terres des bailliages de Mâcon et Saint-Gengoux. — Des commissaires seront nommés pour examiner la question et la trancher d'un commun accord.

12° Différend relatif à d'autres terres du Forez, de la baronnie de Beaujeu. — On procédera de la même façon, en appelant le représentant du duc de Bourbon et des autres intéressés.

13° Différend relatif à des villages de la châtellenie de Châteauneuf et du bailliage de Mâcon, dont on veut les distraire pour les faire ressortir à Lyon. — Même procédure, et le lieutenant du sénéchal de Lyon sera, après enquête, autorisé, s'il y a lieu, à laisser provisoirement la jouissance de ces biens au duc.

14° Contestation relative au titre de bailli de Mâcon, pris par le sénéchal de Lyon. — La question sera portée devant le roi, qui la réglera à la satisfaction du duc.

15° Nomination de commissaires royaux sur le fait des péages au bailliage de Mâcon. — Information sera faite, sur la demande du duc, par le bailli royal de Mâcon, relativement aux péages nouvellement établis et aux abus qui auraient pu s'introduire.

16° Dixième sur l'épicerie et la droguerie, levé au bailliage de Mâcon et en Bourgogne. — Après avoir entendu l'argentier du roi, on décide qu'on cessera de lever cette imposition.

17° Sel et gabelle du sel à Mâcon et en Mâconnais. —

Nomination de deux commissaires pour chacune des parties pour le règlement de ces affaires.

18° Grenier à sel de Marigny. — Question remise à la décision des commissaires, et, jusque-là, le duc conservera la jouissance.

19° Enclaves dans le duché de Bourgogne, le comté d'Auxerre, etc. — Examen par des commissaires, avec injonction de statuer le plus rapidement possible ; le profit des terres en litige sera perçu, en attendant, par deux personnes nommées par le duc, sur la proposition du roi, l'une dans la marche de l'Auxerrois, l'autre dans l'élection de Langres.

20° Limites du royaume et du comté de Bourgogne. — Examen à faire par des commissaires ; en attendant, les choses resteront en l'état.

21° Attentats au sujet des limites et des enclaves. — es commissaires statueront.

22° Empiètement à Ussy-l'Évêque. — Même décision ; la jouissance restera provisoirement au duc.

23° Exploits faits à Nogent par les élus de Tonnerre. — Ordre leur sera donné de les mettre à néant et de s'en départir à l'avenir.

24° Villes et villages du comté d'Auxerre que le bailli de Tonnerre veut en distraire pour en appliquer les profits au roi. — Ce qui dépend du comté sera restitué.

25° Prétention des grenetiers de Joigny, Saint-Florentin, Tonnerre et Vézelay sur des villes et des villages du comté d'Auxerre. — Les habitants du comté prendront leur sel au grenier d'Auxerre ; ceux qui ne résident pas dans les lieux transportés au duc pourront s'adresser aux greniers les plus voisins.

26° Condamnation à une amende du procureur du duc à Auxerre. — Elle sera annulée.

27° Ajournement donné aux habitants de Saint-Bris, Collonges, etc. — Ils seront hors de procès.

28° Empêchements donnés par des officiers royaux, au bailliage de Sens, à l'entérinement des lettres de grâce et de rémission du roi. — Si des empêchements de ce genre ont été donnés, ils seront annulés.

29° Commission donnée au prévot de Villeneuve-le-Roi pour appréhender des gens auxquels le duc avait fait grâce. — Si elle a été donnée, elle sera révoquée.

30° Commission sur le fait de nouveaux acquets. — Elle sera révoquée.

31° à 35° Série de menus griefs auxquels satisfaction est donnée.

36° Causes et procès des sujets du duc évoqués au parlement ou devant les baillis royaux. — Le roi entend donner prochainement bon ordre au fait de sa justice; une grande assemblée sera convoquée à Paris; le duc de Bourgogne sera invité à s'y faire représenter; en attendant, le roi donnera ordre de surseoir aux causes concernant les sujets du duc, et de ne pas donner de lettres d'évocation.

37° Refus de donner des lettres de relèvement d'appel. — Ordre sera donné de les délivrer, de façon à ce que les sujets du duc n'aient plus lieu de se plaindre.

38° Évocations particulières faites au parlement. — On en fera le renvoi aussitôt après la rentrée de la cour.

39° Amendes et appellations procédant de pays cédés au duc, que le roi veut appliquer à son profit. — Elles proviennent du report que le roi s'est réservé.

40° Affaire de Cruzy, Luynes et Gruselles, mises en la main du roi. — Provision sera donnée au duc au prochain parlement.

41° Appel venant des pays et lois de Flandre. Le roi

désignera deux conseillers, auxquels toutes les pièces seront communiquées, et qui régleront la question avec deux commissaires du duc, après enquête faite en Flandre. En attendant, ordre sera donné de surseoir à la réception des appels et à toutes les causes concernant les marchands étrangers, et l'on maintiendra l'exécution des lettres de surséance pendant neuf ans, relativement aux appels des quatre principales lois de Flandre.

42° Difficulté au sujet de ces lettres de surséance. — Même décision.

43° Évocation des causes introduites en la chambre et devant les lois de Flandre, et « autres nouvelletés ». — Même décision.

44° Répits à cinq ans et à un an donnés par le roi aux sujets du duc. — Même décision.

45° Prisonniers de la châtellenie de Courtrai détenus dans les prisons du roi. — Décision à prendre par les commissaires des parties.

46° Imposition foraine mise à Tournus sur les blés portés à Gand. — L'exécution des mandements royaux cessera et les mandements seront réputés non avenus.

47° Imposition foraine mise en plusieurs lieux en deça de la rivière de Somme. Elle sera suspendue à titre de provision; les gens du duc devront pareillement suspendre la levée de l'imposition foraine à Bar-sur-Seine.

48° Titre de bailli d'Amiens, donné au nouveau bailli nommé par le roi. — Il s'intitulera désormais bailli d'Amiens.

49° Aides levées à Pecquigny sur Somme. — Ordre sera donné d'y surseoir jusqu'à ce qu'autrement soit ordonné.

50° Aides de Ham et Bohain; empêchements donnés au duc. — Le duc jouira provisoirement des aides de Ham, et le roi de celles de Bohain.

51° Prétention du seigneur de Mauny, maître des eaux et forêts, d'étendre sa juridiction en Ponthieu. — L'affaire est pendante devant le parlement, à cause de la contestation relative audit office entre le seigneur de Mauny et le seigneur d'Auxy; toutefois le seigneur d'Auxy jouira dès maintenant dudit office en ce qui concerne les terres transportées au duc.

52° Pilleries des Anglais à Crotoy. — Il en sera parlé à la journée qui doit se tenir à Louviers avec les commissaires du roi d'Angleterre; et, si le duc veut y envoyer ses gens, ils seront reçus comme ceux du roi.

53° Titre *par la grâce de Dieu.* Le duc baillera ses lettres patentes dans lesquelles, après avoir exposé « comment, après les segneuries des duchés de Lothier, Brabant et Limbourg à lui échues, il eut en toutes ses lettres patentes au commencement de son titre fait mettre ces mots : *Par la grâce de Dieu;* en conclusion, il confessera que, par ce qu'il n'a entendu ni entendre voulu, avoir ou prétendre, aux pays et seigneuries qu'il y a et tient en ce royaulme, aucun plus grand droit qu'il y avait auparavant lesdites seigneuries à lui échues et que ses prédécesseurs y avaient et povaient avoir à prétendre; et congnoistre ce, non obstant le roi estre son souverain seigneur au regard des terres et seigneuries qu'il a et tient en son royaume, sauf et réservé à lui son exception à sa vie, selon le contenu au traité de la paix faite entre le roi et lui. Et moyennant ce, le roi est sera content que les diz mots *par la grâce de Dieu* soient et demeurent au titre de mondit seigneur de Bourgoyne, ainsi et par la manière qu'il les y a fait mettre et escrire, et de ce bâillera ses lettres patentes et qu'elles seront incorporées et transcrites les lettres de monseigneur de Bourgoyne. »

54° Les quatre mille livres de rente sur la recette de

Normandie. — Les ambassadeurs du duc ayant dit que le roi avait donné à cet égard des lettres de provision à la duchesse de Bourgogne, à laquelle le duc a abandonné cette rente, les lettres seront produites et provision sera ensuite donnée.

55° Les trois cents livres de rente sur la recette de Meaux. — Les comptes de la ville de Meaux seront examinés pour voir comment la rente a été constituée, et provision sera donnée, ainsi qu'il appartiendra.

56° Débat au sujet de lettres d'octroi des prédécesseurs du duc à certaines villes. — Il en sera fait comme au temps du duc Philippe, aïeul du duc.

57° Droit exigé par l'audiencier de la chancellerie. — On veillera à ce que ce droit ne dépasse pas le taux habituel.

58° Vexation dont le duc est l'objet de la part des gens qui se disent étudiants en l'université de Paris. — Le roi y pourvoira au bien de tout son royaume.

59° Mainmise du roi sur le comté d'Étampes et la seigneurie de Dourdan. — Pour Étampes, on a agi en vertu d'une décision du parlement; pour Dourdan, la requête sera transmise au roi.

60° Restitution du comté de Gien. — Il en sera délibéré à la réunion que le roi doit tenir à Paris sur le fait de la justice, sur le vu des pièces que le duc et son neveu enverront.

61° Restitution de trente-deux mille écus au comte d'Etampes. — Renvoyé à la réunion susdite.

62° Francs-archers dans les châtellenies de Péronne, Montdidier et Roye. — On ne fera aucune levée dans les terres cédées au duc.

63° Prétention des grénetiers de Beauvais et Noyon sur certains villages desdites châtellenies. — Elles seront réprimées.

64° Exécutions faites par le bailli de Chaumont en la terre d'Arc en Barrois. — Elles ont été faites par l'autorité du parlement, devant lequel le duc fera porter l'affaire.

65° Villages du Vimeu, au nombre de cent seize, imposés aux tailles et appatis. — Ils en seront tenus quittes et déchargés.

66° Appatis en Ponthieu réglés à Châlons avec la duchesse de Bourgogne. — Information en sera faite.

67° Tailles et appatis levés dans les trois châtellenies. — Même décision.

Les ambassadeurs de Charles VII transmirent au roi les conventions ainsi arrêtées avec le chancelier Rolin et l'ambassade bourguignonne. Le roi les ratifia par lettres patentes du 28 janvier 1448 (1), sauf les trois points réservés, pour lesquels il se borna à répondre « qu'il avait bon vouloir et intention de faire tout ce qu'il appartiendrait par raison et le plus tôt que bonnement faire se pourrait ». Le chancelier envoya Pierre de Goux et deux autres conseillers, d'abord à Louviers, aux conférences qui s'y tinrent avec les envoyés du roi d'Angleterre ; puis à Tours, auprès du roi, pour obtenir plus de précision dans sa réponse (2). Mais ils ne purent y réussir, et le duc dut se contenter des satisfactions, d'ailleurs très nombreuses, que lui avait obtenues la diplomatie de son ministre et qu'avait facilitées le désir de Charles VII de rétablir l'accord avec la Bourgogne au moment où, d'après ses prévisions, allait commencer une campagne décisive contre les Anglais.

Du reste, une détente complète se produisit entre les deux cours ; on en trouve l'écho dans ce qu'écrit Chastel-

(1) Conservées dans un cartulaire de Bruges.
(2) Chambre des comptes de Lille. Recette générale des finances. Comptes de l'année 1449, art. B 2002.

lain, le chroniqueur autorisé de la cour de Bourgogne :
« En 1448, un grand conseil fut tenu sur toutes les matières
difficiles et litigieuses qui pouvoient exister entre le roi
de France et le duc de Bourgogne touchant enclavements
de terres, exploits d'affaires, hauteurs et seigneuries,
dont, de tous temps anciens, les ancêtres du duc, comtes
de Flandre et duc de Brabant, devoient user, jouir et
posséder seigneurieusement; il décida en avantage· et
paisible fruition du duc et, par l'accord des deux parties
fut déterminé et décidé du droit et de l'intérêt de chacun
et imposé fin et silence à toujours à chacun; cet accord
fut fait par la réunion du conseil du roi, où se trouvaient
le comte de Dunois et le chancelier de France, et celui
du duc où assistaient le chancelier de Bourgogne, Nicolas
Rolin et le sire Jehan de Croy (1). »

Charles VII était libre de tout embarras avec la Bourgogne; il avait profité de la trève de 1444 avec l'Angleterre pour réunir et former une armée régulière. A l'ex-
piration de la trêve, les opérations militaires reprirent : en
un an, les Anglais, battus à Formigny, perdaient la Normandie (1449-1450). Puis venait le tour de la Guyenne :
la victoire de Castillon (17 juillet 1453) ouvrait les portes
de Bordeaux qui se livra à Dunois le 19 octobre. C'en
était fait à toujours de la domination anglaise; Calais
seul restait à Henri VI. Enfin le 7 juillet 1456, la réhabi-
litation de Jeanne d'Arc fut solennellement prononcée. La
guerre de Cent Ans était définitivement terminée.

· (1) T. IV, p. 421.

CHAPITRE X

Nous devons suivre maintenant l'action de Rolin dans le gouvernement des Flandres et des autres États du Nord, et dans les difficultés créées soit par les annexions nouvelles, soit par les troubles qui, pendant plusieurs années, agitèrent ces provinces. On peut affirmer que le règne de Philippe le Bon fut une longue lutte contre les communes des Pays-Bas ; les princes bourguignons, il faut l'avouer, étaient arrivés dans leurs souverainetés du Nord imbus d'idées complètement opposées aux traditions et aux intérêts nationaux de ces États. Philippe le Hardi et son fils ne connaissaient pas la langue du pays, et bien que Philippe le Bon, élevé en Flandre, parlât le flamand, cette langue était réputée barbare à sa cour, et le français seul était employé dans son entourage et dans ses relations politiques avec ses sujets. C'est en français que

fut lue aux gens de Bruges et plus tard à ceux de Gand la
dure sentence imposée aux députés des villes soumises (1).
Philippe le Bon cependant avait admis, à son avènement,
l'emploi du flamand en matière administrative et judiciaire ; mais ce privilège fut très loin d'être observé dans
les procédures suivies devant les conseils des Pays-Bas.
Le but du gouvernement ducal, au milieu de l'agrégation
d'États hétérogènes sur lesquels il devait exercer sa souveraineté, était de fonder l'unité du pouvoir et d'exercer
une action centralisatrice sur ces États, tâche difficile
puisque son autorité sur chacun d'eux reposait sur un
titre distinct et s'exerçait par des procédés différents. Ils
n'avaient ni les mêmes lois, ni les mêmes coutumes, ni
la même histoire nationale (2). Aussi toute tentative de
concentration politique devait soulever une vive opposition dans des populations présentant de telles dissem-
blances (3).

Les conflits nés de ces résistances étaient inévitables,
entre des communes riches, habituées par le gouvernement de leurs anciens princes à une indépendance relative et au respect de leurs franchises, et un pouvoir qui
leur imposait brutalement des changements de magistrats
au gré du duc, des amendes, des réprimandes à ceux qui
formulaient des plaintes, des règlements restrictifs aux
métiers, l'affaiblissement des juridictions communales au
profit des conseils supérieurs (4). Suivant l'expression du
héraut Berry, ces « grands mangeurs de chairs, de pois-

---

(1) KERVYN, *Hist. de Flandre*, t. IV. PIRENNE, *op. cit.*, t. II, intitulé : *Le mouvement intellectuel au seizième siècle dans les Pays-Bas.*
(2) *Histoire de Charles le Téméraire*, FORSTER KERK, trad. de Flor
O'Squar, t. I.
(3) FRÉDÉRICH, *Essai sur le rôle politique des ducs de Bourgogne dans
les Pays-Bas*, 1875.
(4) POULLET, *Histoire de la joyeuse entrée de Brabant*, p. 148.

son, de lait et de beurre » des villes flamandes étaient
« gens périlleux ». Les manières hautaines de Philippe,
le luxe et la corruption de sa cour, où tout se vendait
pour de l'argent, le désordre des mœurs du prince et de
ses familiers, n'étaient pas de nature à concilier au gouvernement ducal les sympathies et le dévouement des
bourgeois de Flandre. Leurs souverains ne les avaient
pas habitués à ces formules absolues, importées de France,
et que Philippe le Bon introduisit le premier en Flandre :
« car ainsi nous plaît-il et le voulons estre faict », ou
encore, « ainsi nous plaît malgré certains privilèges », ou
encore dans la sentence de pardon à Bruges, « jaçoit que
ayans bien, selon les haultes et nobles seigneuries que
notre benoist créateur nous à octroyées en ce monde,
la puissance et faculté, si eussions voulu, de réduire par
main armée lesdits de Bruges en notre subjection et
obéissance et les détruire et mettre à toute misère et
povreté » (1).

La noblesse, vis-à-vis de qui Philippe était généreux à
l'excès, vendait souvent fort cher les faveurs du duc,
accaparées par elle : « Ne scais, écrivait Chastellain, quels
officiers affamés qui estoient autour du duc engloutis-
soient tout. » Il est triste de voir les plus grands personnages, comme les Croy, ou les grands politiques, comme
Rolin, prendre part à cette curée, que les habitudes et les
mœurs du temps ne parviennent pas à excuser (2).

Tous ces éléments de désaccord entre le prince et ses
sujets amenèrent des résistances bientôt suivies de rebel-

---

(1) KERVYN, op. cit.
(2) On voit, en 1451, la ville d'Ypres, pour obtenir que le siège
du conseil de Flandre fût transporté dans ses murs, faire cadeau
au chancelier d'un drap magnifique, valant 143 livres parisis. —
FRÉDÉRICH, op. cit.

lions qu'il fallut réprimer tour à tour dans la plupart des grandes villes. Le péril qui, à certains moments fut grave, aurait pu devenir impossible à conjurer si toutes ces communes, puissantes et prospères, avaient pu s'entendre. Mais jamais elles ne pensèrent à s'unir, et chacune d'elles se cantonna dans ses intérêts personnels et dans son autonomie. Ce qui sauva le gouvernement central, ce furent les jalousies de toutes ces villes les unes contre les autres, leurs rivalités commerciales et industrielles, leurs contestations continuelles au sujet de la juridiction de leurs échevins, leur soif de prééminence sur leurs voisines, quand elles auraient dû marcher d'accord. Elles se détestaient presque autant qu'elles haïssaient l'ennemi commun.

Ce dernier trouvait encore une sauvegarde dans les querelles incessantes entre la démocratie des métiers de chaque commune, foule prompte à l'émeute, et l'aristocratie bourgeoise, toujours menacée d'un soulèvement populaire et appelant à son secours le prince, son seul protecteur possible. Sans cela, que serait-il arrivé si des villes comme Gand et Bruges, qui tinrent séparement chacune en échec la puissance du duc, étaient parvenues à s'entendre? Au lieu de cela, elles entrèrent en lutte et leur division donna lieu à l'intervention de Rolin.

C'était en 1430 (1); six points faisaient l'objet du débat entre les deux cités, questions misérables en soi, mais qui faillirent amener une conflagration : 1° ceux de Gand faisaient grief à ceux de Bruges de soutenir dans leur ville des personnes qu'ils avaient bannies; 2° d'avoir envoyé des lettres de défense à de petites villes de la châtellenie

(1) V. sur cette question l'analyse des sept pièces qui en contiennent les détails, par Gachard, rapport sur les documents qu'existent à Dijon, p. 135 et s.

de Gand; 3° ils prétendaient avoir la parole avant ceux de Bruges dans les petites villes dont Bruges était le chef en loi. Ils disaient, à cet égard, que Gand était la plus ancienne, la plus privilégiée, la première en ordre du pays de Flandre, qu'il lui appartenait d'être nommée et écrite avant toute autre, etc.; 4° ils se plaignaient que ceux de Bruges eussent banni un bourgeois de Gand; 5° que ceux de Bruges se fussent opposés à certaines informations qu'ils voulaient prendre à Dexmude, prétendant qu'il avaient ce droit par toute la Flandre; 6° enfin ils ne voulaient pas que ceux de Bruges prissent connaissance des faits perpétrés par et sur des bourgeois de Gand dans leur ville.

La querelle s'envenimait et agitait toute la Flandre. Rolin fut chargé par le duc de se rendre dans les deux villes. Le chancelier, après examen de la question, décida que ceux de Bruges n'avaient pas droit de soutenir aucun banni de Gand, ni d'envoyer des lettres de défense à la châtellenie de cette ville; qu'il appartenait à ceux de Gand de porter la parole par tout le pays de Flandre, sauf à Bruges, ainsi qu'il en avait été jusqu'alors, par suite du désir des Gantois d'entretenir avec cette ville des relations fraternelles; que la sentence prononcée contre un bourgeois de Gand devait être réputée nulle et de nulle valeur; que ceux de Gand demeureraient en possession de leurs privilèges et franchises à Dexmude, comme ils l'étaient avant ce différend; enfin, quant aux faits que perpétreraient à Bruges les bourgeois de Gand, le chancelier remettait aux parties le soin d'en décider à l'amiable.

Cette sentence, on le voit, était favorable à Gand; les gens de Bruges répondirent : sur le premier point, ils acquiesçaient à la demande des Gautois, à charge de réci-

procité; sur le deuxième ils donnaient toute satisfaction;
sur le troisième, ils s'en remettaient à la décision du duc
ou du chancelier; sur le quatrième, ils persistaient dans
leur réclamation; sur le cinquième, ils offraient de soumettre la question au conseil du duc, quoique jamais,
affirmaient-ils, il n'ait été vu que des informations aient
été prises par ceux de Gand dans les petites villes du ressort de Bruges; enfin sur le sixième, ils offraient d'en
communiquer amiablement avec ceux de Gand.

Ces déclarations furent transmises à Gand, où on ne
s'en montra pas satisfait et où on souleva des difficultés,
Une note, emanée sûrement du chancelier, mit fin à ces
misères; après avoir indiqué les accroissements successifs
donnés à ses privilèges par la ville de Gand, la note
ajoute : « Et il est bien à considérer que ce qu'ilz ont ainsy
usé si avant a esté par ce que les gens ont obéy, pour
doubte d'être banniz par eulx, car souvent en ont banniz
ceulx qui ne voulaient obéir. Et combien vault telle possession introduite par violence, chacun scet. Et par ce
appert finalement qu'ilz ont tort au point de ceulx qui se
combattent en la ville de Bruges; *item* au point de Josse
Van Valmerbecke (le bourgeois de Gand banni de
Bruges), ou au point de Dicquemonde, et aussy en ce
qu'ils ont mandé ceulx de l'Escluse par lettres contenantes
qu'ilz sont tenus de venir à leur mandement par vertu de
leur previlège, car le previlège ne le porte mie. »

Pour entrer dans le détail des luttes du gouvernement
ducal avec les villes de Flandre, il faudrait presque énu-
mérer toutes celles-ci et faire le récit monotone de révoltes
toutes semblables.

On peut citer celle d'Ypres, en 1423, qui donna lieu
au retrait du bailli de cette ville, privée ainsi pendant
plusieurs mois de l'administration de la justice; de 1427

à 1430, celle de Cassel, poussée à la révolte par les nouvelles lois qui lui étaient imposées et dont les habitants furent condamné à venir, agenouillés dans la boue, crier merci au duc; en 1430, celle de Grammont, punie par des exécutions et des bannissements pour avoir pris la défense de ses privilèges; en 1431, celle de Liège, réduite à accepter un traité très dur, à l'occasion de contestations armées survenues sur les frontières du marquisat de Namur; en 1434, lutte acharnée avec Anvers au sujet d'un péage illégal que le duc, à court d'argent, avait établi sur l'Escaut; sur l'opposition des gens d'Anvers, le duc mit en interdit la ville rebelle et défendit avec elle toute relation commerciale. Anvers, réduite par la famine, dut crier merci et payer de lourdes amendes (1).

Mais les plus graves de ces émeutes se produisirent à Bruges et à Gand; ce furent de véritables révolutions. Celle de Bruges, sanglante et prolongée, ne donna pas lieu, comme celle de Gand, à des incidents politiques de la compétence de Rolin; ce fut une révolte populaire, militairement réprimée, dans laquelle le duc lui-même et la duchesse coururent de grands dangers : une émeute s'était produite à Bruges le 26 août 1436; l'officier de justice du duc fut étranglé par la populace; la duchesse Isabelle, qui se trouvait dans la ville, n'obtint qu'avec peine d'en sortir; sa litière fut arrêtée, deux de ses femmes en furent arrachées et retenues comme otages, et la duchesse ne put continuer sa route que poursuivie de clameurs et d'injures. Philippe accourut pour apaiser l'insurrection : il n'y put réussir; on désarma ses archers et trois de ses conseillers furent bannis (2).

Une nouvelle sédition éclata en avril 1437. Le duc fut

(1) FRÉDÉRICH, *op. cit.*
(2) KERVYN, *op. cit.*, t. III.

près d'être massacré et ne s'échappa qu'avec peine de la
ville, où le maréchal de l'Isle-Adàm fut tué. De pareils
faits demandaient vengeance, et la colère du duc la rendit
implacable. La sentence qu'il prononça le 4 mars 1438
devait, selon la remarque d'un auteur, rester célèbre dans
les annales de la Flandre; les supplices et les proscrip-
tions qu'elle édicta laissèrent de longs et cruels souvenirs (1).

La lutte de Gand contre le gouvernement ducal fut une
véritable guerre, connue sous le nom de guerre de Gavre,
et la politique du roi de France y prit une part directe et
active. Il est nécessaire d'entrer dans quelques détails sur
ces épisodes, dans lesquels la diplomatie est mêlée aux
faits de guerre et qui donnèrent au chancelier une nouvelle occasion de defendre les intérêts de son maître, et,
cette fois encore, de les faire triompher.

Avant de l'étudier, on doit signaler une difficulté que,
peu de temps après la reddition de Bruges, Rolin fut
appelé à trancher : le sire de Béthune, officier au service
de Jean de Luxembourg, avait attaqué en 1439 les soldats
du duc et provoqué une rixe qui avait vivement mécon-
tenté Philippe le Bon. La cause fut portée à Cambrai,
devant le chancelier, assisté de l'évêque de Tournai, de
Lannoy, du sire de Saveuses et d'autres conseillers. Jean
de Luxembourg se présenta avec une suite nombreuse
d'écuyers, de conseillers et de gentilshommes et accompagné du sire de Béthune. Pendant plusieurs jours
« furent les matières ouvertes et mises en avant sur tous
les troubles qu'on disoit avoir esté faits contre le duc de
Bourgogne et ceux de ses pays par Jehan de Luxembourg
et ceux de sa partie (2). »

(1) KERVYN.
(2) MONSTRELET, t. V, p. 391.

Luxembourg répondit sur tous les points, se justifiant sur certains, s'excusant sur le plus grand nombre, « offrant du surplus, tant pour lui comme pour ses gens, faire si avant qu'il appartiendrait ».

Le chancelier recueillit par écrit toutes ces déclarations, de façon à ce qu'on se mît d'accord sur les satisfactions demandées. Cet acte fut remis à Luxembourg qui le corrigea en certains points, jugés par lui défavorables à sa cause. Ces corrections, présentées à Rolin, furent de sa part l'objet de nouvelles rectifications qui déplurent à Luxembourg ; celui-ci, dans un mouvement de fureur, déchira la pièce avec mépris, en disant tout haut que le chancelier et l'évêque de Tournai « ne l'auraient point à leur plaisir ». On arriva pourtant à l'apaiser, et, en fin de compte, on tomba d'accord, sous la réserve de la ratification du duc qui en fut « assez bien content », et, comme au quinzième siècle, aussi bien qu'aujourd'hui, tout finissait par des chansons, « les seigneurs firent très joieuse chère l'un avec l'autre en l'ostel » de Luxembourg ; Béthune, qui avait été mis en prison, fut peu après relâché, à la demande des conseillers du duc.

La révolte de Gand fut autrement tragique : les soulèvements des Gantois avaient déjà troublé, à diverses reprises, le gouvernement ducal en 1432, en 1437, en 1440 ; celui de 1446, motivé par le refus de paiement de la gabelle sur le sel, impôt que le duc voulait introduire en Flandre, avait fait craindre que l'intérêt commun des communes flamandes ne généralisât l'insurrection, et le gouvernement avait envoyé des délégués aux bonnes villes pour empêcher leur alliance avec les Gantois ; mais l'impopularité du chancelier auprès de ces grandes communes, qui voyaient en lui l'ennemi de leurs libertés et le plus ferme appui, à leur détriment, de la centralisation du

pouvoir ducal, ne permit pas de lui confier cette négociation : « Le conseil fut tenu, écrit Mathieu d'Escouchy, et
furent ordonnez pour ladite ambassade aucun des seigneurs de son conseil, à laquelle n'osa députer le seigneur
de Croy, son premier chambellan, ni le seigneur d'Authume, son chancellier, pour ce que lesdis de Gand estoient
mal contents d'eulx ; car ilz maintenoient que par ceulx et
leur conseil leur voulant oster leurs privillèges et franchises, et que, si ilz les tenoient en leur ville, ils les
feraient morir par exécution. Pour ces causes n'y voulait
pas icelluy duc députer nulz d'eulx (1). » Ce qu'écrit le
chroniqueur des sentiments des Gautois pour le chancelier
s'appliquait également aux grandes communes flamandes.

En 1449, nouvelles difficultés, nées de la prétention du
gouvernement ducal d'empêcher la représentation des
métiers dans l'échevinage. Un complot formé par les
Gautois avorta et les meneurs furent jetés en prison. La
querelle prit alors les proportions d'une implacable
révolte. Les Gantois se souvinrent que la Flandre était un
fief de la couronne de France et portèrent leurs plaintes
au roi. Charles VII n'avait garde d'oublier ses devoirs de
suzerain ; il y trouvait l'occasion de s'immiscer dans les
affaires du duc de Bourgogne, qui, depuis « l'appointement » de Paris l'accablait, comme auparavant, d'incessantes réclamations et de nombreuses ambassades, reproduisant les mêmes griefs, ou en inventant de nouveaux.

Philippe redoutait beaucoup l'intervention du roi dans
ses affaires de Flandre. Il lui écrivit au mois de juillet
1451, pour le supplier de n'accorder aucune provision
aux Gantois, avant d'avoir entendu ses raisons et reçu
les ambassadeurs qu'il allait lui envoyer : « En ce faisant,

---

(1) *Chroniques*, t. I.

mon tres redoubté seigneur, vous ferez œuvre de justice, et à moi grand honneur et parfait plaisir, dont je me réputerai de plus en plus tenu et obligé envers vous (1). » Charles VII répondit au duc et à ses ambassadeurs dans des termes assez vagues, se contentant de dire qu'il ne ferait rien qui pût porter atteinte aux prérogatives de sa souveraineté, non plus qu'aux intérêts du duc.

Pendant ce temps, la révolution se poursuivait à Gand, livrée, dès lors, au parti populaire. Tous les métiers avaient pris les armes, le travail était complètement arrêté. Le duc avait retiré son bailli; la ville le remplaça par un magistrat élu, que sa modération fit chasser au bout de dix jours, et on mit à sa place un membre de la corporation des maçons, qu'on fit sortir de prison pour lui confier l'administration de la ville (2).

Au mois de février 1452, une lettre adressée par le duc à Rolin trahissait les préoccupations de Philippe le Bon : après avoir entretenu le chancelier, en ce moment à Dijon, des ouvrages de l'hôtel ducal de cette ville, et d'autres questions intéressant la Bourgogne, le duc ajoutait : « Quant à ceulx de nostre ville de Gand, ilz ne se mettent en aucun amendement, mais procèdent de mal en pis et ont fait naguères plusieurs nouvelles entreprises contre nous et grandement au préjudice de nostre haulteur et seignorie, mesmement pendant que les députez des trois membres de nostre pays de Flandre estoient, à leur requeste, devers nous, attendans notre response que leur devions faire sur ce qu'ils nous avoient requis d'octroier noz lettres de seurté et sauf conduit pour le nombre de trente personnes que lesdits de Gand devaient envoier

(1) KERVYN, *Histoire de Flandre*, t. IV, p. 516.
(2) FRÉDÉRICH, *op. cit.*

par devers nous pour avoir nostre grâce et mercy... dont et des estranges manières que envers nous ils tiennent ne pourrions nullement estre contens, mais doivent desplaire à tous princes et mêmement à tous nos loiaulx subjetz et est nostre intention d'y remédier et pourvoir briefvement à l'ayde de nostre Seigneur, de tel remède qu'il appartiendra (1). »

La gravité des circonstances força bientôt Rolin à regagner la Flandre pour prendre la direction du gouvernement : deux proclamations du 15 et 31 mars 1452 annoncèrent l'intention qu'il avait de mettre fin par les armes à cette situation anarchique, « pour garder, porte le manifeste du 31 mars, nostre dite seigneurie, et aussi au bien de nos subjets, et pour les préserver, garder et déffendre de telles et semblables oppressions desdits de Gand comme bon prince qui ayme ses subjets doit faire, en gardant leurs privilèges, lesquelz avons tousjours volu et leur offert de garder ».

Une tentative de conciliation, à laquelle se prêta le gouvernement, fut faite par des membres du clergé et de la noblesse : une députation, composée de six abbés, de trois chevaliers et de députés de la châtellenie de Gand, fit ce suprême effort; elle échoua dans sa généreuse démarche. Comment, en effet, faire entendre raison à un peuple déchaîné, poussé par des meneurs prêts à tous les excès, s'appuyant sur la foule des ouvriers sans travail, terrorisant la partie saine de la population? Trois magistrats communaux, élus sous le nom d'*hooftmans*, régnaient en maîtres et faisaient appuyer leurs actes par les assemblées populaires. La cloche du beffroi appelait tous les citoyens à venir en armes, sous peine

(1) GACHARD, *op. cit.*

d'amende, à ces assemblées et à se solidariser, par conséquent, avec toutes les mesures prises! Les nobles ou les riches, désignés aux passions de la populace, étaient frappés de confiscation et de bannissement, ou mis à mort; c'était enfin le cortège sinistre et monotone des crimes de toutes les révolutions.

Le château de Gavre tomba le 7 avril entre les mains des Gautois, qui entreprirent l'attaque d'Audenarde. Mais l'armée ducale était entrée en campagne, les bandes gantoises furent mises en déroute et un revirement d'opinion rendit le pouvoir aux bourgeois dans la ville révoltée. Une trêve de six mois fut demandée au duc, et une députation, à la tête de laquelle se trouvait le prieur des chartreux, fut présentée à Philippe à Termonde et reçut une réponse négative.

Avant de la donner, le chancelier reprocha longuement aux ambassadeurs leur rébellion, la prise du château de Gavre, le siège d'Audenarde, leur projet de s'emparer de la Flandre, leurs négociations avec la Hollande et la Zélande, leur tentative d'entraîner Bruges dans leur sédition, et, dans un mouvement oratoire, qui a bien la couleur du temps, « il leur montra qu'ils étaient deux fois parjures, à raison du serment fait à leur prince, et du serment de leurs privilèges »; il leur dit qu'ils étaient « pires que juifs »; car, « si les juifs eussent véritablement su que notre benoît sauveur Jésus-Christ eût été Dieu, ils ne l'eussent point mis à mort; mais les Gantois ne pouvaient ignorer que monseigneur le duc ne fût leur seigneur naturel, et lequel leur avait tant de bien fait, et que c'était la ville de tous ses pays à laquelle il avait fait plus de bien; et le guerredon qu'ils lui en rendaient, c'était de vouloir lui ôter sa seigneurie, en lui faisant guerre mortelle de feu et de sang et toutes vio-

lences » (1); que, quant à la demande de trêve et de
changer le nom de leurs hooftmans en celui de gouverneur ou tout autre, la demande n'était pas raisonnable,
mais « de tous points contre l'honneur, haulteur et seigneurie du duc; que, toutefois, le duc ne savait pas
mauvais gré aux ambassadeurs religieux et marchands,
et savait bien que ce qu'ils faisaient était en bonne intention, mais la malice et méchanceté des Gantois se mon-
traient et continuaient toujours de mal en pis ».

Loin de se terminer, la guerre, reprit, en effet, avec
une nouvelle violence. Pendant plus d'un an, elle ensanglanta le bassin de l'Escaut, et, au milieu de toutes les
horreurs des luttes civiles, elle prit un véritable caractère d'extermination. Mais c'est ici que se placent l'entrée
en scène du roi de France et les négociations dans lesquelles s'exerça avec un succès complet toute l'habileté
de Rolin.

Le 24 mai 1452, les Gantois écrivirent à Charles VII
une longue lettre (2), qui était bien de nature à mettre en
éveil la chancellerie bourguignonne et à exciter la colère
du duc. Cette lettre était envoyée au roi par « ses très
humbles et obéissants sujets les chevetaines, échevins
des deux bans, doyens conseillers, et toute la communauté de la ville de Gand »; elle était adressée par les
Gautois à « leur souverain seigneur » qui devait être
« véritablement et pleinement informé du gouvernement
de ce pays de Flandre, ensemble de l'État, affaires et
dispositions de cette ville ».

Ils exposaient leurs griefs contre le gouvernement
ducal, la privation de justice dont ils avaient eu à se
plaindre, l'obligation où ils s'étaient trouvés de choisir

(1) CHASTELLAIN, t. II, p. 294.
(2) Bibl. nat., ms. fr., 5041, fol. 33.

de nouveaux chefs, et enfin les malheurs de la guerre
« moult dure, griève et desplaisante », et, rappelant
leurs franchises qu'ils étaient décidés à maintenir, ils
concluaient ainsi : « Vous, comme notre souverain seigneur, vous estes gardien et conservateur au mieux que
pour vous. Nous vous supplions donc, très excellent,
très-haut et très puissant prince, nostre tres cher sire et
souverain seigneur, en toute humilité, que de vostre
très noble et bénigne grâce vous plaise en ceste matière,
que nous vous signiffions ainsi que naturellement tenus
et obligés y sommes... remédier, gardant vostre haulteur et souveraineté, ainsi qu'à vous et vostre très
noble conseil semblera pertinent et expédient, et nous,
par ce porteur, sur ce signiffier vostre très noble response, afin que nous, ayant su par réelle response ce
qu'il vous en plaira faire, nous puissions conduire et
ordonner selon que besoin nous sera. »

Charles VII fut ravi de cette demande d'intervention :
il voyait avec d'autant plus de plaisir les embarras du
duc de Bourgogne qu'il essayait, à ce moment même, et
avec une évidente mauvaise foi, de reprendre les villes
de la Somme, qu'il avait cédées par le traité d'Arras, en
s'appuyant d'ailleurs sur des prétextes sans valeur pour
rentrer en leur possession, sans bourse délier. On doit
ajouter que cette tentative n'eut aucun succès.

Le roi envoya une ambassade en Flandre : composée
de Louis de Beaumont, sénéchal de Poitou, de Guy
Bernard, maître des requêtes et du procureur général,
Jean Dauvet, elle avait à sa tête Louis de Luxembourg,
comte de Saint-Pol. On ne pouvait faire un choix plus
malheureux pour les intérêts du roi que ce dernier : tour
à tour au service du parti bourguignon et de la cause
royale, fanfaron, d'une franchise suspecte, nullement

diplomate, le comte de Saint-Pol, au moment où les
conseils du roi de France le chargèrent de cette mission,
figurait dans l'armée bourguignonne et combattait contre
les Gantois. Son intervention désintéressée et surtout
empressée pour les intérêts français pouvait donc à juste
titre être mise en suspicion.

L'ambassade française arriva le 16 juin à Bruxelles et
fut reçue de suite par le chancelier, assisté de l'évêque
de Tournai et du conseil ; les instructions que les ambassadeurs avaient reçues leur constituaient le rôle de
médiateurs vis-à-vis du duc, pour lequel le roi avait
« un singulier bon vouloir et affection » ; elles devaient
affirmer le droit qui appartenait au roi, comme souverain seigneur, de procurer la paix à ses sujets ; les
ambassadeurs devaient donc remplir cette mission, en
ayant en vue les droits, prééminences et prérogatives
de sa souveraineté aussi bien que la décharge de sa conscience (1). Ils déclarèrent au chancelier que la nature de
leur mission les obligeait à en faire l'exposé devant le
duc lui- même.

Philippe leur assigna rendez-vous à son camp de
Wœsmunster, près de Termonde, et leur donna audience
le 29 juin. Il le prit d'assez haut avec eux, et, aux
paroles des ambassadeurs qui exposèrent le but conci-
liateur de leur mission et le désir du roi d'arriver à une
paix honorable pour le duc et pour lui-même, Philippe,
sans consulter son conseil, répondit vivement : « Les
gens de Gand sont les chefs de toute rébellion ; ils m'ont
fait les plus grands outrages ; il est besoin d'en tirer telle
punition que ce soit exemple à jamais. J'ai l'intention, à
l'aide de Dieu, de leur remontrer tellement leurs outrages

(1) Kervyn, opt. ci., t. IV.

que ce sera à l'honneur de tous princes chrétiens. Si le
roi était bien informé de l'état des choses, de la mauvaise
rébellion des Gantois et des termes qu'ils ont tenus, il
serait sans nul doute bien content de me laisser faire
sans me parler de paix. Je vous prie donc que vous en
veuilliez déporter. Je reconnais d'ailleurs que le roi est
souverain du comté de Flandre et je voudrais lui obéir
et complaire en tout ce que je pourrais (1). »

Une seconde audience eut lieu le lendemain et cette
fois Rolin prit la parole au nom du duc : il rappela les
« grandes offenses » des Gautois vis-à-vis de leur seigneur ; il fit connaître que des négociations en vue d'une
médiation étaient déjà entamées par des ambassadeurs
d'autres puissances, auxquelles le duc ne verrait aucun
inconvénient que l'ambassade de France pût s'unir et
remercia le roi de ses bonnes intentions.

En répondant au chancelier, les ambassadeurs dirent
que « le bien de leur besogne » les obligeait à se rendre
à Gand pour s'interposer auprès des insurgés. Rolin s'y
opposa vivement : « Ce ne serait point honneur et sûreté
à vous d'y aller », leur dit-il. Les ambassadeurs insistèrent, disant qu'ils ne voyaient ni déshonneur ni péril à
ce voyage et qu'ils avaient confiance que le duc leur
éviterait qu'on leur fît trouble et empêchement (2). Le duc
et son ministre firent de leur mieux pour s'opposer à ce
voyage : « Il y a eu, écrivaient les ambassadeurs au roi,
de grands arguments pour rompre notre allée à Gand. »
Enfin on finit par y condescendre : « En vérité, Sire,
portait la même lettre, cette affaire est bien grande, dangereuse et difficile à manier et cette guerre bien dure.
On n'y prend nul homme à merci ; on brûle villes et

(1) *Chroniques de Flandre*, t. III.
(2) Relation des ambassadeurs, citée aux *Chroniques de Flandre*.

villages et l'on fait grands dommages, tant d'une part que de l'autre.: Toutefois ceux de Gand ont toujours eu du pire ; et, dans cette occasion, monsieur de Bourgogne se montre dur et difficile... De Termonde, 22 juin 1452. »

On était, en effet, en ce moment en pleine guerre ; dans une bataille livrée à Ruppelmonde par l'armée du duc, qui montait à plus de trente mille hommes, les Gantois, après une lutte acharnée, avaient été défaits. Un des bâtards du duc, Corneille, avait été tué, et Philippe le vengea par le meurtre de tous les prisonniers tombés en ses mains et par l'incendie de toute une contrée. Plus de quatre mille manoirs, rapporte un chroniqueur, furent détruits (1). On aurait tué cent mille vilains, disaient ses serviteurs, que cela n'eût pas réparé une perte si sensible que fut celle la mort de ce fils (2).

Les Gantois, avertis du désir des envoyés du roi de France de se rendre auprès d'eux, accueillirent cette venue avec joie et écrivirent à l'ambassade d'arriver au plus tôt, « afin qu'on les pust advertir tout au long des affaires et besognes ». Les ambassadeurs furent reçus avec de grands honneurs et une vive satisfaction ; mais, lorsqu'ils discutèrent les conditions de l'apaisement, ils virent « les choses bien difficiles et bien dangereuses ». On demanda une trêve d'un mois au duc, qui la réduisit à trois jours. Philippe continuait sa marche en avant, brûlant et pillant tout. Enfin le 21 juillet une trêve fut conclue jusqu'au 1ᵉʳ septembre, et il fut décidé que des conférences auraient lieu à Lille avec les ambassadeurs de France et une députation de Gand. Après bien des difficultés, les Gantois avaient décidé de se soumettre, non pas seulement à la médiation, mais à l'arbitrage du roi. La conférence se

(1) De Clercq, t. II, p. 330.
(2) Barante, t. VII.

réunit à Lille, et il est permis de supposer que la chancellerie bourguignonne se trouva pas seulement, au cours de ces pourparlers, des arguments théoriques de nature à influencer la sentence arbitrale des ambassadeurs; en ce qui concernait la restitution des villes de la Somme, dont la discussion rentrait dans la mission de l'ambassade, le gouvernement ducal se refusa péremptoirement à revenir sur une question définitivement tranchée par le traité d'Arras, et cette partie de la mission échoua complètement. Quant à la médiation en faveur de Gand, le comte de Saint-Pol et ses collègues rendirent le 4 septembre une sentence donnant gain de cause, sur tous les points, au duc de Bourgogne; aux termes de cette discussion, qui infligeait aux Gantois les conditions les plus humiliantes et supprimait la plupart de leurs franchises, tous les magistrats de la ville, les doyens, les hooftmans, et deux milles habitants devaient venir en chemise, à une demi-lieu de Gand, crier merci au duc; dire qu'ils s'étaient mauvaisement et faussement révoltés contre lui, leur seigneur, et qu'ils le priaient de leur pardonner. On a dit que les ambassadeurs avaient été achetés pour rendre cette sentence (1). Ce qui est sûr, c'est qu'ils en reçurent le prix; le comte de Saint-Pol toucha deux mille écus d'or et ses collègues vingt-quatre mille livres.

La nouvelle de cette trahison fut accueillie à Gand par une explosion de fureur et le héraut de l'ambassade, chargé de la porter au nom du roi, ne dut son salut qu'à un déguisement et à une fuite précipitée. La lutte continua avec plus d'acharnement que jamais; de part et d'autre, l'exaspération était au comble et les deux parties concouraient à l'envi à une œuvre d'extermination.

(1) KERVYN, *op. cit.*, t. IV, p. 449.

Cependant, Charles VII avait ressenti un vif mécontentement de la conduite de ses ambassadeurs ; les Gantois lui avaient fait parvenir une protestation lui rappelant ses promesses de maintien de leurs privilèges, « et, néanmoins, vos ambassadeurs ont fait tout au contraire, mettant arrière et délaissant leurs susdites promesses, car, après le partement de nos députés de Lille et sans la présence d'aucun d'eux, ils ont prononcé un très rigoureux et très mauvais appointement contre nous, contre nos droits et privilèges, franchises, libertés, coutumes et usages... Pour ce, très cher seigneur, que toutes ces choses sont mauvaises et frauduleuses, nous nous complaignons très rigoureusement à Votre royale Majesté, comme raison est, et nous vous supplions en toute humilité qu'il vous plaise les délinquants corriger, et auxdites fautes remédier et pourvoir (1) ».

Le roi forma une nouvelle ambassade, qu'il confia à un de ses chambellans, à un conseiller au parlement et un conseiller à la cour des aides, avec mission de se rendre successivement à la cour de Bourgogne et à Gand pour exprimer les regrets du roi de la prolongation de la guerre et témoigner de ses bonnes dispositions pour que justice fût rendue à qui de droit.

L'ambassade arriva à Lille le 29 janvier 1453 et ne put avoir audience du duc que le 5 février suivant. Philippe reçut fort sèchement les envoyés, s'enquit de l'objet de leur mission, fit répondre par le chancelier qu'il consulterait son conseil et leur ferait tenir sa décision ; puis il les congédia. Trois semaines se passèrent sans aucune nouvelle communication. Très embarrassés de leur contenance, voyant bien qu'on voulait les lasser et les écon-

(1) Dom PLANCHER, t. IV, preuves, p. CCX.

duire, ils allèrent trouver d'abord Pierre de Beauffremont, maréchal de Bourgogne, qui leur répondit net que, puisqu'ils voulaient son avis, le plus grand déplaisir que le roi pût faire au duc était de se mêler de ses affaires de Gand.

Ils se rendirent chez le chancelier, qui leur dit : « Je m'ébahis de ce que le roi envoie vers les Gantois pour leur faire justice ; car, s'ils la veulent avoir, ils la doivent bien aller quérir (1). » A quoi l'ambassade de France répliqua que le roi n'avait pas voulu répondre à la requête des Gantois avant d'avoir été « bien averti et informé des deux côtés ». Enfin, quelques jours après, Rolin donna aux envoyés du roi la réponse sollicitée depuis si longtemps.

Il leur déclara qu'en raison des grands outrages, désobéissance et rébellion des Gautois, il n'était pas possible au duc de leur permettre de se rendre à Gand ; ils devaient tout au moins attendre un certain temps avant de faire ce voyage. Rolin se refusa d'ailleurs à donner sa réponse par écrit, comme on le lui demandait, prétendant que c'était inutile. Le lendemain, les ambassadeurs prirent congé du chancelier et se rendirent à Tournai pour attendre les événements. Une lettre du roi du 14 avril suivant les rappela en France, et cette mission échoua comme la première.

Cependant la bataille de Gavre (23 juillet 1453) mit fin aux horreurs de cette guerre sans merci : les Gantois écrasés durent subir la loi du vainqueur. Le 31 juillet, entre deux haies de soldats, le cortège des survivants de la ville décimée vint crier merci, comme l'avait demandé Philippe ; le clergé marchait en tête, suivi des échevins.

---

(1) Lettre des ambassadeurs. V. GACHARD, *Compte rendu de la commission royale d'histoire*, 2ᵉ série, t. XII. KERVYN, *Histoire de Flandre*, t. IV.

des hooftmans, des doyens, nu-tête, nu-pieds, en chemise ; puis, venaient deux mille bourgeois en robe noire, sans ceinture et nu-pieds, « et, de tant loin qu'ils aperçurent le prince qu'ils avaient offensé, se jetèrent tous à genoux en extrême humilité, criant tous ensemble d'une voix effroyable : « Miséricorde à ceux de Gand ! » Le cri ainsi fait, s'avança vers eux le chancelier de Bourgogne, leur remontrant là félonie et rébellion dont ils avaient mauvaisement et malheureusement usé envers leur souverain prince et naturel seigneur, disant que le cas était si horrible et atroce qu'il ne savait encore s'il voudrait leur faire grâce de leurs vies. Lesquelles paroles ainsi proférées par le chancelier, les Gantois se prosternèrent encore à genoux, criant : « Miséricorde à ceux de Gand ! » Et encore s'approchant pour la tierce fois plus près du *bon* duc et tous fondus en pleurs et larmes, tombant tous ensemble en terre avec cette épouvantable acclamation : « Miséricorde à ceux de Gand (1) ! » L'abbé de Saint-Bavon harangua le duc dans les termes les plus humbles, demandant le pardon du passé, promettant soumission pour l'avenir. Philippe, satisfait du spectacle de cette humiliation suprême, et las à son tour de tant de ruines, accorda son pardon.

Cette mise en scène dramatique était, du reste, la condition du traité signé la veille et portant la promulgation de la paix : « ... Et ce fait, nous estans en armes devant nostre ville de Gand, leur avons dit et fait dire par nostre très cher et féal chevalier et chancelier, messire Nicolas Rolin, seigneur d'Authume, que, moyennant l'accomplissement des dits articles (du traité) et du contenu en iceulx, nous leur baillerons nos lettres de grâce, d'abolition et de pardon, et que ferions publier par tous nos païs

_____

(1) PARADIN, p. 831.

tant de Flandres que autres, bonne et ferme paix et toute sûreté pour les inhabitants en nostre dite ville de Gand, et pour ceulx qui les ont servi en armes en fait de guerre avec eulx tenant à présent leur parti (1). »

Le surlendemain de la bataille de Gavre, Philippe écrivait son triomphe à Charles VII, lui annonçant que les Gautois imploraient sa merci, et ajoutait, non sans ironie : « lesquelles choses, mon très redoubté seigneur, vous signifie pour ce que je scay de certain que vous en serez bien joieux des dites nouvelles et de la grâce que Dieu m'a fait présentement (2) ». La diplomatie bourguignonne avait, on le voit, complètement tenu en échec la politique du roi.

Une des raisons qui avaient fait désirer plus vivement au gouvernement de Philippe d'en finir avec les Gantois était la nécessité de mener à bonne fin les affaires du Luxembourg, qui exigeaient plus particulièrement à ce moment l'intervention du duc et de son ministre.

La rapidité avec laquelle la maison de Bourgogne s'est développée, écrit un auteur, constitue à elle seule un phénomène historique (3). Le résumé en est intéressant : 1364, donation de la Bourgogne à Philippe le Hardi ; 1384, annexion de la Flandre, de l'Artois, Rethel, Nevers, la seigneurie de Malines ; 1421, acquisition du comté de Namur ; 1430, annexion des duchés de Brabant, Limbourg et des pays d'outre-Meuse ; 1433, acquisition de la Hollande, de la Zélande, de la Frise, du Hainaut ; 1435, cession des villes de la Somme ; enfin, 1441, acquisition du duché de Luxembourg. Cette dernière annexion fut l'objet de graves et longues difficultés. Là encore l'action du chancelier fut constante et prépondérante.

(1) Mathieu d'Escouchy, p. 92 et s.
(2) Cité par Frédérich, op., cit.
(3) G. Kurth, p. 363.

Elisabeth de Gorlitz, duchesse de Luxembourg, nièce des deux empereurs Wenceslas et Sigismond, avait épousé en premières noces, le 27 avril 1409, un frère de Jean Sans Peur, Antoine de Bourgogne, et était, de ce chef, tante par alliance de Philippe le Bon. Son second mari était Jean de Bavière. C'était une femme prodigue, criblée de dettes, détestée de ses sujets, sans enfants, et laissée sans appui par la mort de ses deux maris. Son oncle Wenceslas lui avait promis, au moment de son premier mariage, une dot de cent vingt mille florins, qui n'avait pas été payée. Mais, en garantie de cette dot, il lui avait engagé le duché de Luxembourg, sous la réserve de pouvoir dégager le duché en remboursant la dot promise. L'empereur Sigismond fut ensuite substitué aux droits de son frère Wenceslas sur le duché. Ce droit de retrait passa, à la mort de Sigismond, à sa fille Elisabeth, mariée au duc Albert d'Autriche, qui le transmit à son gendre, le duc de Saxe, et à son propre fils, Ladislas, plus tard roi de Hongrie. Au demeurant, Elisabeth de Gorlitz continua à jouir du duché. Le duc de Saxe, en faveur de qui sa belle-mère, Elisabeth d'Autriche, avait stipulé la faculté de rachat, émit la prétention de reprendre le Luxembourg, mais sans rembourser celle qui le possédait.

Elisabeth de Gorlitz s'adressa alors à son neveu, le duc de Bourgogne, et lui céda le duché, par acte du 4 octobre 1441, moyennant le payement d'un capital de dix-huit mille florins et celui d'une rente annuelle de sept mille florins ; cette cession était faite pour que le duc en jouît « héritablement » après elle, « en tel droit et manière » qu'elle possédait elle-même le duché, dont elle le constituait, dès lors, gardien et administrateur. Cette cession, dont Elisabeth confirma l'exécution dans une convention avec la duchesse Isabelle, fut très mal accueillie dans le duché. Le pays se souleva contre la duchesse, qui dut s'enfuir et se réfugier à Dijon. Le duc de Saxe entra dans le Luxembourg et y fit reconnaître son autorité.

Le 29 octobre, Philippe eut avec Frédéric III, roi des Romains, une entrevue à Besançon (v. p. 256), et, au milieu des fêtes que le duc de Bourgogne donna à cette occasion à son hôte, et dont les chroniqueurs racontent la magnificence, la chancellerie bourguignonne trouva le moyen d'obtenir tout ce que désirait le duc; outre la renonciation des droits de l'Empire sur la Hollande, la Zélande, la Frise et le Brabant, accordée, comme on l'a vu, par Frédéric, il fut convenu que le duc de Bourgogne aurait le gouvernement du Luxembourg jusqu'à la mort d'Élisabeth. Le duc de Saxe protesta contre cette convention et les pourparlers échangés entre les deux chancelleries n'aboutirent à aucun résultat. Il était évident que la question devait être réglée par les armes.

Au cours de l'année 1443, Philippe, alors à Dijon, y reçut d'abord une ambassade de Jean Paléologue II, empereur de Constantinople, qui l'appelait à son secours contre les Turcs; puis la visite de sa tante Elisabeth de Gorlitz, qui, après avoir appelé inutilement à son secours tous les princes de l'empire, ses parents, venait prier le duc de presser le règlement de leurs affaires communes.

A ce moment, eut lieu à la cour de Bourgogne une fête célèbre dans les annales de cette époque sous le nom de Pas d'armes de l'arbre de Charlemagne (1). Cet arbre de Charlemagne, près duquel eut lieu le carrousel, et auquel on avait suspendu les blâsons des tenants du pas, se trouvait à une lieue de Dijon, auprès du village de Marsannay. D'immenses lices avait été dressées; on avait construit

(1) Olivier de la Marche, t. I, p. 290.

trois « chastels », dans lesquels le seigneur de Charny, « chef et fournisseur de la dépense du pas », tint deux mois entiers cour ouverte, « à si grande et plantureuse dépense que, écrit le chroniqueur, je n'ai point vu le pareil ». Quand tous les préparatifs furent terminés, le duc de Bourgogne, le duc de Savoie, avec leur suite, arrivèrent le 11 juillet pour assister au carrousel. Les fêtes durèrent six semaines.

Il est vraisemblable que le chancelier y fit acte de présence ; mais le chroniqueur ajoute : « Pendant que le bon duc prenait ses plaisances et honnestes passe-temps, messire Nicolas Raoulin, son chancellier, ne ceux de son conseil n'étaient pas oy seulx, mais pratiquaient par conseil et par grand avis les expéditions des affaires du duc, et principalement » la réponse à faire à Paléologue et à la duchesse Élisabeth. Quant à l'empereur, on renvoya son ambassadeur avec de beaux présents et des promesses de secours. On se décida même à l'envoi d'une flotte. On en confia le commandement à Walerand de Wavrin, à qui douze cent soixante saluts furent alloués le 17 août 1444 pour cette campagne maritime (1), « et, après l'expédition de l'empereur, fut expédiée la duchesse de Luxembourg, dont le traité et l'appointement étaient déjà faits et conclus par le duc et la duchesse ».

On a vu, en effet, qu'Élisabeth de Gorlitz avait traité avec Philippe et Isabelle de la cession de son duché : les pourparlers de Dijon ne pouvaient guère avoir trait qu'à la confirmation de cette convention, au règlement des points de détail et à la préparation de la campagne qui allait s'ouvrir : « Et ne restait qu'à lire et à voir ce qui était délibéré et écrit, et fut en effet tel l'appointement

(1) Pour les détails de l'expédition, V. *Inventaire des Archives du Nord*, t. IV, p. 165.

entre le duc et la duchesse, sa tante, que le bon duc
entreprenait la conquête du duché de Luxembourg en son
nom, comme mainbourg et gouverneur du duché, et ordonna et assigna pour ladite duchesse et pour son État dix
mille livres par an, et la guerre fut déclarée au duc de
Saxe. »

Le duc se rendit, en effet, à Mézières le 8 septembre, et
son armée envahit le Luxembourg. Toutes les places du
duché furent successivement occupées jusqu'à quelques
lieues de la capitale : beaucoup de seigneurs du pays,
entre autres Evrard et Jean de la Mark, firent leur soumission. Rolin accompagnait le duc, et le chroniqueur raconte
l'épisode d'un des archers du chancelier qui fut fait prisonnier par les Saxons. Cependant Philippe, au lieu de
poursuivre sa marche en avant sur Luxembourg, se rendit à Florenge, où il devait avoir une conférence avec le
comte de Gleichen, représentant du duc Jean. Il était
accompagné de « la duchesse, sa tante, qui était si gout-
teuse qu'il fallait la porter de maison en maison en une
selle ». Cette conférence n'eut pas de résultat : le chancelier « proposa pour le duc de Bourgogne et parla longuement, et me souvins qu'il remontra en substance tant
pour le droit de la duchesse que pour celui du duc ». Et,
après que Rolin eut pris ses conditions et « débattu sa
matière moult notablement », il ajouta : « Quant au fait
de la bataille, mon très redouté seigneur en répondra (1). »

C'est en effet « la bataille » qui trancha la question : la
prise de Luxembourg par l'armée bourguignonne, suivie
de celle de la forteresse de cette ville le 11 décembre 1443,
mit fin à la guerre : un traité de paix, le 29 décembre, entre
Philippe le Bon, Elisabeth de Gorlitz et Guillaume de Saxe,

(1) Olivier de la Marche, t. II, p. 23.

assura au duc de Bourgogne la souveraineté du Luxembourg, sous la réserve du droit de Ladislas, roi de Hongrie, de le reprendre, après la mort d'Élisabeth, pour cent vingt mille florins. Le pays se soumit tout entier à la domination bourguignonne, à l'exception de la ville de Thionville, dont la reddition se fit longtemps attendre.

Maître du duché, Philippe n'avait aucune intention de le rendre : des revendications ne pouvaient manquer de se produire, et le roi de France ne devait pas tarder de chercher le moyen d'y prendre part et d'en profiter. En 1445, Charles VII, dont les troupes faisaient la campagne d'Alsace, était très disposé à prêter l'oreille aux propositions qui lui étaient faites par le représentant du duc de Saxe. Il ne s'agissait de rien moins que d'une combinaison qui permettrait au roi de France de s'emparer du Brabant, de la Hollande et de la Zélande en aidant le duc de Saxe à conquérir le Luxembourg; les conférences de Châlons, dont il a été rendu compte, coupèrent court à ces pourparlers.

La question du Luxembourg n'était cependant pas encore réglée, et, dix ans après, elle renaissait plus aiguë : Élisabeth de Gorlitz mourut le 3 août 1451, et le duc de Bourgogne, reconnu définitivement comme souverain du Luxembourg, réunit les états du duché et reçut leur serment de fidélité. Le roi de Hongrie, Ladislas, qui avait sur le duché un droit éventuel et subordonné au paiement d'un prix de rachat, émit la prétention de reprendre possession du Luxembourg sans bourse délier. Le duc de Brunswick, agissant en son nom, entra dans le duché et s'empara de Thionville. On était en 1453, et Philippe était à ce moment, on l'a vu, occupé par la révolte des Gantois. Dès que ceux-ci eurent fait leur soumission, le duc envoya dans le Luxembourg une armée qui eut facilement raison de cette attaque. Une trêve fut conclue. Mais il y avait là une excellente occasion pour le roi de France de causer un embarras au duc, dont il croyait, on le verra plus loin, avoir gravement à se plaindre, en raison de l'accueil fait par lui au dauphin Louis, en rébellion contre son père. Une alliance fut conclue entre Charles VII et Ladislas; le roi de France devait prendre sous sa garde et protection le duché de Luxembourg et demanderait au duc de Bourgogne de cesser toute entreprise contre les droits du roi de Hongrie sur le duché. L'alliance était cimentée par le mariage de Ladislas avec une fille de Charles VII, Madeleine de France.

Une ambassade partit de Prague le 10 octobre 1457 pour aller chercher la princesse; mais, au milieu des fêtes données à la cour de France pour célébrer les fiançailles, arriva la nouvelle imprévue de la mort de Ladislas, emporté soudainement par la peste. Charles VII assura aux ambassadeurs, venus pour chercher sa fille, qu'en ce qui concernait le Luxembourg tout se passerait comme il avait été convenu; qu'il « lèverait la querelle » de Ladislas et prendrait le Luxembourg sous sa protection. Il envoya le bailli de Vitry avec deux autres de ses officiers apposer les panonceaux royaux aux portes des villes du Luxembourg et lui donna mission de se rendre à Prague pour essayer de faire élire son second fils roi de Bohême. Cette dernière entreprise échoua, et ce fut le régent, Georges de Podiebrad, à qui la diète donna la couronne de Ladislas (2 mars 1458).

Aussitôt après sa déclaration de prise de possession du Luxembourg, Charles VII envoya à Philippe le Bon un de ses écuyers, Raoulin Regnault, pour lui annoncer cette détermination. Chastellain, dans un de ses récits qui constituent de véritables tableaux, raconte (1) que l'écuyer était porteur de lettres « bien étranges et assez comminatoires et desquelles beaucoup de gens de bien n'eussent pas voulu être les porteurs ». La mission, en effet, était difficile, et le roi avait choisi, pour la remplir, un homme vaniteux et très propre à aggraver les difficultés. Arrivé à Bruges et fêté dans le palais du duc, il s'y livra tout d'abord à de méchants propos. Il fut reçu par le duc, entouré des seigneurs de sa cour et des membres de son conseil. Il avait auprès de lui son vieux chancelier : Rolin avait alors soixante-dix-huit ans et les années n'avaient en rien affaibli son intelligence et son activité.

L'envoyé remit ses lettres à Philippe ; mais « pour ce que ces lettres étaient longues et drues d'escriture, le duc les bailla » au chancelier et les fit lire tout au long ; « là où le chancelier, en les lisant souvent niqua de la tête, et, pointant sur les articles, regarda son maître au visage, qui talent n'avait d'en rire, ja soit ce que le chancelier parfois en sourit lui-même. Si se percevant bien chascun alors, me semblant qu'ils monstraient que les lettres n'étaient point de bon goust, mais aigres et de dure digestion ».

Un murmure s'éleva dans l'entourage du duc ; celui-ci conduisit le chancelier, avec le seigneur de Croy, près d'une fenêtre, et leur dit : « Je ne sais ce que me demande le roi, ni ce qu'il se demande lui-même de quérir contre moi ces questions foraines qui ne lui compètent en rien, si ce n'est par volonté oblique. Vraiment toutefois, s'il me quiert par là, il me treuvera par ça. Le pays de Luxembourg lui est en rien sujet ; il n'est pas de son royaume ; il n'y a ni querelle, ni titre, sinon la conven-

(1) T. III, p. 389.

tion qu'il a prise avec feu beau cousin, le roi Lancelot (Ladislas), duquel lever la querelle, maintenant qu'il est mort, n'est point honnête, ce me semble, sinon que volonté le meuve sur moi plus que raison. A quoi je ne saurais que dire, sinon que je défendrai le mien, et mettrai Dieu et mon bon droit au front de mes ennemis. Mais je voudrais bien qu'il plust au roi, me laisser en ma paix, en gardant la sienne; car, sans que l'on commence jamais contre lui (ce dont Dieu me défende!) je défendrai, assailli, à l'aide de Dieu, mon honneur et ma querelle. » Il fit alors appeler Regnault, et le chancelier lui demanda s'il n'avait rien autre chose à dire au duc. Regnault répondit que non et demanda seulement une prompte réponse. Rolin lui dit alors : « Le roi écrit à Monseigneur tout à plein sur le fait du Luxembourg et sur l'alliance faite entre lui et le roi Lancelot (que Dieu absolve!) et signifie beaucoup de choses touchant cette alliance. Vos lettres ne portent nulle créance sur vous, et pourtant Monseigneur s'avisera de répondre au roi et lui répondra par écrit; et aussi vous serez temprement délivré. »

Quand les lettres royales furent communiquées aux seigneurs et au Conseil, ce fut un cri d'indignation dont Chastellain se fait l'écho avec son langage expressif : « Comment, disait-on, le roi veut lever la querelle d'un homme mort, avec lequel l'alliance n'a jamais été consommée! C'est malséant à un roi de France. Est-ce ainsi que le roi reconnaît l'amour et les grands services de Monseigneur au temps passé? Maintes fois on nous avait dit qu'il en serait ainsi. Par Dieu! Jamais bien ne nous fera et les apparences en sont bonnes. Plaît à Dieu que les choses fussent encore en leurs vieux termes! L'orgueil des Français ne serait pas si grand qu'il est à présent. Au moins, si la fortune leur est bonne, qu'ils nous laissent en paix avec la nôtre, nous qui ne leur demandons rien. Si nous avons ici monseigneur le dauphin, qui, contraint, est venu s'y rendre, que ne l'ont-ils gardé eux-mêmes? Quel bien nous en est-il venu? Quel avancement? Quel profit en avons-nous? Depuis qu'il est entré ici, oncques paix ne nous fut, oncques biens ne nous vinrent, mais toujours querelles et contentions entre le roi et monseigneur. Nous-mêmes nous sommes tombés en division avec sa venue. De lui, nous n'avons, ni amour, ni familiarité, pas plus que de ses gens. Même il défend à ceux-ci de converser avec nous, ce qui n'est pas bon signe, et il ne les laisse venir, ni à nos joûtes, ni à nos fêtes. Monseigneur lui a fait tout l'honneur et lui rend tout l'amour qu'il peut et lui complaît jusqu'au pied baiser ; et, à l'aventure, quand une fois il sera au-dessus de ses besognes, il le reconnaîtra aussi peu que son père. Les Français sont tous tels : il n'y convient avoir foi nulle, au moins en cette maison, laquelle ils haïssent plus que les Sarrazins. Dont, au fort, il faut être réconforté, car trop plus vaut être envié que plaint (1). » La chancellerie ducale remit à l'écuyer du roi une réponse du duc; elle était courte et fière. L'affaire était trop importante, elle touchait de trop près à l'honneur du duc pour qu'il n'en fût pas délibéré mûrement. Plus tard on ferait au roi une réponse plus détaillée.

Nous avons tenu à reproduire le récit si pittoresque du chroniqueur, d'abord parce qu'il nous permettra de remonter un peu en arrière, en cherchant dans l'accueil fait au dauphin le motif principal du mécontentement de Charles VII, et, de plus, l'intervention de Rolin dans cette scène constitue un des derniers actes de son long

(1) T. III, p. 391.

ministère. Le chancelier n'avait plus que deux années à vivre; des intrigues que nous indiquerons avaient diminué son influence, sinon entraîné sa chute. Il devait rester à peu près étranger aux négociations, aux menaces de rupture, aux prises d'armes qui, jusqu'à la mort de Charles VII (14 juillet 1461), firent craindre si souvent une conflagration complète entre les deux puissances.

Au mois de juin 1459, plus particulièrement, la guerre semblait imminente. Philippe le Bon s'attendait à recevoir une déclaration du roi relativement à la violation du traité d'Arras et à la non-exécution de certaines clauses du contrat de mariage du comte de Charolais et de Catherine de France. Il écrivit à Rolin, retiré à Autun, de se rendre de suite à Dijon, d'y chercher toutes les pièces et de préparer les réponses. Cette lettre se terminait ainsi : « Faites mettre par bonnes déclarations tout ce dont nous nous pouvons et avons cause de nous vouloir touchant ledit traité de paix non accompli, et aussi non entretenu de la part du roi en plusieurs manières dont nous avons fait faire plusieurs remontrances et doléances par nos ambassadeurs envoyés devers mon dit seigneur le roy, selon les mémoires et instructions, lesquels doivent être devers vous, et attendez au dit Dijon que nos ambassadeurs que nous envoyons et la journée de... y soient arrivés, lesquels, comme nous l'espérons, y pourront être le premier ou le deuxième jour de juillet prochainement venant, afin qu'ils puissent vous parler de ces matières et aussi prendre les dites espèces, mémoires et instructions que vous baillerez à nos ambassàdeurs, très cher ct féal chancelier, le Saint-Esprit vous ait en sa sainte garde. Écrit en notre ville de Bruxelles le 11 jour de juin 1459. Philippe. »

Ce fut là sûrement la dernière occasion pour le duc de

recourir aux lumières du ministre qui depuis près de quarante ans menait de front toutes les affaires de son règne. En ce qui concerne le Luxembourg, il convient seulement d'ajouter que Charles VII acheta pour une somme de cinquante mille écus d'or les droits que la famille ducale de Saxe avait éventuellement sur le duché ; il prit le titre de duc de Luxembourg et nomma un gouverneur du duché. Du reste, il n'en prit pas possession effective et ne reçut aucun appui des habitants, demeurés fidèles, ou résignés, au gouvernement bourguignon.

On a vu que l'accueil fait par le duc de Bourgogne au dauphin Louis avait ravivé toutes les rancunes du roi de France. Louis était en révolte contre son père depuis de longues années ; il avait vécu durant onze ans dans son apanage du Dauphiné, affectant de craindre pour sa sûreté s'il retournait à la cour de son père, l'attention toujours en éveil sur ce qui pourrait tenir en échec les conseillers et le gouvernement de Charles VII, ne cachant pas son aversion pour l'entourage et la personne du roi, aussi imprudent en ses discours, suivant l'expression de Commines, que caché dans sa conduite. Veuf de Marguerite d'Écosse, qu'il avait prise en aversion, il avait épousé, malgré son père, Charlotte de Savoie, et provoqué une guerre entre la Savoie et la France. La mésintelligence du père et du fils était arrivée à son comble en 1456, et le roi, excédé, fit entrer ses troupes en Dauphiné.

Louis prit la fuite et se réfugia d'abord en Zélande, puis chez le prince d'Orange, pour se diriger de là en Flandre. Le roi, instruit de ce projet, envoya à Dordrecht son conseiller Georges de Bouhu prier le duc de ne pas recevoir son fils. La lettre royale, rappelant les griefs paternels, ajoutait : « Nous avons voulu écrire ces choses aux princes et seigneurs de notre sang, et même à vous qui êtes l'un des plus grands, et qui maintes fois nous avez dit et fait dire par vos principaux conseillers que vous avez toujours eu en déplaisance les termes que tenait notre fils... afin que s'il allait... devers vous en aucun de vos pays et seigneuries, vous ne lui donniez quelque trait, support, faveur, ou aide, et en ce faites comme bien y avons spéciale et singulière confiance (1). » (Lettre du 2 septembre.)

Philippe et son conseil furent dans un grand embarras, placés entre le désir de ne pas irriter le père et de se ménager le fils, disposés avant tout à agir au mieux de leurs intérêts présents et de leurs intérêts d'avenir. Le chancelier émit d'abord l'avis, pour le cas où le dauphin arriverait « de le faire retourner à son père le plus tôt qu'on pourrait et par tels moyens et si bons que la prudhommie en fut connue par de là sans y mettre d'interprétation mauvaise ni injuste à l'égard de l'innocent; car nul d'eux ne l'avait vu ni ouï et ne savait pour quelle fin il venait (2) ». Puis, en examinant de plus près la question et en voyant l'embarras du duc, Rolin exprima la pensée, à laquelle acquiesça le seigneur de Croy, qu'on pourrait, malgré la défense du roi, recevoir le dauphin « le plus hautement que pourrait » et puis, après l'avoir vu et entendu, « avertir le roi de tout et faire ensuite ce qui serait bien, juste et raisonnable à l'honneur et au bien de tous deux ». Cette réponse, assez habile, mais au moins ambiguë, fut portée au roi.

Philippe le Bon arriva le 15 octobre à Bruxelles, où le dauphin avait été reçu quelques jours auparavant avec les honneurs dus aux souverains, par la duchesse Isabelle et la comtesse de Charolais. Malgré tous les efforts du

(1) LE GRAND, *Louis XI*, t. VIII.
(2) CHASTELLAIN, t. III, p. 201.

prince, Philippe le Bon s'agenouilla devant lui en disant :
« Monseigneur, votre venue par deçà m'est une grande
joie au cœur. Je loue Dieu et vous de la bonne aventure,
que j'ai aujourd'hui à votre cause; et soyez aussi bien
venu comme fut l'ange Gabriel de la Vierge Marie, car
si grande joie ne reçus oncques ni tant d'honneur que
une fois en ma vie je vous ai pu voir et recevoir en mes
pays, qui vôtres sont et à votre service. »

Le dauphin, avec ce geste sec et saccadé qui lui était
ordinaire, essaya de relever Philippe, que jusque-là il
n'avait pas « pour effort ni pour prière oncques faire
soudre en pieds », et, fixant sur lui son regard perçant et
voilé sous d'épais sourcils (1), lui répondit : « Par ma foi,
bel oncle, si vous ne vous levez, je m'en irai et je vous
laisserai. Vous êtes le seul au monde que plus ai desiré
voir longtemps a, et appert bien; car je suis venu de
bien loin et à grand danger. Si loue Dieu que je vous
trouve sain et en bon état et m'est la plus grande joie que
j'eus oncque que la vue de votre personue. Bel oncle, s'il
plaît à Dieu, nous ferons bonne chère ensemble, et vous
conterai de mes aventures, et me direz des vôtres (2). »

Le 20 octobre, Rolin vit Georges de Bouhu, l'ambassadeur du roi, et, afin de compléter ses instructions, lui
dit que le duc était et serait toujours prêt et enclin à faire
de tout son bon et loyal pouvoir ce qui pourrait plaire au
roi, et que, sans vouloir penser à nulle fraude ni malice,
il avait toujours voulu s'employer à le servir et l'honorer
comme il était tenu, et qu'encore il le ferait toujours et
demeurerait tel; mais au regard de la vue de monseigneur
le dauphin, son fils, qui était venu en sa maison de son
propre et franc mouvement, à l'insu du duc et sans

(1) LE COY DE LA MARCHE, *op. cit.*
(2) CHASTELLAIN, *loc. cit.*

avertissement préalable, il ne lui était et ne pouvait lui être loisible ni honnête de l'en chasser, ni de l'en faire partir si tôt, ni si à coup, attendu le grand travail qu'il avait eu de venir de si loin et à si grandes journées, les peurs et perplexités qu'il avait eues à venir jusque-là; il était tout défait et tout fatigué de corps et de visage; mais après s'être un peu refait et remis sur pied, et après que son esprit serait un peu rassuré, le duc volontiers et de bon cœur, et en toute loyauté et prud'homie, travaillerait de tout son pouvoir à mettre la paix et l'accord entre le roi et son fils, et, en toutes mesures à lui possibles et faisables, il lui conseillerait de se montrer humble et obéissant envers le roi, afin de rentrer en grâce et en affection auprès de lui, comme un bon fils doit faire envers son père; mais il n'était ni loisible ni honnête au duc de lui refuser sa maison ni ses pays, de le souffrir malheureux et mourant de faim; tout le monde l'en blâmerait, et le roi tout le premier, s'il voyait témoigner si peu d'amour et d'honneur à son fils aîné, héritier de sa couronne, et on en pourrait faire cent mille interprétations contre lui, et il priait le roi de lui permettre de lui envoyer prochainement une ambassade pour l'entretenir plus complètement de cette affaire (1).

L'ambassade annoncée dans les instructions données par le chancelier sollicitait la rentrée en grâce de Louis dans des conditions que le roi ne pouvait accepter, et les sentiments paternels de Charles VII reçurent de cette fuite de son fils à l'étranger une atteinte qui abrégea sa vie.

Le roi connaissait Louis et pressentait son ingratitude vis-à-vis du duc de Bourgogne. On lui a prêté ce propos,

_____

(1) CHASTELLAIN.

qui n'a sûrement pas plus de valeur que tant d'autres mots historiques inventés après coup : « Mon cousin de Bourgogne nourrit le renard qui mangera ses poules. » Les paroles par lesquelles il congédia les ambassadeurs bourguignons reproduisent, dans tous les cas, la même pensée : « Dites à votre maître que s'il m'a fait ou qu'il me fasse chose qui me doive déplaire, il connaîtra bien que je ne l'ai point en gré. Et lui dites encore que tel cuide faire son profit qui fait grandement son dommage (1). »

Charles VII ne se trompait pas : le duc de Bourgogne, voyant le roi affaibli de corps et avancé dans la vie, avait voulu se ménager dans l'avenir un allié et s'attacher le futur roi de France par les largesses d'un accueil princier. Il était loin de compte, et son hospitalité ne lui valut que des déconvenues dans le présent, par les difficultés nouvelles qu'elle souleva avec le gouvernement français, et, dans l'avenir, par l'ennemi que ses bienfaits mêmes préparaient à lui et à sa maison.

Louis, dont le faste de la cour de Bourgogne humiliait l'orgueil, profitait de son séjour pour se rendre compte des ressources et, en même temps, des faiblesses de ce gouvernement hospitalier, et pour rechercher sur place les fissures par lesquelles il pourrait pénétrer un jour et désagréger l'édifice, sans base solide, de l'empire bourguignon. Doté d'une pension de trente-six mille livres pendant la longue hospitalité que lui offrit Philippe le Bon dans la belle terre de Genappe en Brabant, acceptant d'être le parrain de la petite princesse Marie, fille du comte de Charolais, peut-être songeait-il déjà aux moyens à employer pour confisquer un jour à son profit l'héritage

(1) Bibl. nat., ms. fr., 955 p. 110.

de sa filleule, tout en attendant avec une impatience cynique la nouvelle de la mort de son père.

Rolin ne vécut pas assez longtemps pour voir la destruction de son œuvre, et il était loin de la pressentir. Louis XI ne semble avoir conservé aucun sentiment de gratitude vis-à-vis de celui qui avait si puissamment aidé le dauphin : on parlait un jour devant lui du magnifique hôpital élevé à Beaune par le chancelier, et, comme on faisait valoir la charité du fondateur, Louis XI, qui avait écouté tranquillement ces éloges, se contenta de répondre : « Il n'a fait que ce qu'il a dû : il était bien juste qu'après avoir fait tant de pauvres pendant sa vie, il leur donnât un logement après sa mort (1). » Dans tous les cas, la plaisanterie était mal placée dans la bouche d'un prince qui fit cyniquement tant de malheureux, et dont son historien a dit qu'il serait à souhaiter qu'il fût désormais « plus piteux au peuple (2) ».

(1) Bibl. nat., collection de Bourgogne, t. 29, fol. 315 v°.
(2) COMMINES.

CHAPITRE XI

Nous avons suivi le chancelier Rolin dans les phases
multiples de sa longue carrière; nous l'avons trouvé mêlé
à tous les événements de cette époque, partageant sa
prodigieuse activité entre les négociations politiques, la
répression des troubles intérieurs et une administration
compliquée par le défaut de cohésion de tant d'états différents d'origine, de langue, de législation. Pas une des
crises qui ont successivement agité ce siècle de transformation et de lutte n'a été étrangère à son action, à son
influence, ou à la domination de sa volonté. Il a marqué
d'une empreinte personnelle et puissante ce grand « tournant » de l'histoire, la fin du moyen âge et la naissance de l'ère moderne, qui caractérise le quinzième
siècle. La suite de sa politique, les idées générales qu'il
appliquait au profit de son souverain et de son pays,
dépassent le niveau des hommes de son temps; il est le
précurseur des grands ministres modernes et certains

de ses actes ne l'éloignent ni de Richelieu ni de Colbert.

Sa puissance avait grandi avec l'emploi de ses talents, et la paix d'Arras l'avait consacrée dans des conditions qu'on pouvait croire inébranlables ; aucune affaire ne se dirigeait que par ses soins, nulle faveur ne se distribuait sans son agrément. Il était profondément redouté, et qui voulait lutter contre lui était vaincu d'avance. On en trouve une preuve, entre bien d'autres, dans une difficulté qu'il eut en 1444 avec la mairie de Dijon.

Le duc avait accordé en fief au chancelier l'*éminage* de Dijon, c'est-à-dire le droit à percevoir sur les graines vendues au marché de Dijon, et l'*égandillage* des mesures dont on se servait (1). La ville voulut apporter des restrictions à l'exercice de ce droit et entra en conflit avec Rolin. Le maire et le procureur de la commune furent délégués en Flandre, pour porter à Philippe le Bon les doléances de sa bonne ville. Le duc les ajourna au retour du chancelier, qui était alors à Anvers. A son retour, Rolin accueillit assez mal les envoyés. Il est curieux de voir, dans la lettre adressée par le maire aux échevins de Dijon, le 12 décembre, le résultat de sa démarche et la situation du tout puissant ministre : « Je et le procureur avons parlé et faict requeste à monseigneur le chancellier, et croy que y aurons aucune provision, combien que nous le trouvons moult dur en tout ce que requérons du fait pour lequel sommes par deçà. Et nonobstant toutes les diligences et sollicitations que faire y pouvons et scavons, nous n'avons pas grant espoir de guères obtenir de luy. *Et toutes voyes est-il celui qui faict et conduit tout et par les mains duquel tout se passe plus que oncques mais.* » Le maire

_____

(1) GARNIER, *Correspondance de la mairie de Dijon.*

ajoutait que, par un contretemps fâcheux, l'absence de la duchesse, qui avait toujours été bonne pour la ville de Dijon, ne permettait pas de demander son appui. La recommandation d'Isabelle de Portugal elle-même aurait-elle suffi pour faire triompher la revendication des magistrats municipaux? Cela est douteux. On a vu de nos jours des impératrices lutter d'influence, et souvent sans succès, contre un autre chancelier. On doit ajouter que la difficulté ne se termina qu'en 1452, par une transaction qui maintint à la ville son droit de justice sur l'éminage, en réservant à Rolin celui de faire vérifier les mesures à grains, de les faire marquer à ses armes et de percevoir le droit fixé.

Si Rolin était dur, suivant l'expression du maire de Dijon, il n'était pas accessible à de longues rancunes, et, dans tous les cas, ses relations avec la municipalité dijonnaise ne portèrent trace d'aucun mauvais souvenir. Un épisode curieux de l'année 1455 (1) en est un témoiguage.

Jean de Beauffremont, seigneur de Mirebeau, cousin du duc de Bourgogne, esprit faible et nature violente, avait écouté les propositions d'un certain alchimiste de Moulins qui lui promit de lui procurer, avec les ressources de son art, et moyennant juste récompense, une somme annuelle de trente mille francs. Enfermé à Mirebeau, mis en demeure d'exécuter sa promesse, le maître chanteur trouva le moyen de s'évader et de se réfugier à Dijon chez les jacobins, dont le couvent, très populaire dans la ville, était dans les meilleurs termes avec les représentants de la commune. Beauffrémont ne trouva rien de mieux que de venir à Dijon en armes, de pénétrer de

_____

(1) GARNIER, *op. cit.*.

force dans le couvent et d'enlever l'alchimiste.. Le cas était grave; il y avait violation du droit d'asile et infraction au droit de justice de la ville.

L'agitation fut au comble à Dijon. Beauffremont fut cité en justice par la commune, et on en référa au chancelier et au duc. C'était là une occasion excellente pour Rolin de rabattre les prétentions de la haute noblesse et de poursuivre son but constant de soumettre à la loi commune les prétentions féodales. Sa réponse du 9 décembre 1455 ne témoigne, à coup sûr, d'aucun ressentiment contre la municipalité : « ... Et en conclusion me requéry me vouloir employer à ce que par mondit seigneur soit donné provision touchant ledit cas... Sur quoi est vrai que tout a été mis en délibération au grand conseil de mondit seigneur, et il a été fait ainsi et par la manière que mondit seigneur vous escript et que, par ses lettres tant patentes que closes, le verrez plus à plein, en quoi me suis employé volontiers pour l'honneur et bien de la justice de mondit seigneur et aussi par amour de vous, et a diz me signifiez quand vouldrez chose que je puisse pour le faire de bon cuer. Ce scet le Saint Esperit qui, très chiers et spéciaux amis, vous aiet en sa benoîte garde. Escript à la Haye en Hollande « ce IX jour de novembre. N. ROLIN, seigneur d'Authume, chancelier de monseigneur le duc de Bourgogne. A mes très chiers et spéciaux amis les mayeur, eschevins, bourgeois et habitans de la ville de Dijon. »

Une nouvelle lettre du 5 février 1456 renouvelait les offres de service du chancelier et faisait connaître l'état des choses. Rolin fit enfermer Beauffremont au château de Talant et étudia de près l'affaire sur les pièces qui lui furent envoyées; voici en quels termes l'indique sa lettre du 10 février : « J'ai reçu vos lettres escriptes à Dijon le dix-neuvième jour de janvier passé, contenant que, après certains ajournements et exploits faits par vertu des lettres patentes de monseigneur le duc octroyées à la requête de son procureur, et de vous, à l'encontre de monseigneur de Mirebel, icellui monseigneur s'est constitué prisonnier au chastel de Talant, auquel lieu y a été procédé de notre part, et avez baillé vos conclusions, desquelles m'avez envoyé la copie, en me priant et requerant vous aider entretenir en la bonne grâce de mondit seigneur et avoir les affaires de vous et de la dite ville pour recommandées. Sur quoi, au regard de moi, je me vouldroye toujours employer à tenir la main au lieu de vous et de ladite ville si avant qu'il me serait possible, en bonne raison, justice et équité. Et avez, quand vouldrez chose que je puisse, le me signifier, et je le ferai de bon cuer. » Il fut décidé que la procédure judiciaire suivrait son cours, de façon à « garder et entretenir un chacun en ses droits et prérogatives. » Malgré tous les efforts de la noblesse, on n'étouffa pas l'affaire ; mais une année de captivité avait donné à réfléchir à Beauffremont ; il demanda à entrer en arrangement, et le duc, en raison de ses liens de parenté, le fit mettre en liberté, sous condition du payement de dommages-intérêts à la ville. Beauffremont mourut avant la solution de cette affaire, qui se termina, à la suite d'un procès, par le payement d'une somme de mille francs à la ville de Dijon.

On a vu par ce qui se passa au sujet du droit d'éminage que Rolin était àpre à la défense de ses droits, et il est certain que le désir d'agrandir sa fortune fut une des faiblesses de ce grand esprit, celle qui lui a été le plus reprochée ; non qu'il fût avare d'amasser sans dépenser et sans jouir ; il était, au contraire, magnifique : qu'il s'agit d'être l'hôte de son souverain, ou de représenter son pays dans les ambassades et les congrès, d'élever un peu partout des demeures superbes, et d'imiter le faste de la cour ducale, le chancelier Rolin dépensait sans compter, et nul ne tint plus haut l'éclat de son rang.

Mais il avait, pour capter les sources de la richesse, pour acquérer manoirs sur manoirs, seigneuries sur seigneuries, pour posséder des domaines et des fiefs dans toutes les provinces de l'empire bourguignon, la passion qui tourmente le paysan de son pays d'origine et lui suggère bien des compromissions de conscience lorsqu'il s'agit d'ajouter à l'héritage paternel un champ, une vigne ou un pré.

Enfin, dans l'accumulation de richesses qui jette une ombre fâcheuse sur sa renommée, le chancelier Rolin ne se préoccupait pas de lui seul; il songeait aussi, il songeait surtout, et c'est là une atténuation, à ses enfants, pour lesquels, on l'a vu, il avait toutes les faiblesses. Il fallait les pousser dans ce monde de la cour, dont le génie de leur père leur avait seul ouvert les portes; il fallait que fils ou filles fussent de grands partis; il fallait que Nicolas Rolin ne regardât pas de trop près aux moyens d'acquérir et ne se lassât pas de faire appel aux largesses de Philippe le Bon, pour donner à ceux de sa race le premier rang à la cour et dans l'Église, pour leur permettre de s'allier à l'aristocratie et de prendre les habitudes et les goûts de cette noblesse que la sagesse politique de leur père, plus encore que ses instincts bourgeois, tendait à abaisser, mais dans les rangs de laquelle ses vanités paternelles cherchaient à introduire ses enfants.

Nicolas Rolin, seigneur de Beauchamp, Ougney, Monetoix, Sauvisy, Chaveuse, Beaulieu, Saisy, Bragny, Vermot (1), Mouron, Salans, Fontaine lès Dijon, Pru-

(1) *Mém. de la Société bourguignonne d'histoire et de géographie*, t. II, 1885. *Inventaire Petit*, p. 419.

zilly, Aymeries, Raismes, Gergy, Mux, Ricey-le-Bas (1), Martigny-le-Comte (2), etc., était un des plus grands propriétaires fonciers de son temps (3). Il avait à Dijon, à Chalon, à Autun, des demeures princières. En Bourgogne seulement, trente et une terres lui appartenaient (4). Dans le comté, il possédait la seigneurie d'Authume, près de Dole, dont il prenait habituellement le titre, la terre d'Ougney, où il fit bâtir un château, de grandes terres à Salins, un fief près de Poligny, les terres de Pruzilly, Beauregard, Pelapussin, Vermantois et Bessia, qui lui provenaient de la maison de Salins (5).

En 1410, il acquit de Guillaume de Bavière, comte de Hainaut, un fief situé à Hal; même année, acquisition du même prince de la terre d'Aymeries, et achat de la vénerie de Hainaut (6). En 1443, il reçoit en fief de Louis, duc de Savoie, la terre de Virieu-le-Grand, qui revint plus tard à la couronne de Savoie, à la mort de Claudine, fille du chancelier, à qui son père l'avait cédée (7). En 1444, il paye le prix de vente du fief de la Fouée d'Arras; en 1446, il achète cent journaux de terre du seigneur de Lugny (8).

Malheureusement, à ces acquisitions régulières, il faut en ajouter d'autres, dont l'origine, pour être conforme aux usages du temps, est beaucoup moins honorable, en ce qu'elle provient de confiscations : il était admis dans les coutumes féodales, et en vertu de l'exercice de ce

(1) Bibl. nat., collection de Bourgogne, t. 51, p. 255 v°.
(2) Bibl. nat., ms. fr. 26291.
(3) Bibl. nat., ms. fr. 29017. — V. une liste de seigneuries au mot Rolin.
(4) BIGARNE.
(5) CHEVALIER, *Mémoires sur Poligny*, t. II, p. 476.
(6) Bibl. nat., ms. fr. 31960.
(7) GUICHENON, *Histoire de Bresse*, part. II, p. 112.
(8) Bibl. nat., ms. fr. 31960.

qu'on appelait le droit de *commise,* qu'en temps de guerre, le prince pouvait confisquer et donner à ses fidèles les terres des seigneurs qui avaient déserté sa cause. En vertu de ce principe, Philippe le Bon prononça la confiscation de biens appartenant à ceux de ses sujets qui avaient embrassé le parti royal et en fit don à son ministre (1). C'est dans ces conditions qu'en 1423 Rolin obtint du duc la châtellenie de Martigny-le-Comte, en Charolais, et celle de Villiers, confisquées à Jean et à Jacques de Chanron, « qui étaient allés servir le dauphin et avaient embrassé le parti que l'on disait communément d'Armagnac », et qu'il reçut en 1433 la châtellenie de Nau, en Franche-Comté, et la seigneurie de Bragny (2), confisquées sur Antoine de Lage et Eustache de Lévis, qui « s'étaient mis du côté du roi ». En même temps, Philippe lui fit don des terres de la Perrière, le Plessy, Lugny et Gyé-sur-Seine, provenant également de confiscations.

Au moment du traité d'Arras, qui spécifiait la restitution de tous les biens confisqués pendant la guerre, il fut convenu que cette clause du traité ne serait pas applicable au tout puissant ministre, et que Rolin, « pour la grande affection qu'il avait donnée audit traité », ne serait point tenu de restituer les terres dont il jouissait.

Le roi Charles VII, en témoignage de la satisfaction que lui donnait la paix, œuvre du chancelier, attribua à celui-ci, par lettres du 21 décembre 1435 et du 11 janvier 1436, les terres confisquées, et s'engagea à dédommager les seigneurs ainsi privés de leurs héritages. Ceux-ci n'acceptèrent pas cette décision, et Charles VII donna, le

---

(1) Voir sur la suite donnée à ces confiscations le très intéressant travail de d'Arbaumont, à qui nous empruntons ces détails. *Revue nobiliaire,* 1863.

(2) Bibl. nat., collection de Bourgogne, t. 105, fol. 139 v°.

30 octobre 1438, de nouvelles lettres portant mandement d'assigner les opposants pour recevoir le payement de leurs dommages-intérêts. L'affaire fut portée au parlement, où elle s'éternisa, et le dauphin Louis, qui avait à ce moment tout intérêt à ménager le chancelier de Bourgogne, lui donna les lettres confirmant la donation de son père. Deux des seigneurs dépossédés soutinrent la lutte; pour l'un, Eustache de Lévis, elle se termina par une transaction ayant pour base le mariage de Guillaume Rolin, fils aîné du chancelier, avec Marie de Lévis; l'autre, Jean de Chauron, mourut avant la fin du procès, et c'est seulement son fils qui rentra en possession de ses domaines le 1er août 1477. Par un juste retour des choses d'ici-bas, Guillaume Rolin, héritier de son père, subit la confiscation imposée par Louis XI pour avoir servi la cause de Charles le Téméraire.

En toute occasion, Philippe le Bon témoignait, par des présents ou par de bons procédés, sa reconnaissance des services de son ministre. Il l'avait fait chevalier en 1424. On trouve à ce sujet, dans le compte de la recette générale des finances de Lille, la mention suivante : « à Michel Bavary, demeurant à Lille, vingt livres quinze sols pour une sainture d'un tissu de soye noire garnie de boucles, mordant et cloux de fin or, pesant ensemble xi onces, que mon dit seigneur a faict prendre et achepter et donner de lui et celle donnée et faict présenter de par lui à monseigneur d'Authume, son chancelier, le jour qu'il l'a créé et sacré chevalier (1) ». Cette ceinture devait orner la

(1) *Mémoires de la Société éduenne*, t. V. Documents sur la famille Rolin. Un autre compte de Jean Villain, orfèvre, demeurant à Dijon, mentionne le payement d'une somme de 81 francs, faite au nom du duc. Il s'agit, non d'un don, mais d'une restitution « c'est à savoir : pour la façon de douze tasses d'argent, qu'il avait refaites, verrées et dorées aux bords, pour les rendre à monseigneur le

robe « fourrée » que chaque année le duc offrait à son chancelier.

En 1426, Philippe le Bon, par lettres patentes de Lille, du 23 juin, donne à « son amé et féal chancelier tous les meubles qui lui étaient échus de feue madame Bonne » d'Artois, sa seconde femme (1).

En 1431, le duc « voulant reconnaître les services de messire Rolin, son chancelier », donne son agrément, par lettres patentes d'Anvers, du 21 septembre, « à l'acquisition qu'il venait de faire pour lui et pour ses hoirs, de François de la Palu, chevalier, conseiller et chambellan, d'une rente de 60 sols sur les épices de ses châtellenies et foires de Chalon, laquelle avait été donnée en 1340 par le duc Eudes à feu Pierre de la Palu, grand-aïeul paternel dudit François (2) ».

En 1444, le duc lui fait remise des droits qui lui étaient dus pour la vente de la terre de Florestel faite par le vidame d'Amiens au chancelier (3). Le 13 décembre de la même année, il lui accorda le droit de chasser *à toutes bêtes* dans ses bois. Au quinzième siècle, c'était là une insigne faveur, et, pour l'obtenir, il fallait avoir rendu de « grands, notables et très loyaux services », comme le portent les lettres octroyées dans cette circonstance à Rolin (4).

On a prétendu que Philippe le Bon se serait lassé des demandes de Rolin, et qu'un jour, en présence de ces

chancelier de Bourgogne, pour et au lieu des siennes, que, par commandement de monseigneur, il avait baillées et délivrées pour le payement du mois de décembre de l'an passé des gens d'armes et de trait estant à siège devant la ville d'Avallon (1432-1433). » LABORDE, *les Ducs de Bourgogne*, t. I.

(1) Bibl. nat., ms. fr. 31960.
(2) *Ibid.*
(3) Bibl. nat., ms. fr. 31960.
(4) PICARDIE, 1867, p. 508.

requêtes intéressées, il aurait dit : « Non, Rolin, c'est trop. » A en croire un auteur (1), l'origine de ce propos serait autre ; au moment de la reddition de Bruges, le chancelier se fit remettre quinze mille écus pour sa part, et en exigea quarante mille pour le duc, à qui il rapporta ces conditions imposées, qui étaient d'ailleurs dans les mœurs du temps. Philippe trouva que la différence entre les deux sommes n'était pas assez grande et que sa part n'était pas en proportion avec celle de Rolin, à qui il dit cette parole, passée, paraît-il, en proverbe : « C'est trop, chancelier ! »

Une autre anecdote semble, au contraire, prouver l'inépuisable largesse du duc pour son ministre ; c'était à un moment où la noblesse, lasse du joug du redoutable chancelier, faisait un suprême effort pour le renverser et l'accusait auprès du duc de fraudes et de concussions. Rolin, qui connaissait l'esprit impressionnable de Philippe, parut devant lui avec sa robe d'avocat : « D'où vient, mon compère, que je vous vois en un habit si peu convenable à un homme de votre état? — Monseigneur, répondit le chancelier, je vous remets tous les biens dont vous m'avez comblé, et je vous prie de trouver bon que je retourne à ma première fortune d'avocat en demeurant dans vos bonnes grâces. » Cette mise en scène produisit l'effet attendu, et ce fut pour les conspirateurs une journée des Dupes. L'historien ajoute que Rolin avait remis au duc une feuille sur laquelle était inscrite la liste de tous les biens dont il offrait la restitution, et que Philippe aurait dit en la prenant : « Je suis bien aise qu'il y ait de la marge pour écrire le bien que je veux vous faire, et remplirai la feuille, à la confusion de vos ennemis ; con-

---

(1) COQUILLE, *Histoire du Nivernais*, p. 308.

tinuez à me bien servir (1) ». L'histoire peut avoir été inventée après coup ; elle donne bien la note des relations du prince et de son ministre.

Quoi qu'il en soit, la fortune de Rolin était énorme. Après sa mort, un acte de partage fut passé, le 27 avril 1462, entre sa veuve et ses fils. L'énumération des biens à partager fait connaître mieux que tout au monde, selon les expressions d'un auteur qui a recueilli ces détails (2), la fortune surprenante de ce bourgeois d'Autun, dont les fils, pour procéder au partage de leurs seigneuries, répandues sur tous les points des vastes domaines de la maison de Bourgogne, coupent d'un trait de plume la carte de la France orientale.

Bien que cet acte ne donne pas l'évaluation des lots de chacun des copartageants, on peut déterminer approximativement l'actif de la fortune totale du chancelier, si l'on considère que la part attribuée à sa veuve et correspondant à peu près à la moitié des acquêts et à l'estimation en toute propriété de la moitié des propres, représentait un revenu de 200,000 francs environ de notre monnaie. Les seigneuries de la Perrière, du Plessis, de Lugny, de Martigny-le-Comte et de Gyé, tombées dans le lot de Guillaume Rolin, donnaient, en 1444, un revenu qui équivaudrait aujourd'hui à 180,000 francs environ. Que l'on juge par cela du reste, ajoute le même auteur.

Le point culminant de la faveur de Rolin se place presque à la fin de sa carrière, au moment du voyage du duc en Allemagne, pendant lequel il remplit, sous le nom du comte de Charolais, le rôle d'un véritable régent. Nous

(1) COURTÉPÉE, t. II, p. 68.
(2) BOULLEMIER, *Nicolas Rolin, Notice historique sur sa famille*, 1865.

devons entrer dans le détail de cet événement et des circonstances qui le précédèrent.

Le 29 mai 1453, Constantinople était tombée au pouvoir de Mahomet II, et la ville impériale avait été en proie
à toutes les horreurs imaginées par le fanatisme musul-
man. Cette nouvelle fut accueillie avec terreur en Europe,
en Italie surtout, où on se crut à la veille d'une nouvelle
invasion des barbares. Le pape Nicolas V fit solennellement appel à toute la chrétienté, adjurant les souverains
de se vouer corps et biens à la défense de la foi, leur rappelant le serment de leur sacre, promettant indulgence
plénière à tous ceux qui s'armeraient pour la sainte cause,
ordonnant la levée d'une dîme pour les frais de la croisade, envoyant partout des religieux pour prêcher la
guerre sainte (1). Mais l'émotion fut promptement calmée,
et le pape se rendit compte bientôt qu'il se heurterait à peu
près partout à l'indifférence ou à la coalition d'intérêts
opposés.

Seul le duc de Bourgogne apparaissait comme le champion d'une cause qui convenait à son caractère et à ses
goûts; se placer à la tête d'un mouvement européen dans
des conditions qui mettraient en relief sa puissance et ses
habitudes chevaleresques, semblait de nature à plaire à
Philippe. Un auteur (2) fait assez méchamment remarquer que les intérêts de la religion n'étaient peut-être pas
au premier rang de ses préoccupations et que ce fameux
voyage d'Orient servirait plus d'une fois de prétexte à des
demandes « d'inumérable finance d'argent (3) ». Le duc
se mit en relations avec le pape et envoya au roi de
France un de ses conseillers, chargé de lui annoncer son

(1) Beaucourt, *op. cit.*, t. V.
(2) Frédérich, *op. cit.*
(3) Chastellain, t. IV.

intention de faire le « saint voyage » et de connaître, à cet égard, les intentions personnelles du roi. Charles VII, qui ne voyait aucun inconvénient au départ de Philippe, répondit qu'il était « bien content que monseigneur de Bourgogne entreprît en personne le voyage pour la défense du nom de Jésus-Christ et de la sainte foi chrétienne (1) ». C'est alors que Philippe fit le vœu solennel connu sous le nom de *vœu du Faisan*, qui, parmi les fastes de cette époque, eut un retentissement qu'aucune autre n'a effacé. Nous devons nous y arrêter, puisque Rolin y prit part, et d'abord rappeler ce qu'était alors la cour de Philippe le Bon.

Le grand duc d'Occident, possesseur de cinq duchés à « hauts fleurons », de quinze comtés d'ancienne création (2) et d'innombrables seigneuries, qui s'intitulait dans ses actes « duc de Bourgogne, de Brabant, de Lothier et de Limbourg, comte de Flandre, d'Artois et de Bourgogne, palatin de Hainaut, de Hollande, de Zélande et de Namur, marquis du Saint-Empire, seigneur de Frise, de Salins et de Malines, duc par la grâce de Dieu », avait organisé sa cour dans des conditions dont Versailles, sous Louis XIV, peut seul donner idée. La noblesse qui l'entourait et qu'il attirait dans ses états n'était qu'une brillante domesticité, hiérarchisée, séparée de lui par d'infranchissables degrés, bien accueillie à condition, que le souverain fût traité par elle en maître absolu (3).

Les seigneurs, venus de tous les points de la Bourgogne et des Pays-Bas, imitaient le maître dans ses prodigalités et ses vices, se ruinaient en folles dépenses, et recevaient du duc, en échange, des titres, des sinécures,

---

(1) Bibl. nat., ms. fr. 5040, fol. 87.
(2) Courtépée, t. I.
. (3) Lavisse, *op. cit.*, t. IV, 2e partie.

des pensions, un appui pour dorer leur blason par de riches mariages. L'étiquette des monarchies modernes n'est que la reproduction de celle qu'inventa ou régla la cour de Bourgogne (1). Le nombre des officiers qui devaient servir le prince, le rôle de chacun d'eux étaient minutieusement réglés par des ordonnances spéciales, datant des années 1426, 1433, 1437, 1438, 1445, 1449, 1454, 1457, 1458, désignées sous le nom d'États auliques de Philippe le Bon, et où tout est prévu, depuis le lever du prince jusqu'à son coucher, avec la mission spéciale de chacun des officiers « inscrits sur les *escroes* (*écrous*) de l'hôtel », c'est-à-dire sur des listes où leurs émoluments étaient notés de manière à permettre au maître de la chambre aux deniers de leur verser les appointements afférents à leurs jours ou à leurs heures de service.

Et le nombre de ces officiers est infini : en dehors des secrétaires, des conseillers, des grands officiers de la couronne, il y avait les chambellans (Philippe le Bon en eut cent soixante-deux sous son règne), les chevaliers de corps, les écuyers, les maîtres d'hôtel, les maîtres de la garde-robe, les médecins et chirurgiens, comprenant plus de deux cents personnes ; le service de la musique, pages, ménétriers, joueurs de harpe, hautbois, etc. ; le service de la paneterie, grand panetier, 35 écuyers panetiers ordinaires ; le premier échanson, 37 écuyers et échansons ordinaires, et, parmi eux, les de Thoisy, les de Vaugrigneux, les d'Oiselay, les de Saulx, les de Courtenay, de Rochebaron, etc. : le premier écuyer tranchant et les écuyers tranchants ordinaires, parmi lesquels on trouve les noms de Courcelles, de Toulongeon, de Sercey ; les

---

(1) Voir *Traité des honneurs de la Cour*, par ALIÉNOR DE POITIERS.

queux de bouche, les écuyers de cuisine (Joachim de
Montléon, Perrin d'Auxange, Nicolas de Neuville), avec
l'innombrable tourbe des hasteurs de cuisine, des gardes-
rôts, des piqueurs de viande, des potagers de cuisine, des
porteurs de potage, des tourneurs de broche, des souf-
fleurs de cuisine, des buffiers, des saulciers, des bouchers
de l'hôtel (Jean Macheco, Jean Yvert), des happelopins, des
fruitiers, épiciers, confiseurs, avec leurs valets et les
aides de leurs valets; le service de l'écurie, comprenant
le grand écuyer (Antoine de Villers), 60 écuyers ordinaires
d'écurie (Bourbon, Thoisy, Vaultravers, etc.), les pages
de l'écurie, les chevauchers, palfreniers, valets, armuriers,
maréchaux, cochers, postillons, charretiers, etc.; la véneric
et la fauconnerie avec 24 veneurs, 12 aides de vénerie et
24 valets, 12 pages et 12 sous-pages, 6 gouverneurs de
valets de chiens, un maître fauconnier avec 24 faucon-
niers, 12 aides et 54 valets (1). Il y avait le roi d'armes de
la Toison d'or et les hérauts d'armes de Bourgogne, de
Flandre, d'Artois et de Charolais avec leurs poursuivants
d'armes et leurs trompettes de guerre; le service de l'artillerie, les intendants des bâtiments, maîtres des œuvres
de maçonnerie, de charpenterie, les sculpteurs et peintres
du duc : enfin le service de la chapelle, confesseur, chapelains, clercs de chapelle, sommeliers, fourriers de la chapelle, premier aumônier, aumôniers ordinaires, clercs d'aumônes, fourriers d'aumônes, valets d'aumônes, etc. (2).
Si l'on ajoute que la maison de la duchesse était montée
sur un pied analogue, on peut se rendre compte de la
multitude de serviteurs et d'officiers qui gravitaient autour
des souverains.

---

(1) PICARD. La vénerie et la fauconnerie des ducs de Bourgogne,
Mémoires de la Société éduenne, 1830.
(2) LA BARRE, 2ᵉ part., p. 177 et suiv.

Le luxe de la résidence ducale répondait à l'éclat de cette cour. On estimait à trente mille marĉs d'argent la vaisselle employée sur la table du duc, et ses tapisseries de Flandre étaient d'une inestimable valeur ; luxe dans lequel, d'ailleurs, les habitudes de confort d'un souverain moderne n'eussent pas trouvé leur compte : aucun des nombreux palais de Philippe le Bon n'était meublé, en dehors de celui dans lequel il était en résidence, de sorte que chaque déplacement du prince et de l'immense personnel qu'il entraînait après lui nécessitait le transport d'innombrables bagages, et en particulier de ces merveilleuses tapisseries, dont on s'empressait, à l'arrivée du duc, d'orner tous les murs.

Les fêtes et les divertissements ne discontinuaient pas dans cette cour, où tout était prétexte à amusement. Suivant l'affirmation d'un chroniqueur, Philippe « veillait de nuyt jusqu'au jour, et faisait de la nuyt le jour pour veoir dances, festes et aultres esbatements toute la nuyt ». Il faut lire dans les registres des comptes du duc cette liste de bals, de joutes, de représentations de mystères, de combats d'animaux, fêtes dont le goût n'égalait pas toujours la magnificence, telle que celles de la célèbre galerie du château de Hesdin, où on avait disposé des appareils, chargés de « mouiller les gens », de battre de verges ou couvrir de farine ou de suie les invités, où, dès l'entrée, en avait placé « huit conduiz pour mouiller les dames par dessoubz (1) ».

Parmi toutes ces fêtes, nulle ne laissa un souvenir plus vivace que celle du vœu du Faisan, par laquelle Philippe le Bon voulut donner plus de solennité à son serment de partir pour la croisade, serment qui, d'ailleurs, ne devait

(1) Douet d'Arcq, *Bibl. de l'École des chartes*, 3ᵉ série, vol. I, p. 232.

pas être tenu : « on ne doit, comme l'écrivait justement le
chroniqueur, espérer d'autre issue d'un vœu fait en beu-
vant (1). » La préparation de cette fête fut toute une
affaire pour le « bon duc » ; il « fit faire ses préparatifs
d'entremets et de viande. Et conduisaient cette chose Jean,
seigneur de Lannoy, un chevalier de l'ordre de la Toison,
d'un esprit inventif, et un écuyer, nommé Jean Boudault,
homme moult notable et discret. Et me fit le bon duc tant
d'honneur qu'il voulut que j'y fusse appelé, et, pour cette
matière, se tinrent plusieurs conseils où fut appelé le
chancelier (2). » On voit que la confiance de Philippe
pour son ministre était universelle.

Après une série de fêtes interminables données par les
seigneurs bourguignons, et à la suite d'une passe d'armes,
conduite par Adolphe, duc de Clèves, le duc offrit le
17 février un banquet, le plus magnifique de tous ; les
chroniqueurs en ont multiplié les détails.

La fête se donnait dans une immense salle du palais
ducal de Lille, ornée pour la circonstance de tapisseries
superbes, représentant les travaux d'Hercule. Trois tables
couvertes « d'entremets » étaient dressées : sur celle du
duc, on voyait une église, avec ses vitraux, ses cloches,
ses orgues, et quatre chantres accompagnant cet instrument ; un navire avec ses mâts, ses cordages et ses mate-
lots ; une prairie avec des rochers de rubis et de saphirs ;
une fontaine avec « ung petit enfant tout nu sur une
roche qui p...... eau de rose continuellement. » La seconde
table portait le château de Lusignan avec la fée Melusine ;
« ung pasté, dans lequel avait vingt-huit personnages vifs,
jouant de divers instruments, chascun quand leur tour
venait », puis un sauvage sur un chameau, un chevalier

(1) Paradin.
(2) Olivier de la Marche, t. II, p. 329.

et « sa mie » sous un bosquet de roses ; un ours sur une
montagne, etc. Sur la plus petite table était « une forêt
merveilleuse ainsi comme si c'estoit une forest d'Inde »,
avec des animaux qui se mouvaient automatiquement.
Un buffet supportait toute la vaisselle d'or et d'argent du
duc ; sur une colonne, une statue de femme versait de
l'hypocras ; un lion vivant était attaché à une autre, avec
cette devise : « Ne touchez pas à ma dame. » Des tribunes,
en amphithéâtre autour de la salle, regorgeaient de spé-
culateurs. Philippe portait, dit-on, pour plus d'un million
d'écus d'or de pierreries. Les mets descendaient du plafond
dans un char d'or.

Tant que dura le festin, des intermèdes variés vinrent
distraire les convives : exercices acrobatiques, pantomimes,
simulacres de chasse, et enfin la pièce principale qui
devait rappeler à tous le but de ces magnificences : un
géant coiffé du turban s'avança conduisant un éléphant
portant dans une tour un écuyer de Philippe, Olivier de
la Marche, déguisé en femme et représentant « Sainte
Église », ainsi conduite en captivité par les Turcs. Le
cortège s'arrêta devant le duc, et la dame éplorée récita
une longue complainte sur les maux que lui faisaient
subir les infidèles, et supplia Philippe de venir à son
secours. Alors Toison d'Or, le hérault ducal, entra dans la
salle suivi de deux chevaliers de l'ordre, donnant la main
à deux dames : Yolande, bâtarde de Bourgogne, et Isabeau
de Neufchâteau.

Toison d'Or portait un faisan vivant, ayant au col un
cercle d'or garni de pierreries. Il dit au duc qu'il venait,
suivant l'ancienne coutume, faire, avec les chevaliers et
les dames, hommage du bel oiseau à sa vaillance, car
« aux grants festes et nobles assemblées, on présente aux
princes, aux seigneurs et aux nobles hommes le paon ou

quelque aultre oiseau noble pour veuz utiles et valaibles ».
Philippe alors se leva et prononça ces paroles : « Je voue
à Dieu mon créateur, à la glorieuse Vierge Marie et au
faisan que je ferai et entreprendrai ce que je baille par
écrit. » Il remit alors à Toison d'Or un pli dont il lui
ordonna de donner lecture et qui contenait l'engagement
que, s'il plaisait au roi d'entreprendre la croisade et d'exposer son corps à la défense de la foi chrétienne et de
résister à la damnable entreprise du Grand Turc, et,
s'il n'avait aucun empêchement de son corps, il le servirait en personne de sa puissance au sainct voyage, le
mieux que Dieu lui en donnerait la grâce. Au cas où le
roi ne pourrait prendre les armes en personne, et où il
désignerait à cet effet un prince ou autre seigneur comme
chef, il l'accompagnerait ; alors même que le roi n'irait ni
n'enverrait, le duc s'emploierait avec les princes chrétiens qui entreprendraient le saint voyage, pourvu que ce
fût du bon plaisir et congé de son seigneur et que les pays
que Dieu lui avait donnés à gouverner fussent en paix et
sûreté, et, si, durant le saint voyage, il pouvait savoir
ou connaître que le Grand Turc eût volonté d'avoir affaire
à lui corps à corps, ils le combattrait à l'aide de Dieu tout
puissant et de sa très douce mère (1).

Cette perspective de combat singulier était une des
pensées favorites de Philippe le Bon. Il l'émit en maintes
circonstances. Il est permis toutefois de penser qu'il ne
prenait pas très au sérieux ce projet d'une joute avec Mahomet. Quoi qu'il en soit, après le discours du duc, « Sainte
Église » le remercia et fit le tour des tables, en recevant
le vœu de chacun des seigneurs et des chevaliers présents.

(1) MATHIEU D'ESCOUCHY, t. II, p. 160.

Rolin, sa femme Guigane de Salins, son fils Antoine assistaient au banquet; Antoine Rolin promit de faire partie du voyage, si son père le permettait et en faisait les frais. Quand ce fut le tour du vieux chancelier (il avait soixante-quatorze ans), il se leva et formula ainsi son vœu : « Pour ce que, obstant mon ancienneté et faiblesse, ne pourrai bonnement aller en personne au saint voyage que mon très redouté seigneur, monseigneur le duc de Bour-gogne, entend faire pour la défense de la foi chrétienne, et ainsi par la manière que déclare être en son vœu sur ce fait, je voue à Dieu premièrement, et après aux dames et au faisan, qu'en mon lieu j'enverrai avec mon dit très redouté seigneur en son service audit sainct voyage un de mes enfants, accompagné de vingt-quatre gentilshommes armés et montés suffisamment, et les entretiendrai à mes dépens, tant et si longuement que mon dit seigneur le duc y sera (1). »

Quand tous les vœux furent prononcés, une dame, symbolisant « Grâce de Dieu » fit son entrée, accompa-gnée de douze des plus nobles chevaliers de la cour, don-nant la main à douze dames portant sur une frange d'or le nom d'une vertu. « Grâce de Dieu » remercia le duc et tous ceux qui avaient prêté serment avec lui, et leur pro-mit « bonne et victorieuse conclusion de leur entreprise, bonne renommée par tout le monde et le royaume de Pa-radis à la fin » : après quoi, elle se retira, et les douze vertus donnèrent le signal du bal, qui dura fort avant dans la nuit.

Ces fêtes étaient ruineuses, et l'ordre que Rolin avait rétabli dans les finances en était singulièrement altéré. On ne pouvait pas toujours demander des subsides à la

----

(1) Bibl. nat., Fontette, portefeuille n° 35, fol. 269.

Flandre et aux états de Bourgogne. Philippe trouva un moyen simple et ingénieux, ce fut de suspendre pour deux années le payement des gages des officiers de son hôtel (1). Pour certains, il n'y eut que réduction ; l'évêque de Tournai, Jean Chevrot, ami intime du chancelier, toucha 1,460 livres au lieu de 2,460; et on retrancha 2,000 livres des 4,220 que recevait Rolin (2).

Cependant Philippe avait hâte de se rendre en Allemagne : l'empereur Frédéric III avait convoqué à Ratisbonne une diète de tous les princes de l'Empire, pour discuter les mesures à prendre contre les Turcs; feudataire de l'Empire, le duc de Bourgogne avait reçu la convocation impériale : « *Tibi velut Imperii Sacri princijis de plenitudine Cæsaris potestatis injungimus et mandamus* », et, tout rempli du désir de jouer le grand rôle de chef de la chrétienté et d'accomplir le vœu qu'à ce moment, et de très bonne foi, il voulait exécuter, il quitta Lille le 24 mars 1454, après avoir nommé son fils, le comte de Charolais, lieutenant-général, avec un conseil de régence, à la tête duquel se trouvait Rolin. Celui-ci, pendant cette absence, qui d'ailleurs fut courte, remplit complètement le rôle de chef de gouvernement. Il administra avec son expérience accoutumée, de telle façon que le duc, selon l'expression du chroniqueur, retrouva à son retour ses états entiers comme devant (3). Philippe se rendit d'abord à Bar-sur-Aube, pour gagner la Bourgogne et se rendre à Ratisbonne par la Suisse. L'empereur, malgré ses convocations et ses promesses, ne parut pas à la diète; la grandeur du duc de Bourgogne l'offusquait et il redoutait ses instances pour l'obtention du titre royal, que Philippe

---

(1) Mathieu d'Escouchy, t. II, p. 243. Chastellain, t. V, p. 60.
(2) *Mémoires de la Société éduenne*, t. VI. Bigarne.
(3) Olivier de la Marche, t. II, p. 398.

faisait secrètement entrer en ligne de compte dans les ambitions de son voyage. L'exemple de l'empereur fut suivi, et la diète fut peu nombreuse ; un légat du pape, les ambassadeurs du duc de Savoie, deux princes électeurs seulement, le margrave de Brandebourg et le duc Louis de Bavière, y figurèrent. On invita l'Empereur à convoquer une autre assemblée qui, en effet, se tint à Francfort quelques mois plus tard, et où on décida l'envoi d'une flotte contre les Turcs.

Philippe le Bon proclama hautement à Ratisbonne ses desseins relativement à la croisade et promit de se mettre à la tête d'une armée de soixante mille hommes, si les autres princes voulaient suivre son exemple. Il vit sur sa route plusieurs princes allemands ; mais on ignore ce qu'il put tirer d'eux pour ses vues personnelles. Désappointé, le duc rentra dans ses états et resta quelque temps en Bourgogne. A son retour, les négociations relatives à la croisade continuèrent avec le roi de France, sous la direction de Rolin : une ambassade fut envoyée à Charles VII au mois de décembre 1454 pour lui exposer les résultats de la diète de Ratisbonne et de celle de Francfort, et pour s'entendre sur les moyens d'aller combattre les Turcs. Charles VII traita l'ambassadeur bourguignon avec beaucoup d'honneur et promit de traiter à fond cette matière, qui « était de grand poids ».

Au commencement de 1455, le 9 février, une conférence s'ouvrit sur le même sujet à la Charité entre le duc d'Orléans et Rolin, et on y décida qu'on presserait le roi de faire connaître ses projets au duc, qui venait de quitter la Bourgogne et de rentrer en Flandre ; une fois la réponse royale connue, le chancelier se rendrait, si tel était le bon plaisir du roi, à une assemblée que Charles venait de convoquer pour les affaires de son royaume (1).

Le 4 mars, le roi, mis au courant par le duc d'Orléans du résultat des conférences de la Charité, écrivit au chancelier pour lui exprimer sa satisfaction du bon vouloir qu'il lui témoignait et lui annoncer l'envoi d'une ambassade. Nous avons la réponse de Rolin : elle est du 16 avril, et est ainsi conçue : « Mon souverain seigneur, tant et si humblement que plus puis, je me recommande à vostre noble et bonne grâce. Et vous plaise savoir, mon souverain seigneur, que j'ay recu vos lettres données à Mehun sur Yesvre, le quatrième jour de mars derin passé, que m'a baillées Jehan d'Amancy, vostre conseiller et escuier d'escuerie, porteur de cestes, faisant mention de la réception de celles que vous escripviez derin, moy estant à la Charité, et que vous êtes très contens du bon vouloir et affection que j'ay à vos affaires, comme l'avez sccu par monseigneur le duc d'Orléans et par le dit Jehan d'Amancy qui ont été au dit lieu de la Charité, dont, mon souverain seigneur, je vous remercie en toute humilité de l'amour que me faittes en ceste partie. Ensemble aussi les provisions qu'il vous a pleu de votre grâce ordonner et moy octroier touchant aucunes de mes affaires, vous suppliant tant et si très humblement comme je puis que mes diz affaires vous plaise adez avoir pour recommandez et moy tesnir en vostre très noble et bonne grâce. Au surplus, mon souverain seigneur, il est vrai que messire Jehan le Boursier, chevalier, seigneur d'Esternay, vostre conseiller, chambellan et général sur le fait et gouvernement de vos finances, et le dit Jehan d'Amancy, vos ambasseurs, ont dit et déclaré à mon très redoubté sei-

(1) Bibl. nat., ms. fr. 5041, fol. 52.

gneur, monseigneur le duc de Bourgogne, votre noble
plaisir et bon vouloir sur les matières dont il vous feust
naguères faict requeste par messire Symon de Lalaing,
son conseiller et chambellan. Et en faisant leur proposition, se sont conduiz, par especial le dit seigneur d'Esternay qui a porté la parole moult honorablement et en
grant douceur, dont mon dit très redoubté seigneur a esté
et est tant contens que plus ne pourrait. Et au surplus les
a expédiez, ainsi que plus à plain le savez par eulx, se est
vostre noble plaisir. Mon souverain seigneur, je vous
supplie en si grant humilité que faire puis, que tousjours
vous plaise moy mander et commander voz nobles et bons
plaisirs et commandemens pour iceulx accomplir de tout
mon léal povoir, comme raison est et bien le doyt et vueil
faire, à l'ayde du benoit filz de Dieu, auquel je prie qu'il
vous doint bonne vie et longue, et accomplissement de
voz très haulx et très nobles désirs. Escript à Bruges le
seizième jour d'avril. »

On peut se demander si, en employant ces termes d'une
humilité qui eût été vraiment excessive si elle n'avait pas
été conforme aux usages du temps, le chancelier avait
conservé le souvenir des virulentes conclusions de l'avocat Rolin contre le dauphin au lit de justice de l'hôtel
Saint-Paul en 1420.

Jean le Boursier et Jean d'Amancy étaient venus, en
effet, à la cour de Bourgogne porteurs d'instructions (1)
qui, en laissant le duc Philippe libre de son entreprise et
en réservant formellement les droits de son suzerain,
n'engageaient aucunement la participation de celui-ci : le
roi considérait cette campagne comme très honorable,
tout en voyant bien des difficultés à l'éloignement du duc

(1) Dom PLANCHER, t. IV, preuves, p. CXXVI.

en si lointaines régions; mais il fallait avant tout considérer la grandeur de l'entreprise et de son résultat; Charles VII faisait aussi observer, dans ces instructions, que la résolution définitive de la croisade avait été prise à Francfort par l'empereur et le conseil de l'empire; or le roi est empereur en son royaume et n'est tenu à reconnaître aucune des délibérations prises en Allemagne, quel qu'en soit l'objet : mettre à exécution de semblables résolutions au royaume de France, sans le consentement du roi, serait déroger aux droits royaux et impériaux qui appartiennent à la couronne. Le roi était convaincu d'ailleurs que le duc, issu de sa maison, ne le voudrait pas entreprendre, car ce serait également à son dommage et à celui de tous les autres princes et seigneurs du royaume. Le voyage du duc serait pour le royaume un grand affaiblissement de la noblesse et une diminution de ressources, à quoi le roi, qui est souverain et père de la chose publique dans tout le royaume, a grand intérêt et doit bien avoir égard. Toutefois le roi ne veut pas que, faute de l'aide, tant de gens que d'argent que le duc veut avoir, sa bonne et louable entreprise soit entravée ou retardée; aussi il donne libéralement et de sa grâce spéciale au duc pouvoir de lever partie de son armée dans les terres et seigneuries qu'il tient du royaume et de faire appel aux nobles et autres gens de guerre qui voudront l'accompagner, comme aussi de faire lever sur les gens d'église le dixième accordé par le pape et l'aide que ses sujets lui voteront. Il a ordonné à ses ambassadeurs de remettre au duc des lettres patentes à cette fin.

Ces instructions, remarquables par leur habileté, en même temps que par la connaissance judicieuse de la situation dont elles portaient la preuve, furent développées devant le duc par Jean le Boursier avec une éloquence et et une émotion vivement décrites par les chroniqueurs (1) et auxquelles Rolin fait allusion dans sa lettre au roi.

En réponse à cette mission, une « grosse » ambassade fut envoyée à Charles VII au mois de juillet suivant. Elle avait pour chef le chancelier, accompagné du seigneur de Croy et d'une suite de trois à quatre cents chevaux. Rolin était chargé de supplier le roi qu'il lui plût prendre en sa garde tous les pays du duc « durant le temps de son absence en son voyage de Turquie pour accomplir son vœu; en outre, que son plaisir fût lui bailler la bannière de France, avec gens et argent pour fournir le dit voyage (2). »

L'ambassade arriva à Bourges, où elle trouva le duc d'Orléans, qui la reçut « grandement et honorablement » et la conduisit au château de Bois-Sire-Armé, dans les marches du Berry, où se trouvait alors le roi. Charles d'Orléans présenta à Charles VII les ambassadeurs, « qui, étant à genoux, lui firent la révérence ». Le roi les releva et les reçut « à très grande joie ». Conduits par lui dans la chambre du conseil, ils s'acquittèrent de leur mission. Charles leur répondit que, si le duc voulait remettre en ses mains les villes de la Somme et lui envoyer son fils, le comte de Charolais, en son absence, il le laisserait jouir de tous les profits de ces villes et se chargerait du soin de garder son fils, « ensemble de ses autres pays comme il voudrait faire les siens propres ». Quant à la bannière, aux gens et argent demandés, il ne les pouvait donner, étant toujours sur le qui-vive avec ses anciens ennemis d'Angleterre.

Les ambassadeurs restèrent longtemps à la cour de France pour régler quelques-unes des difficultés intermi-

(1) CHASTELLAIN, t. III, p. 36.
(2) MATHIEU D'ESCOUCHY, t. II, p. 311.

nables et toujours renaissantes entre les deux pays. Et ils « se retournèrent devers le dit duc de Bourgogne, sans pour cette heure avoir autre chose besognée. »

Si la chancellerie bourguignonne ne pouvait, on le voit, compter sur l'aide de la France pour la croisade, du moins pouvait-on être tranquille sur les dispositions du roi pendant l'absence du duc. Philippe s'occupa, dès lors, de trouver les ressources financières nécessaires à son expédition : il rassembla les états de Hollande pour obtenir des subsides, et, pendant son séjour à la Haye, il reçut la bannière de la croisade, que lui envoya le pape Calixte III. En la prenant « révéremment et avec grande humilité, il protesta de sa ferme volonté d'entreprendre le saint voyage (1). »

Mais ce fut la dernière manifestation du duc en faveur de cette entreprise : il fut d'abord, et fort légitimement, arrêté dans son dessein par une lutte qu'il eut à soutenir contre les habitants du diocèse d'Utrecht; puis, à peine les hostilités étaient-elles arrêtées, que l'arrivée du dauphin Louis dans les Pays-Bas et les complicattons qui en résultèrent du côte de la France entravèrent les projets lointains. Philippe le Bon, d'ailleurs, vieillissait et comprenait mieux les difficultés, sinon l'impossibilité pour lui, de l'entreprise. Aussi, lorsque le pape Pie II fit, en 1459, un appel suprême auprès des princes chrétiens en faveur de la croisade, le duc de Bourgogne, comme les autres princes, se tint à l'écart.

(1) CHASTELLAIN, t. III, p. 117.

CHAPITRE XII

DISGRACE DE ROLIN

Haine de la noblesse contre Rolin. — Procès et mort de Jean de
Granson. — Projets de vengeance. — La famille de Croy. —
Dissentiments entre Philippe le Bon et son fils. — L'influence des
Croy entraîne la disgràce de Rolin. — Il conserve toutefois le
titre de chancelier. — Acharnement de ses ennemis.

La carrière politique de Rolin était terminée et sa vie
approchait de son terme; il avait connu toutes les pros-
pérités et tous les succès qu'un homme puisse rêver ici-
bas. Il lui restait dans ses derniers jours à éprouver la
fragilité des grandeurs humaines et les amertumes de la
disgràce : un autre chancelier, dans l'histoire contemporaine, s'est cru nécessaire, parce que sa volonté de fer,
sa politique hardie et sans scrupule avaient démesuré-
ment agrandi la puissance de son maitre et donné l'appa-
rence de l'unité et de la cohésion à un empire fait de
toutes pièces; ainsi de Rolin, qui, mis à l'écart comme un
serviteur inutile, comblé de respect apparent et d'honneurs mensongers, mais relégué loin de cette action gou-
vernementale qui, pendant tant d'années, avait été sienne,
vit son œuvre passer en d'autres mains, et subit l'épreuve
la plus dure pour les hommes de cette trempe, de se
sentir, après tant d'éclat et tant de luttes, désarmé et
oublié.

Rolin, on l'a vu, était odieux à la noblesse; les grands
vassaux de Philippe le Bon ne pouvaient pardonner à ce

parvenu de lutter contre leurs entreprises, de les soumettre à la loi commune, d'avoir la confiance absolue du maître dont il grandissait le pouvoir à leur détriment. En maintes occasions, ils avaient regimbé sous la main de fer du chancelier ; toujours il avait fallu céder.

En 1455, un événement qui eut un retentissement considérable porta cette haine au paroxysme. La chancellerie de Bourgogne, invoquant comme raison ou comme prétexte d'une demande de subside exceptionnel la nécessité de pourvoir au besoin de la croisade, prétendit frapper les nobles de Bourgogue d'un impôt de deux francs par feu à lever sur leurs domaines (1). Rien de semblable né s'était jamais vu ; les seigneurs n'étaient point soumis à la taille et prétendaient rester souverains absolus dans leurs terres : c'était un coup inattendu à la toute-puissance de la noblesse et à des privilèges auxquels nul encore n'avait osé toucher.

Les intéressés s'émurent et s'agitèrent dans des conciliabules où les plus violentes motions furent proposées ; l'effervescence était grande ; on en peut juger par ce propos : on disait que celui qui, sur le pont de Montereau, avait ouvert le crâne de Jean Sans Peur d'un coup de hache avait fait acte de bon chevalier. Parmi les plus exaltés on remarquait le seigneur de Pesmes, Jean de Granson, le frère de celui qui avait failli ramener les Écorcheurs en Bourgogne en tendant une embuscade aux gens du dauphin se rendant en Suisse. Ce Granson, « vaillant chevalier, bien renommé entre les gens d'armes du pays, fit en son temps de grands services au duc (2). » Il était parent de toute la haute noblesse bourguignonne ; allié aux Chalon, aux Vienne, aux Neufchàtel, aux Vergy,

(1) CLERC, *op. cit.*
(2) OLIVIER DE LA MARCHE.

aux Toulongeon; beau-frère de Thibaut IV, maréchal de Bourgogne (1). C'était une tête folle, capable de tous les exploits militaires, capable aussi des actes les plus criminels. Dans ces assemblées de mécontents, il s'éleva avec véhémence contre la mesure proposée et fit appel aux armes. A Salins notamment, dans une réunion de la noblesse, il proposa de se mettre en révolte ouverte contre le duc et contre son gouvernement.

A peine était-il rentré dans son château de Pesmes que Rolin le fit arrêter et mettre en jugement. La mesure était hardie, car s'était s'attaquer à toute une caste, et à la plus puissante; mais cette mesure était nécessaire si l'on voulait couper court à une entreprise qui eût pu dégénérer en une véritable révolution. Des enquêtes furent faites, qui confirmèrent la culpabilité de Granson (2). C'était au premier chef un cas de haute trahison; il fallait un exemple; le duc le comprit, il résista à toutes les sollicitations des parents et des amis du coupable et envoya de La Haye l'ordre de l'exécuter; il ordonna que, pour l'honneur de la famille, cette exécution fût faite secrètement : Jean de Granson, descendu dans une basse fosse du château de Poligny, fut étouffé entre deux matelas et enterré dans l'église des Jacobins.

La forme cruelle du châtiment révolte nos sentiments d'humanité, autant qu'elle est en désaccord avec les principes de la pénalité moderne; elle n'en eut pas moins un effet immédiat et coupa court à toutes les velléités de révolte. Seul, le frère de la victime parla de se venger et menaça de mort les officiers de Gray qui avaient procédé à l'arrestation de Granson; étroitement surveillé, il renonça à ses projets, et les nobles votèrent le subside,

(1) Dom PLANCHER, t. IV.
(2) *Ibid.*

mais sous cette réserve que la taille ne serait levée qu'une fois et qu'il n'en serait fait emploi qu'autant que le duc prendrait part de sa personne à la croisade. Ils indiquèrent, du reste, au duc un moyen d'obtenir de l'argent, c'était de frapper les clercs et les bourgeois anoblis : « Pour avertir monseigneur, il semble que, si les autres sujets vouloient aussi s'acquitter, il en auroit grande finance, même des clercs et des gens anoblis car ce sont, dès à présent, les plus riches et les plus gagnants... Et en ce pays, ils ont acquis de grandes rentes, et ce des dits chevaliers et gentilshommes, et autres choses étant de fief à vous, notre très redouté seigneur (1). »

On ne pouvait parler plus juste. D'ailleurs le projet de croisade échoua, la taille demandée aux nobles devint sans objet et il ne resta rien de cette levée de boucliers, rien que la mort du malheureux Granson et la haine nouvelle et irréconciliable que cette mesure excessive attira à Rolin. C'est lui qui fut accusé par toute la noblesse du meurtre de l'un des siens; c'est à son inflexibilité, à ses sentiments connus pour la haute aristocratie, à sa volonté de briser toute résistance, que fut attribué le supplice du révolté.

Quelle fut la part personnelle du chancelier dans cette exécution? On l'ignore. Il fut, à coup sûr, l'auteur de l'arrestation; il dirigea l'instruction; on voit dans les comptes de Jean de Viseu le paiement fait à Girard de Plaine, chef du conseil et président aux parlements de Bourgogne, « pour avoir été devers M. le chancelier et par son ordonnance en la ville d'Autun, où il a vaqué depuis le 7 septembre 1455, qu'il partit de Dijon jusqu'au 20 du même mois... pour le procès de feu le seigneur de

(1) CLERC.

Granson ». Est-il responsable de l'exécution? Sans doute
le duc en a signé l'ordre, en a réglé les détails. Mais il est
difficile de penser que Philippe ait apporté autant de sang-
froid dans les prescriptions d'un acte contre lequel protestait sa noblesse, si cette mesure ne lui avait pas été
préparée d'avance et si son ministre ne la lui avait pas
demandée comme indispensable à son autorité.

Quoi qu'il en soit, l'émotion soulevée en Bourgogne
par cette affaire se répercuta dans les Pays-Bas, et les
amis et les parents du malheureux Granson allèrent porter
leurs plaintes et leur animosité à la cour ducale.

Le maréchal de Bourgogne se fit l'écho de ces plaintes
et intéressa à sa cause la famille de Croy. Il n'en était pas
de plus puissante auprès du duc : les deux frères de Croy
se partageaient la faveur du prince, l'un, Jean, seigneur
de Chimay, bailli de Hainaut; l'autre, Antoine, premier
chambellan de Philippe le Bon, gouverneur du comté de
Namur et du Luxembourg, chevalier de la Toison d'or
dès la première promotion (1). Depuis bien des années,
les seigneurs de Croy, et plus particulièrement le premier
chambellan, « le plus prochain de son maître (2) », avaient
à la cour et dans le conseil ducal une situation prépondérante; ils avaient fait partie de toutes les missions importantes et avaient été mêlés à toutes les affaires; dominés
par la toute-puissance du chancelier, ils avaient été réduits
jusque-là à dissimuler vis-à-vis de lui les sentiments qu'ils
partageaient avec la noblesse; c'était une lutte sourde à
laquelle il ne fallait qu'un prétexte pour éclater; il y avait
entre le duc et son chambellan favori des affinités de goût,
d'habitudes, on dirait aujourd'hui d'éducation, qui faisaient rechercher particulièrement au prince la société et

(1) REIFFENBERG, *Histoire de la Toison d'or*.
(2) CHASTELLAIN, t. II, p. 62.

les conseils du courtisan grand seigneur. Philippe, dominé par la supériorité de vues et le génie politique de son chancelier; lié à lui par tant de services rendus, par la grandeur que Rolin avait donnée à son règne et l'accroissement qu'il avait apporté aux domaines de sa maison; habitué à s'en remettre à lui de tous les soins du gouvernement, n'avait pas cependant le même goût, la même liberté d'allures, la même familiarité qu'avec le premier de ses officiers; Rolin lui inspirait une sorte de crainte, et, à certains moments, le fardeau de cette autorité qui contrebalançait la sienne, tout en travaillant pour lui, pouvait lui paraître lourde.

Les ennemis du chancelier guettaient l'heure où son pouvoir pèserait trop au souverain, pour se déchaîner contre leur ennemi et attendaient qu'une occasion le mît en lutte ouverte avec les Croy pour le renverser. Une faute de Rolin allait la leur fournir.

Au commencement de 1457, rien encore n'avait transpiré d'une rupture entre la famille de Croy et le chancelier, bien que celui-ci n'ignorât pas qu'on faisait tous les efforts pour le supplanter, et, le 4 janvier, Rolin envoyait de Bruxelles un chevaucheur de la maison ducale pour « hastivement jour et nuit » porter à Jean de Croy des lettres closes au sujet d'une ambassade récente qui avait été confiée à ce dernier pour la cour de France.

Quelques jours après, un incident amena une véritable révolution de palais : le comte de Charolais n'aimait pas les Croy; l'ascendant de plus en plus grand que cette famille prenait sur son père lui déplaisait : impatient de régner, ou du moins de prendre sa part du gouvernement, il trouvait en face de lui l'orgueil du premier chambellan qui ne pliait pas devant le sien, tandis que Rolin, soit par un sentiment de rivalité naturelle qui le portait à se mettre facilement du côté opposé à celui des Croy, soit par cette autre pensée, plus blâmable, que mieux valait pour lui et pour la fortune de ses fils se tourner du côté du soleil levant et rechercher la faveur du maître de demain, crut pouvoir donner au comte de Charolais l'appui de son autorité et de son ressentiment contre les favoris de son père : « Ceux de Croy et leur maison faisaient leur fait à part, portés et aimés du duc merveilleusement, et, d'autre part, le chancelier Rolin se fit serviteur du comte de Charolais, et ainsi entra la maison de Bourgogne en bande et partialité, les uns partis du père, les autres partis du fils, et dont grand dommage vint à cette maison (1). » Rolin s'estima le plus fort ; il pensa pouvoir continuer à dominer le père en dirigeant le fils, oubliant que, si le duc était avancé en âge, lui-même touchait aux limites de la vie, préoccupé surtout, et c'est là son excuse, du sentiment paternel qui le conduisit à plus d'une faiblesse.

C'est précisément au sujet d'un de ses fils qu'éclata la querelle : le comte de Charolais était rentré à Bruxelles le 12 janvier, de retour d'une mission auprès des princes allemands ; il apprit que les Croy se plaignaient de son mauvais vouloir à leur égard et que le duc leur avait promis d'y mettre ordre ; les Croy, d'ailleurs, en portant leurs plaintes contre le comte de Charolais, avaient surtout en vue le chancelier, sur qui s'appuyait le fils de Philippe ; c'est ce qu'indique bien le chroniqueur : « Si cuisoit durement la mort de Granson au maréchal de Bourgogne comme son parent, par quoi, quand perçut le. seigneur de Croy avoir titre contre lui, bouta sa haine avec la querelle d'icellui et en contraire du chancelier.

(1) OLIVIER DE LA MARCHE, t. II, p. 415.

Donc les deux frères de Croy, ayant au cœur le fait qui se présentoit à leurs yeux, froidement et en grand avis vinrent devers le duc, non pas plaintifs, mais remontrant doucement leur lésion, et priant que, par sa haute prudence comme père et recteur de sa maison, il voulût amodier la volonté de son fils, lequel, sans avoir rien démérité envers lui, les vouloit déprimer, ce leur sembloit, pour avancer le rang du chancelier, que ce n'étoit pas chose juste, ni à souffrir à lui, parce que père était *conservateur de noblesse*, et contraint de les entretenir en honneur. Le duc les écouta et leur dit qu'il en parlerait à son fils (1). »

L'occasion se présenta bientôt : le comte de Charolais organisait sa maison, et, comme une compétition s'était élevée pour le poste de troisième chambellan entre Philippe de Sempy, fils de Jean de Croy, et Antoine Rolin, seigneur d'Aymeries, fils du chancelier, le comte de Charolais donna naturellement la préférence à ce dernier.

Or, le 17 janvier, le duc fit venir son fils et lui enjoignit de donner le poste au sire de Sempy : « Monseigneur, dit le comte, je vous prie, pardonnez-moi, mais je ne le pourrais faire. — Comment! répondit le duc, me désobéirez-vous? Ne ferez-vous pas ce que je veux? — Monseigneur, je vous obéirai, mais je ne ferai pas cela. » Le duc furieux prit les ordonnances relatives à la maison et les jeta au feu, en disant : « Or, allez quérir vos ordonnances, car il en faut de nouvelles. »

Celui qui fut Charles le Téméraire n'était pas homme à s'humilier, même devant son père, et sa colère éclata. Le duc lui dit : « Ah! garçon! Désobéiras-tu à ma volonté? Va hors de mes yeux. » Philippe, en disant cela, tira son

(1) CHASTELLAIN, t. III, p. 23.

épée; un des accès de cette fureur démente, à laquelle il
était sujet, le prit à ce moment : son visage se contracta
horriblement; il allait se jeter sur son fils, quand la
duchesse Isabelle, présente à cette scène, prit le comte
par le bras et l'entraîna au dehors; le duc les poursuivit
furieux; la duchesse, arrivée à une porte à ce moment
fermée, dit à celui qui en avait la garde : « Mon ami,
ouvrez-nous bien vite, il nous convient partir, ou nous
sommes morts. » La porte fut ouverte et la duchesse se
précipita chez le dauphin, alors à Bruxelles, et le supplia
de s'interposer; le duc, courroucé de voir sa femme mêler
le prince étranger à cette scène de famille, reçut fort mal
cette intervention : « Monseigneur, pardonnez-moi, dit-il,
je vous prie que vous déportiez de votre requête, car je
ne suis encore en volonté de me contenter de Charolais,
mais je lui montrerai que je suis son père et que je le
pourrai bien faire un petit valet. Tenez-vous en paix. Je
ferai bien avec mon fils, et aussi avec la mère, laquelle
n'a de rien amendé sa querelle. » Malgré toutes ses supplications, le dauphin ne put rien obtenir.

Philippe alors fit appeler un de ses valets de chambre
et l'envoya aux seigneurs de Croy pour leur enjoindre de
partir pour Hal, où il irait les rejoindre, la nuit prochaine.
Il fit sceller un cheval, et muni de vingt florins que lui
remit son valet de chambre, il partit seul « comme un
homme troublé contre la raison ». La nuit vint : il avait
gelé; le brouillard, puis la pluie arrivèrent, et le grand
duc d'Occident, sans manteau, perdu dans une forêt et
dans des chemins défoncés, mouillé jusqu'aux os, dut
prendre par la bride et traîner son cheval qui s'était
abattu; son épée s'était brisée dans cette chute et l'avait
blessé; l'aboiement d'un chien le guida à une hutte de
charbonnier, où il se réchauffa un peu; au milieu de la

nuit, il put gagner l'habitation d'un des gens de la
vénerie ducale, chez qui il passa le jour suivant et parvint
au château de Genappe, où les gentilshommes de sa
maison, en quête de lui dans toutes les directions, vinrent
le rejoindre.

On eut beaucoup de peine à calmer cette crise de véritable folie. Les instances du dauphin et de la comtesse
de Charolais en eurent enfin raison. Il consentit à revoir
son fils; mais le comte de Charolais demeura longtemps
avant de pouvoir recouvrer son état tel qu'il l'avait auparavant; et d'abord on éloigna de lui certaines personnes
accusées d'avoir été « moteurs » de ce débat et qu'il
semblait dangereux de laisser auprès de lui, et, en premier lieu, le fils du chancelier, le seigneur d'Aymeries,
qui fut privé entièrement de sa situation et ne put la
reprendre du vivant du duc. Mais la mésintelligence ne
devait pas cesser dans la famille ducale : le comte de Charolais n'oublia jamais ce qui s'était passé, et la duchesse
Isabelle quitta la cour pour se retirer dans un couvent (1).

Les Croy prirent désormais sur le duc un ascendant
sans bornes : « Laissez faire, laissez faire les Croy, disait
messire Pot, seigneur de la Roche. Par Dieu, ne sont pas
encore à la fin de leur barre; ils courront encore un temps;
mais, s'ils étoient aussi hauts que la lune, peut-être qu'ils
ne sauroient encore user la fin du malheur qui les attend.
Présentement, ils ne le veulent connaitre, et ne le peuvent : car aveuglés sont, et eux, confiants en fortune,
leur semble que rien ne les peut perdre. Si en ont-ils
pourtant de beaux exemples et plus grands qu'eux. Ils
baculèrent jadis le chancelier, et eux, plus mes preneurs
cent fois que lui, n'ont nul qui les bacule, mais souffrez,

(1) Du Clercq, liv. III, chap. xxvi.

ils baculeront eux-mêmes (1). » Ce fut là une véritable
prophétie : la chute des Croy arriva avant la mort de Philippe le Bon, et plus d'une fois les ennemis de Rolin
durent regretter le temps de sa puissance, sous l'orgueil-
leuse tyrannie de ces favoris sans scrupules, haïs de tous,
comblés des faveurs de Louis XI et vendus, disait-on, au
roi de France (2). Le comte de Charolais parvint à satisfaire contre eux son ressentiment et à délivrer son père
de leur intolérable domination.

C'en était fait, par contre, de l'influence de Rolin. Chastellain trace de cette disgrâce un tableau que nous nous
reprocherions de ne pas reproduire : « ... Et se trouva le
dit chancelier débouté et remis, et nouvelles gens mis en
autorité et crédence, par quoi tant plus n'y devoit noter
péril comme mutation est plus dangereuse au temps de
grandes difficiles affaires ; car il est vrai que ce chancelier
avoit eu grâce par toute la France, qu'en sens n'avoit pas
son pareil, ni en subtilité profonde nul ne le surpassoit,
dont, en effet, son maître le duc avoit été assez expert
par longs ans, quand durant le temps de sa crédence et
qu'il avoit eu à porter le fardeau de la guerre entre François et Anglois, et à soi chevir de maintes autres besognes dures et difficiles, toujours en étant venu glorieuse-
ment à chef.... et là où l'effort de l'homme n'eût pu atteindre
par armes, par sens souventefois fit plier envers lui autrui
puissans et tellement qui, en conduisant son maître le
plus glorieux régnant de la terre, se fit aussi dessous son
aide le plus amendé en son service. Ce chancelier, jusqu'à
l'heure de cette division émue, savoit tout gouverner tout
seul, et, à part lui, manier et porter tout, fût de paix, fût
de guerre, fût en fait de finances. De tout et en tout, le

(1) CHASTELLAIN, t. V, p. 169.
(2) BARANTE, t. VIII.

duc s'en attendoit à lui et sur lui comme principal repo-
sant, et n'y avoit ni office, ni bénéfice, ni par ville, ni
par champs, en tous ses pays, ni don, ni emprunt fait,
qui tout par lui ne se fît et conduisît et à lui ne répondît
... dont il avoit tant et si inestimable profit qu'à bouche
ne sauroit se dire, ni à conter, ni à cœur à peine écrire,
tant étoit émerveillable. Or voulut fortune le comprimer
un peu, et en ses vieux jours lui faire sentir traverse...
et l'heure où il croyoit son règne établi et assuré, la fortune le mit en éversion soudaine et toute confuse, dont
ce fut dommage certes... Si, devant ce coup, il se fût
retiré de lui-même, en la terre n'avoit d'homme plus
honoré, ni qui laissât mémoire plus recommandable;
mais l'envie qu'il avoit de régner et *fortifier ses enfants*
par voies subtiles ne le souffrit voir goutte, ni connoître
le péril de sa contendance; car, en effet, et voyant son
maitre devenir vieux, sous qui il avoit tout acquis, et
approcher le règne d'un jeune sous qui il connaissoit
vivre ses enfants, tendoit à fortifier ses enfants par le
régnant à venir et les mettre en sa grâce, afin de les laisser
pardurer par ce moyen en état et chevance. Mais ce faisoit,
disoient aucuns, par voie et manière qui ne plaisoit point
au duc : car il lui imputoit la racine du discord entre lui
et son fils qui toute fut découverte maintenant en la question de ce plat (l'affaire du 17 janvier) dont tant de maux
survinrent depuis. Si en prit le duc murmure contre lui
et défiance, et retira ses bras dessus ses épaules, sinon
en fait de justice, là où il le souffroit pardurer sa vie
comme chancelier, mais en autres maniements de ses
affaires, non pas ainsi qu'autrefois et par especial ès
choses privées de la maison (1). »

(1) Chastellain, t. III, p. 329.

Tous les ennemis de Rolin, voyant l'ébranlement de sa
fortune, s'ameutèrent contre lui : « Car tel osoit mordre
maintenant qui par avant n'eût osé aboyer (1). » On prétendit que des fraudes avaient été commises dans les
finances : on envoya dans chaque ville des Pays-Bas des
commissaires enquêteurs pour connaitre l'emploi qui
avait été fait des deniers publics ; de même en Bourgogne,
une réforme de finances fut entreprise et confiée à Geoffroy de Toisy, à Jehan de Cluny et quelques autres. Certains cas de fraude, inévitables dans cet empire immense
et divisé, furent constatés, et, à une époque particulièrement troublée, on peut être surpris qu'ils n'aient pas été
plus nombreux. Mais si plusieurs comptables furent
« rattains », les uns d'une manière, les autres d'une
autre, selon l'expression du chroniqueur, il ne paraît pas
que, malgré tous les efforts des instigateurs de la réforme
et de l'enquête, la complicité de ces fraudes doive remonter
à Rolin, et il est certain, au contraire, qu'une des gloires
du chancelier a été d'établir l'ordre dans les finances
ducales et d'avoir permis, grâce à une sage administration, de pourvoir aux nécessités du gouvernement et aux
folles prodigalités du maître.

Malheureusement, là encore, il fut compromis par
l'impopularité qui s'attachait à la cupidité ou aux violences de ses enfants : l'un d'eux, le cardinal évêque
d'Autun, avait provoqué les plaintes des nobles bourguignons qu'il avait voulu soumettre à sa juridiction ecclésiastique, en dépit de leurs droits et de l'autorité du prince.
Le duc demanda un rapport complet, qu'on lui envoya à
Bruxelles, et fit dire aux envoyés du cardinal « que plus
ne le souffriroit, ni voudroit souffrir, mais y mettroit

_____

(1) CHASTELLAIN, t. III, p. 335.

remède tel et si convenable comme il appartenoit au cas ».

Un autre fils du chancelier, Guillaume, fut accusé de meurtre : « Vers ce temps-là fut moult vexé le chancelier Nicolas Rolin, et, comme, depuis la division entre le duc et son fils, le chancelier avoit été reculé et traversé d'autorité, maintenant, pour le mener à confusion, le maréchal de Bourgogne imputa à son fils Guillaume le meurtre d'un drapier d'Autun dont la femme étoit sa maîtresse (1). »

Au moment des enquêtes qui furent faites en Bourgogne après la disgrâce de Rolin, un gentilhomme, nommé de Digoine, avait été accusé de ce meurtre, mis en prison et en jugement; il prétendit qu'il n'avait commis ce crime que sur l'ordre de Guillaume Rolin. Les nobles de Bourgogne et, à leur tête, le maréchal, beau-frère de Granson, furent ravis de cette occasion de se venger, et le maréchal de Bourgogne fit ajourner Guillaume à comparaître personnellement en cour de justice. Mais celui-ci, voyant la disgrâce de son père, la puissance de ses ennemis, s'enfuit en Bourbonnais, où il avait de grandes alliances, laissant au chancelier le soin de le défendre : « car il espéroit bien que, par le haut sens de celui-ci, il en viendroit à son honneur et seroit relevé tôt ou tard ». Il manda à son père qu'il était innocent du crime qui lui était imputé, que jamais il n'en avait eu la pensée, que l'assassin avait avoué son crime et qu'un chevalier plein d'honneur tel que lui ne pouvait être mis en jugement sur la simple déposition d'un criminel, « car le cas en seroit piteux. Le père se fonda fermement sur ces mots, et, en tous sens, laboura en faveur de son fils ».

Les ennemis du chancelier mirent tout en œuvre pour

(1) CHASTELLAIN, t. IV, p. 456.

arriver à la condamnation de Guillaume par contumace et à la confiscation de ses biens. Mais ils ne purent faire que « le père ne prévalût par sens et qu'il ne trouvât autant de chevilles pour étouper, comme les autres trouvoient pertuis pour lui donner place », et il fit si bien que son fils put venir se justifier sans qu'on osât mettre la main sur lui, nonobstant toute la puissance et les machinations de ses ennemis. Le prisonnier convia à un combat singulier Guillaume Rolin, qui s'y refusa en disant qu'il ne pouvait se battre avec un meurtrier, mais que si un chevalier « noble homme et non infâme » relevait l'accusation et demandait le combat, il y répondrait volontiers. Enfin le chancelier fit tant que la cour, « pressée de faire justice, selon la connoissance qu'elle avoit du cas, commanda à pendre et mettre à fin le meurtrier, et ainsi fut fait ».

Il est permis toutefois de penser que Guillaume Rolin ne sortit pas indemne de cette instance ; car on le voit, après la mort de son père, et sous le règne de Charles le Téméraire, faire appel au parlement de Paris pour un procès « qui lui avoit été desjugé ». Le duc Charles, considérant cet appel comme une injure personnelle, confisqua toutes les terres de Guillaume en Bourgogne, « montant à de grandes sommes de deniers par an, car moult grand seigneur étoit et riche, et le dépouilla de tout ce qu'il avoit d'appuis et d'état, tant en sa maison comme ailleurs, et les conféra à autrui... et (Guillaume) ne cessa point pourtant de suivre son appel, et s'en tint tout coi en France, où d'autres après le suivirent ».

Cependant, si les ennemis du grand ministre cherchaient toutes les occasions de l'attaquer dans sa personne et dans celle de ses enfants ; si, en entendant et en provoquant ces clameurs que soulèvent l'envie et la haine à la chute d'un des puissants de ce monde, les seigneurs purent se croire délivrés de son joug, et, selon l'expression pittoresque de Chastellain « se baignèrent en roses », ils n'eurent pas cependant la satisfaction de voir Rolin complètement mis à l'écart du gouvernement ; sans doute il eût été plus digne au vieux chancelier de quitter définitivement le service d'un prince dont la confiance lui était retirée et d'assister impassible à l'œuvre de ses adversaires, devenus ses successeurs. Peut-être dans ce spectacle eût-il trouvé une vengeance. Il n'en eut pas la force, et de ce que nous venons de rapporter au sujet de son fils Guillaume, on peut conclure qu'il préféra mettre le reste de son influence au service de ses enfants.

Il demeura donc avec le titre de chancelier, et nous avons vu que, deux ans après sa disgrâce, le duc lui écrivait et faisait encore appel à son savoir pour rédiger des mémoires et des instructions que, seul dans son conseil, il était capable de lui fournir avec cette expérience et cette autorité. Si l'intimité entre le prince et le ministre était rompue, si Rolin était exclu de toutes les affaires privées et du gouvernement intérieur de l'État et de la maison ducale, il n'en restait pas moins, aux yeux des cours étrangères, le représentant attitré de la politique bourguignonne : « Quand ambassades de France ou d'autres régions venoient devers lui (Philippe le Bon), il s'en aidoit et paroit, donnant à entendre à chacun qu'il ne l'avoit destitué, ni désappointé, ni volonté n'avoit de le faire ou ni ne vouloit mie commencer à un homme de telle renommée et qui avoit tant conduit de hautes et glorieuses besognes qu'à peine en terre n'avoit son pareil. » Mais Rolin fut remplacé dans le conseil du duc : Philippe fit choix, sous l'influence des Croy, pour être « chef du conseil nouveau qui suppléait le lieu du chancelier et de tout », de l'évêque de Tournai, Guillaume Fillastre, homme doux et affable, qui devint chancelier de la Toison d'or et écrivit sur cet Ordre un intéressant traité (1).

(1) Une édition du livre de Guillaume Fillastre porte pour titre : « Le premier (et second) volume de la Toison d'or, composé par révérend père en Dieu Guillaume, par la permission divine jadis évêque de Tournay, abbé de Saint-Bertin et chancelier de l'ordre de la Toison d'or du bon duc Philippe de Bourgogne. Imprimé à Troyes par Nicolas le Rouge, imprimeur et libraire, l'an 1530, le 21ᵉ jour d'avril. »

CHAPITRE XIII

Fondation des universités de Dole et de Louvain. — Rédaction de
la coutume de Bourgogne. — Les arts sous Philippe le Bon. —
École flamande : Van Eyck, Van der Wieden. — La Vierge du
Donateur. — Le retable de Beaune. — Constructions élevées par
Rolin : hôtels d'Autun et de Dijon. — Hôtel-Dieu de Beaune.

Nous en avons fini avec l'œuvre politique de Rolin :
nous l'avons vu, depuis que Philippe le Bon l'eut mis en
1422 à la tête de ses conseils, consacrer sa vie à la gloire
de son souverain et de son pays. Accablé du fardeau d'un
gouvernement que l'extension démesurée de la puissance
ducale rendait chaque jour plus difficile et plus lourd ;
chargé tout à la fois de l'organisation des États successivement annexés et des réformes à faire dans les anciennes
possessions du duc ; aux prises avec les difficultés multiples de la guerre étrangère et de la guerre civile ; absorbé
par les exigences de la diplomatie et de la politique ; obligé
par surcroît de faire face aux embarras financiers et aux
difficultés de l'administration d'un empire aussi décousu ;
présidant tous les conseils ; dictant toutes les instructions ;
en relations personnelles avec tous les princes et tous les
diplomates ; partout présent, à Dijon, à Autun, à Arras,
à Bruxelles, à La Haye, cet esprit prodigieux trouvait
encore des loisirs pour d'autres soins et pour des études
d'ordre différent.

23

Ses souvenirs de jeunesse, les difficultés qu'il avait trouvées à amasser les trésors de son érudition, lui firent désirer pour la jeunesse de son temps un foyer d'études et une préparation aux carrières libérales : ce fut le motif de la fondation des universités de Dole et de Louvain. Son expérience de jurisconsulte lui avait montré la difficulté de rendre la justice au milieu de la confusion des coutumes locales qui servaient de base aux décisions judiciaires, et la nécessité de réunir en un corps de doctrine ces règles éparses et traditionnelles : c'est ce but qu'atteignit la rédaction des coutumes de Bourgogne et de Franche-Comté.

Rolin n'était chancelier que depuis un an lorsqu'il convoqua les états de Bourgogne en 1423 et obtint d'eux un subside de 9,693 livres, payables en cinq ans, pour la fondation à Dole d'une université. La pensée de cette fondation remonte, il est vrai, à 1421 ; mais, à ce moment, Rolin avait déjà dans les conseils du duc une autorité prépondérante, et la création d'une université pour l'étude du droit et des autres sciences rentrait trop dans son programme futur pour qu'il n'ait pas eu à cette fondation une large part d'initiative.

On avait hésité entre Dole et Gray (1). La première de ces villes l'emporta ; elle avait offert d'aider à cette création ; elle accordait, à cet effet, un droit, appelé rouage, à percevoir sur les voitures étrangères qui entraient dans la ville ; elle donnait, en outre, une vaste chapelle pour les exercices religieux de l'université (2). Dole était le siège du parlement du comté, à la tête duquel fut placé un des grands jurisconsultes de l'époque, Guy Armenier. La

---

(1) BEAUNE et D'ARBAUMONT, *Universités de Franche-Comté*, 1870.
(2) LABBEY DE BILLY, *Histoire de l'Université du comté de Bourgogne*, 1814.

ville était dotée d'établissements importants, bien située, à proximité de la France, de la Suisse et de l'Allemagne, et bien disposée pour recevoir une nombreuse population d'étudiants.

C'est surtout la science du droit que Rolin avait en vue de faire enseigner dans la nouvelle université, pour créer une pépinière de magistrats et d'hommes politiques, pris dans la classe bourgeoise et laborieuse. L'enseignement du droit coutumier fut confié à Gilles du Tartre, abbé de Ferrières en Gâtinais (1), et on fit venir d'Italie un jurisconsulte chargé de celui du droit romain (2). Les cours s'ouvrirent le 18 octobre 1423, en présence d'un grand concours de jeunes gens, de magistrats et de lettrés; on élit un recteur, Antoine Dunoyer, un procureur général, un conseiller pour chaque faculté, et ces hauts fonctionnaires composèrent, avec les professeurs et les régents, le conseil de l'université. On rédigea des statuts sur le modèle des universités les plus fameuses, celles de France notamment. Ces statuts furent approuvés par le duc et par l'archevêque de Besançon, délégué du saint-siège.

Presque à la même époque, une autre université, calquée sur celle de Dole, était fondée à Louvain.

Ces deux grands centres d'études n'eurent, au début, que quatre facultés pour l'enseignement du droit canon, du droit civil, de la médecine et des arts. Ce fut en 1431 seulement qu'on obtint du pape Eugène IV la création, à Louvain, d'une faculté de théologie, et, en 1437, une fondation identique à l'université de Dole. La faculté de théologie de Louvain obtint rapidement d'importants succès et acquit une grande réputation; tandis que celle de Dole n'eut que deux professeurs en cette matière, sa

(1) Rousset, D:ct. de géogr. et hist. de Franche-Comté, t. II.
(2) Abord, discours cité.

rivale du Nord eut jusqu'à huit chaires de théologie, qui attirèrent constamment un auditoire très nombreux.

La ville de Besançon fut très jalouse de la faveur faite à Dole et le manifesta en toute occasion; elle voulait, elle aussi, avoir son université et fit plusieurs démarches auprès du chancelier. On voit, en 1452, les échevins de Besançon solliciter du cardinal-évêque, Jean Rolin, en sa qualité de chanoine de Besançon, des lettres de recommandation pour son père, qu'ils allèrent trouver en Flandre; leur sollicitation n'eut pas de résultat, et il leur fut répondu que l'université de Dole suffisait à l'instruction de la jeunesse, et que les Bisontins pouvaient y envoyer leurs fils, ou, s'ils le préféraient, les placer dans les écoles de Salins, de Poligny, ou de Lons-le-Saunier. Il parut certain à Rolin que le concours d'un public nombreux est une condition du succès d'un enseignement, et qu'en le disséminant dans des centres trop rapprochés on risque d'abaisser le niveau des études de chacun d'eux. L'université quitta Dole seulement sous Louis XIV, en 1691; elle suivit à Besançon le parlement, qui y avait été transféré en 1676.

Il convient d'ajouter que, si la pensée de Rolin dans la fondation de ces grands centres universitaires était profonde et conforme aux nécessités du temps, elle ne pouvait pas produire tous les effets que le chancelier en devait attendre, en raison des faiblesses de l'enseignement lui-même, du défaut de méthode, grâce auquel les étudiants apprenaient mal, sans apprendre rien de nouveau. A la différence de ce que nous avons vu dans les usages du barreau, où se créait et se parlait la langue française; à l'opposé de la précision, dégagée des prétentions scolastiques, que nous avons relevée dans les documents diplomatiques de l'époque, on employait toujours, dans les universités et les collèges un latin barbare : « Mieux vaut, portait le nouveau règlement des écoles de Troyes en 1436, un latin congru qu'incongru; mieux vaut un latin incongru que le français. » La philosophie, comme l'indique un auteur (1), n'était qu'un jeu d'école, une logique aride. Les enseignements spéciaux n'étaient pas plus brillants. Pas un seul professeur de droit dont le nom mérite d'être retenu dans les universités de France ou de Bourgogne. Nulle pratique dans les facultés de médecine; il fallait de longues années encore avant que la grande pensée qui avait présidé à la création des universités de Dôle et de Louvain pût porter ses fruits.

La rédaction des coutumes fut, au contraire, un bienfait immédiat : certaines de ces lois locales étaient sans doute rédigées; mais c'était le petit nombre; des traditions plus ou moins sûres étaient, pour la plupart des plaideurs appelés à défendre leurs intérêts devant les magistrats, les seules bases de leurs réclamations. Comment ces tribunaux, réorganisés par Rolin, pouvaient-ils se reconnaître dans cette multiplicité et cette imprécision? Sur la proposition du chancelier, les états de Bourgogne demandèrent au duc d'ordonner que les coutumes de Bourgogne fussent colligées et rédigées. Le besoin de remédier aux inconvénients nés de l'état de choses actuel se fit également sentir en France, et Charles VII, par son ordonnance de Montils-les-Tours, en 1453, prescrivit la rédaction des coutumes de chaque pays de son royaume « pour abréger les procès et litiges d'entre les sujets du roi et ôter toutes natures de variations et contrariétés ».

Une commission prise dans le conseil ducal fut constituée pour procéder à cet énorme travail, avec mandat

(1) LAVISSE, t. IV, 2e part.

« de s'informer bien et diligemment des coutumes générales et notoires du duché de Bourgogne ». Elle était
composée de Jean de Vandenesse, licencié ès lois et doyen
de Vergy, Jean de Beffroymont, Geoffroy de Thoisy,
Jean George et Pierre Brandin, maîtres des requêtes, et
Baudot, licencié ès lois (1). Plusieurs notables, prélats et
gens d'église, chevaliers, écuyers, avocats, procureurs,
praticiens et justiciers des villes du duché, du comté de
Charolais et du ressort de Saint-Laurent furent appelés
devant cette commission, et, après des discussions appro-
fondies et prolongées, les coutumes furent rédigées en cent
trente-huit articles. Cette rédaction, soumise au grand
conseil, fut définitivement approuvée et rendue exécutoire,
par lettres de Bruxelles du 26 août 1459. Rolin, bien que
mis à l'écart à cette date, put voir ainsi couronner une
de ses œuvres les plus chères. Il eut la même satisfaction
pour la coutume du comté de Bourgogne, dont la rédaction ordonnée par lettres patentes du 11 mars 1457 fut
terminée et promulguée en 1460, quelques mois seulement avant sa mort.

Dès lors, cette coutume de Bourgogne devint la loi
officielle, et il fut défendu aux parties, plaidant devant
quelque juge que ce fût, d'en proposer aucune autre,
générale, particulière, ou locale, et tous les officiers de
judicature et les gens de loi furent chargés de la faire
observer et appliquer. Cette coutume, qui réglait l'état
des personnes, la condition des biens, les successions, et
tous les rapports des citoyens entre eux, régit la Bourgogne jusqu'à la Révolution et jusqu'au Code civil, dont
les rédacteurs lui firent de larges emprunts en combinant
ses dispositions avec celles des autres coutumes de France.

(1) Abord.

A côté d'elle, on doit l'ajouter, le droit romain, dont avait été imprégnée cette région éduenne qui vit naître Rolin, et dont l'enseignement tenait toujours la première place dans les écoles bourguignonnes, conserva son autorité de raison écrite pour tous les cas non prévus par la coutume; les lettres patentes du 26 août 1459 portent expressément : « Si aucuns cas advenaient qui ne fussent compris auxdites coutumes par nous approuvées, ou que par icelles ne se puissent décider, nous ordonnons qu'on y procède selon les dispositions du droit romain et non autrement. »

Nicolas Rolin eut une large part dans le mouvement artistique de son époque; soit qu'il eût un goût naturel pour les arts, soit que ses habitudes de magnificence lui aient fait considérer comme rentrant dans son rôle la protection à donner aux artistes et l'encouragement apporté par des commandes à leurs travaux, il consacra des sommes énormes à des constructions dont l'une, du moins, nous a été conservée intacte. Il suivait en cela l'exemple de son souverain, dont la cour fut, avec celle du roi René, le rendez-vous de toutes les illustrations artistiques et littéraires de ce temps.

Philippe le Bon, on l'a vu, était le prince le plus prodigue et le plus fastueux de l'Europe. La vie n'était pour lui, selon l'expression d'un auteur, qu'un perpétuel gala, ennobli par toutes les splendeurs de l'art. Il était fin connaisseur, il écrivait et rimait à l'occasion. Il dépensait des sommes fabuleuses en pensions pour les gens de lettres, en acquisitions d'objets d'art, destinés à ses palais, à des cadeaux aux églises. Sa bibliothèque, sa « librairie », comme on disait alors, était la plus complète, la plus riche du monde par ses manuscrits superbes, dont quelques-uns font encore la gloire des musées des Pays-Bas, par ses reliures, œuvres merveilleuses de joaillerie et de ciscolure (1). Il avait à ses gages une armée de calligraphes et d'enlumineurs et entretenait à l'étranger des « translateurs et escripvains », pour traduire et copier les ouvrages qu'il ne possédait pas encore. A la fin de sa vie, il fut le protecteur de l'art naissant de l'imprimerie (2). C'est à lui que Martin Lefranc dédia son *Champion des Dames*. Antoine de la Sale était son premier maître d'hôtel. C'était enfin pour lui que travaillaient ces grands artistes du Nord qui attestent la grandeur de l'état bourguignon.

Seulement c'est en Flandre que se trouvait désormais le centre artistique qui, sous les règnes précédents, avait rayonné en Bourgogne, résidence habituelle des ducs : le tombeau de Jean Sans Peur et de Marguerite de Bavière, dont l'exécution eut à subir bien des vicissitudes (3), est la seule œuvre considérable exécutée à Dijon sous le règne de Philippe le Bon. Sculpteurs et peintres travaillent désormais en Flandre, pays d'origine, on doit en convenir, de cette école si puissante qu'on a appelée l'école bourguignonne et à qui est due dans toute la France la gloire artistique du quinzième siècle (4).

Deux noms de peintres, parmi tant d'autres, ceux des frères Van Eyck et de Van der Wieden, suffiraient à la gloire d'un règne, et, en les citant, nous allons revenir à

---

(1) Le musée de Bruxelles, en particulier, conserve les *Chroniques du Hainaut*, par Jacques DE GOUX (1445). Une miniature de ce livre représente le traducteur de l'ouvrage, Jean Vauquelin, offrant son livre à Philippe le Bon. Dans le groupe de personnages présents à cette scène, on croit reconnaître le portrait du chancelier et de son fils, le cardinal d'Autun. (*Mém. de la Société Eduenne*, t. X, p. 515). La bibliothèque de La Haye possède une miniature peinte aux armes de Rolin.

(2) LAVISSE, *op. cit.*

(3) V. l'ouvrage si complet et si documenté de M. Cyprien MONGET, sur la Chartreuse de Dijon.

(4) HUYSMANS, *l'Oblat*, p. 100 et 230.

Rolin : Jean Van Eyck surtout fut le protégé du duc Philippe. Dès 1425, il l'avait pris à ses gages avec le titre de « peintre et varlet de chambre ». En 1428, il l'adjoignit à l'ambassade chargée de chercher en Portugal la princesse Isabelle, et fit, « paindre bien au vif » par lui le portrait de sa fiancée; il fut parrain d'un de ses enfants. Il n'entre pas dans le cadre de cette étude de donner le détail des découvertes techniques par lesquelles les frères Van Eyck, se dégageant des incertitudes des peintres du Nord, donnèrent à leurs œuvres un éclat, une assurance incomparables. Ces œuvres furent accueillies avec un enthousiasme prodigieux. Il en fut de même de celles de Van der Wieden, dont la richesse de couleur, la profondeur des sentiments exprimés par ses personnages n'ont pas été surpassées.

Nous devons à Rolin deux des chefs-d'œuvre de Jean Van Eyck et de Van der Wieden, et chacun d'eux nous a transmis le portrait du chancelier.

Lorsqu'il entreprit la construction de l'hôpital de Beaune, Rolin commanda vers 1442 à Van der Wieden un retable destiné au maître-autel de la chapelle de l'hôtel-Dieu. Ce tableau, restauré au Louvre en 1878, occupe aujourd'hui une place d'honneur dans une salle de l'hospice de Beaune, l'un des plus beaux joyaux de la Bourgogne. Il représente le *Jugement dernier*, et il est impossible de rendre avec une émotion plus poignante et un sentiment religieux plus élevé le désespoir des réprouvés et la béatitude des élus. Comme dans nombre de tableaux de l'époque, le peintre a placé dans son œuvre des figures contemporaines prenant part à l'action. Deux groupes d'assesseurs, placés de chaque côté du Christ, nous donnent le portrait de ceux qui ont contribué à la fondation de l'hôtel-Dieu : d'un côté, le pape Eugène IV, le cardinal Rolin, Philippe le Bon et le chancelier; de l'autre, la seconde femme de Rolin, Guigone de Salins, probablement sa fille Philippote, et la duchesse de Bourgogne, Isabelle de Portugal. Mais ce n'est pas dans ce groupe, placé dans une sorte de pénombre, que doit être cherchée la figure de Rolin.

Ce retable merveilleux est peint sur bois et fermé par des volets qui, autrefois, ne s'ouvraient qu'aux jours de fête; sur ces volets se voient Rolin et Guigone de Salins agenouillés devant un livre ouvert sur un prie-Dieu couvert d'un tapis semé de leurs armes. Ces portraits sont saisissants : « Nulle part on ne rencontre une imitation plus vraie de la nature que dans le portrait de Rolin et de sa femme; l'art atteint ici la perfection; c'est une étude admirable de vérité, exempte de recherche et de flatterie. Par la simplicité des attitudes, le profond sentiment de la vie, la foi dont elles sont empreintes, l'intensité et l'harmonie de la couleur, la vigueur et la souplesse de la touche, ces figures sont ce qu'il y a de plus remarquable dans le tableau; détachées de leur entourage et exposées seules, elles passeraient pour des chefs-d'œuvre (1). »

Une autre figure qui reproduit également les traits de Rolin se trouve au musée du Louvre, dans ce joyau de la peinture flamande désigné sous le nom de la *Vierge d'Autun*, ou *Vierge du Donateur*, de Van Eyck. Tout le monde connaît cet admirable tableau conservé, avant la Révolution, dans la sacristie de la collégiale d'Autun; comme décor, une chambre de très noble architecture, et, comme fond, une large baie donnant jour sur une ville inconnue (2) et sur un immense et lumineux paysage; au

(1) CLÉMENT DE RIS, *Musées de province.*
(2) Certains artistes croient voir dans ce paysage le panorama

premier plan, la Vierge, dans un riche costume; tenant l'Enfant Jésus, couronnée par un ange, et, en face d'elle, un personnage à genoux, qui est incontestablement Rolin ; en comparant, en effet, cette figure à celle de Beaune, on retrouve la même physionomie à des âges différents, plus fatiguée, plus amaigrie dans le retable de l'hospice exécuté à une époque où le chancelier avait environ soixante-six ans, mais reproduisant dans les deux portraits, avec les lignes caractéristiques du visage, un égal caractère d'énergie, de haute intelligence et de vivacité pénétrante. Ces portraits devaient être ressemblants ; c'est bien ainsi que nous comprenons Rolin (1).

Le chancelier fut aussi un grand bâtisseur : il fit élever dans ses seigneuries les châteaux d'Authume, d'Aymeries, bâti dans une île de la Sambre, à quelques lieues d'Avesnes, qui passait pour une des plus fortes places du Hainaut, et dont on retrouve à peine aujourd'hui l'emplacement ; ceux de Savoisy, de Chaseu, de Monety ; l'hôtel de Beauchamp, à Autun, qui fut sa résidence préférée dans les haltes de repos que lui laissait sa vie mouvementée ; son hôtel de Dijon, reconstruit par lui vers 1440, habitation somptueuse et digne en tous points de la capitale bourguignonne et du tout puissant administrateur du duché. Cet édifice, avec ses quatre corps de logis, aux louvres ouvragés et aux tuiles vernissées ; avec ses appartements d'apparat, tendus de tapisseries de Flandre et

---

de Bruges. D'après une autre opinion Van Eyck aurait voulu représenter Lyon.

(1) Bien qu'on soit à peu près unanime pour reconnaître que le portrait du Louvre est celui de Rolin, Clément de Ris (*Revue archéologique*, août 1862), sans le nier, déclare ne pouvoir accepter aveuglément cette hypothèse. Mais la comparaison des deux portraits, la tradition constante, ne peuvent laisser aucun doute sur l'identité de Rolin et du personnage figurant comme donateur dans le tableau offert par le chancelier à la collégiale d'Autun.

garnis de meubles précieux; sa salle des gardes, où se
tenaient les écuyers de service et les archers du chancelier; sa chambre haute ou de « parement »; sa chapelle,
ornée de riches vitraux; sa galerie de dix mètres d'élévation, supportée par un double rang de colonnes et éclairée
par de belles verrières; son jardin planté de rosiers,
« d'amandeliers » et de cerisiers, témoignait du goût artistique, autant que de la magnificence de Rolin (1), noble
demeure, où tant de hauts personnages sont venus solliciter le grand chancelier, ou s'entretenir avec lui des
affaires publiques, et dont il ne reste rien que deux
colonnes de la galerie et le fenestrage ogival de la chapelle.

Mais l'œuvre architecturale de Rolin, dont l'importance
dépasse toutes les autres et qui nous a été conservée
intacte, est l'hôtel-Dieu de Beaune, qui demande une
mention plus détaillée.

L'art de la construction subissait, depuis le quatorzième
siècle, une transformation véritable; le style gothique,
appliqué aux églises, avait atteint son apogée, et il n'était
guère possible d'élever de nouvelles cathédrales sans
se répéter; d'ailleurs, le mouvement de foi, dont l'épa-
nouissement au moyen âge avait produit tant de mer-
veilles architecturales, s'était ralenti, et la puissance de
l'Église, qui avait provoqué, aidé, payé l'érection des
grands monuments religieux, avait diminué avec la
guerre de cent ans. Par contre, les édifices civils avaient
tout à gagner à une modification (2). Quand la fin de cette
longue période de désordres eut ramené la prospérité, on
sentit le besoin de rajeunir ces vieilles demeures féodales,
faites pour se défendre des attaques et pour soutenir des

---

(1) GARNIER. Les deux premiers hôtels de ville de Dijon, *Mém.
de la commission des antiq. de la Côte-d'Or*, t. IX.

(2) V. PIRENNE, *op. cit.*, p. 430.

sièges, et de les remplacer par des habitations plus ouvertes, plus gaies, plus élégantes, plus en rapport avec l'enrichissement des classes bourgeoises. Le style gothique, qui avait créé tant de chefs-d'œuvre dans les monuments religieux, tendit à se laïciser et on commença à l'adapter aux édifices civils. On n'était encore, à la vérité, qu'au début dans cette voie ; mais bien des vieilles demeures, encore aujourd'hui debout sur le sol de France, témoignent de ce renouveau. Deux œuvres sans rivales attestent le génie des architectes, le goût et l'opulence des fondateurs : la maison de Jacques Cœur à Bourges, l'hôtel-Dieu de Rolin à Beaune.

Cette ville de Beaune, si heureusement située au pied des plus célèbres coteaux de la Côte-d'Or, à l'entrée de cette plaine fertile, dont la vue, par-delà les rives de la Saône, s'étend jusqu'aux Alpes, présente, par sa physionomie ramassée, ses remparts encore debout, ses vieilles maisons rappelant tous les âges de son histoire, sa noble collégiale aux merveilleuses tapisseries, par son hôtel-Dieu surtout, un résumé exact de la vie du moyen âge à cette époque de sa transformation. « Ce ravissant palais des pauvres, écrit un voyageur à propos de l'hospice de Rolin (1), avec sa longue façade, son clocher fluet et pointu, sa superbe cour intérieure, ses galeries de bois sculptées, ses lucarnes ogivales aux clochetons dentelés, rappelle, dans son élégante originalité, les édifices municipaux des Flandres ; c'est l'art flamand à sa plus brillante époque, transporté en Bourgogne ; on dirait un fragment de Bruges ou de Malines au pied des collines de la Côte-d'Or. »

Nulle part le souvenir du grand chancelier n'est plus

(1) MONTÉGUT, Souvenirs de Bourgogne.

vivant, ou plutôt de ses œuvres c'est la seule qui subsiste et qui parle de lui; mais Nicolas Rolin et Guigone
de Salins sont encore les maîtres en cette demeure hos-
pitalière : leur nom, leur image, leurs chiffres, leurs
devises, leurs armes sont partout; il semble que, s'ils pouvaient revenir à cette place, ils trouveraient peu de changement dans le costume si gracieux des sœurs toujours
vêtues comme l'était Guigone; dans le mobilier des
malades dont chaque objet a conservé les formes primitives; dans les ferrures délicates et exquises des portes
ouvragées, même dans les curieux ustensiles encore en
usage dans les immenses cuisines (1). En élevant cet édifice dans ses dernières années, le chancelier avait obéi à
un pur sentiment religieux; les hommes de cette époque,
si âpres, si violents, si portés qu'ils fussent aux conseils
mauvais de la convoitise et de l'ambition ou aux satisfactions de la chair, n'en étaient pas moins préoccupés des
angoisses de l'au-delà et du désir de racheter leurs fautes,
ou même leurs crimes, par des sacrifices et des fondations, réparation insuffisante peut-être, pour ceux du
moins qui n'y joignaient pas la volonté de modifier leur
vie, mais toujours inspirée par le sentiment respectable
d'un acte de foi religieuse (2).

Les fondations de Rolin sont nombreuses : dès 1430,
on le voit donner soixante livres de rente pour la chapelle
Saint-Sébastien, à Notre-Dame d'Autun, et fonder deux
anniversaires de pain et de vin pour cinquante livres,
données aux doyen et chanoines d'Autun; en 1443, il

---

(1) Il convient de noter que « Bertrand le Cuisinier », le fameux
tourne-broche de Beaune, œuvre de l'horloger Defresne, ne fut
placé qu'en 1698.
(2) V., entre autres, le testament du duc Philippe le Hardi, édité
par M. Cyprien MONGET, dans sa *Chartreuse de Champmol*.

fonde à Notre-Dame d'Autun une chapelle avec quatre chapelains pour aider le curé et les vicaires, et il stipule que le droit de patronage de la cure appartiendra, sous certaines conditions, à ses héritiers, et spécialement à celui qui demeurera dans sa « maison natale (1) ». En 1450, il érige en collégiale Notre-Dame d'Autun, sa paroisse; et y établit douze chanoines, « avec quatre choriaux et quatre enfants d'aube ». Cette fondation fut autorisée par décret du cardinal évêque d'Autun, et par une bulle du pape Nicolas V. Mais une bulle de Pie II soumit le nouveau chapitre au saint-siège; en 1460, l'évêque, mécontent de voir les chanoines ainsi soustraits à son autorité, les attaqua aussitôt après la mort de son père, arrivée au commencement de cette année; ceux-ci, après de longs procès, perdirent une partie de leurs privilèges, et une transaction n'intervint que le 24 janvier 1693 (2).

Un tableau placé en l'église Saint-Vincent de Chalon indiquait la fondation d'une messe, appelée la *chancelière*, parce qu'elle aurait été fondée par Rolin, ou la *paresseuse*, en raison de l'heure tardive à laquelle elle devrait être dite; aux termes de la fondation c'était quand la grand'messe commencerait au chœur (3). Mais il est probable que cette paresseuse fut fondée par le cardinal Rolin, dont le chapeau ornait les écussons en relief de Rolin et de sa première femme, Marie des Landes; la fondation était faite pour l'âme de feu monseigneur le chancelier, pour Marie des Landes et pour leurs enfants, parents, amis et bienfaiteurs.

Rolin avait été très frappé des misères que la Bour-

(1) D'ARBAUMONT, *Revue nobiliaire*, 1866; ms. fr., t. 31960.
(2) COURTÉPÉE, *op. cit.*, t. II, p. 512.
(3) Bibl. nat., ms. fr., Fontette, 35, fol. 269.

gogne subit pendant les années de l'Écorcherie et partien-
lièrement dans les années 1437 et 1438; dans les villes,
les pauvres périssaient de faim; la peste suivit la famine :
« En l'an 1438 fust grande famine par toute la Bourgogne
et grand faute de vin. Et mouroient les povres gens de
faim par les rues et les champs. Et il fust tant de povres
gens à Beaune, Chalon et Mâcon que les bourgeois firent
maisons communes pour logier les povres; et se tailloient
par septmaine ung chascun, selon sa faculté, pour les
pourventoir. En 1439, il y eut grande mortalité. Et man-
gèrent les laboureurs du pain de glands et de terre; car
on trouva emprès l'église Saint-Martin d'Ostun, une veine
de terre qui semblait argile, de laquelle on faisait du
pain (1). »

Rolin eut la pensée de s'associer, dans la mesure très
large que lui permettait sa richesse, à la charité publique
et de créer une de ces « maisons communes » pour recevoir les malades et les pauvres. Il s'adressa au pape pour
obtenir son autorisation et lui demanda d'attacher des
indulgences à son œuvre. Le 8 septembre 1441, il reçut
de Florence le bref suivant (2) : « Eugène, évêque, serviteur des serviteurs de Dieu, à notre cher fils, Nicolas
Rolin, chevalier, seigneur d'Authume au diocèse de
Besançon, salut et bénédiction apostolique. Le dévouement particulièrement affectueux dont vous avez fait
preuve envers nous et la sainte Église romaine mérite
que nous donnions gracieusement notre assentiment à
vos vœux, surtout à ceux qui tendent à développer le
culte divin et à secourir les pauvres. C'est pourquoi nous

---

(1) *Histoire de l'abbaye de Saint-Martin d'Autun*, BULLIOT, p. 315.
(2) Les pièces relatives à l'hôtel-Dieu de Beaune se trouvent aux
archives de l'hospice. Nous les citons d'après le livre de BOUDROT,
Hôtel-Dieu de Beaune, 1881.

vous accordons, à vous le chancelier de notre bien-aimé fils Philippe, duc de Bourgogne, de construire et de doter un hôpital des pauvres en la ville d'Autun, ou en celle de Beaune. Nous voulons qu'il soit exempt de la juridiction de l'évêque d'Autun, de celle des chapitres d'Autun et de Beaune, et de tontes autres personnes* ecclésiastiques. Nous accordons que la messe puisse être célébrée tous les jours dans la chapelle de cet hôpital, qui jouira en toute sécurité des privilèges, exemptions, immunités, libertés et indults de l'hôpital du Saint-Esprit de Besançon. Nous concédons aux fidèles qui visiteront dévotement ladite chapelle et contribueront à la construction de l'hôpital les mêmes indulgences que gagnaient en leur temps ceux qui visitèrent ledit hospice du Saint-Esprit et contribuèrent à sa construction. »

Rolin avait, en effet, hésité, pour le lieu où devait être placée cette grande fondation, entre sa ville natale, à laquelle le rattachaient tant de souvenirs et toutes ses affections, mais qui était une cité opulente et déjà richement dotée, et Beaune qui avait plus particulièrement souffert des désastres des dernières années et dont la population était à ce moment très réduite et fort misérable. Ces considérations charitables l'emportèrent dans son esprit, et, en donnant à Autun des fondations d'un ordre purement religieux, il réserva à Beaune l'hôpital dont il fit l'œuvre principale de sa charité. Le duc entra dans les vues de son chancelier ; affranchit, par lettres patentes de mai 1442 et 1443, des redevances fiscales le futur hôpital, dont Rolin acheta le terrain au prix de dix-neuf cents livres, et permit que les bois nécessaires à la construction fussent pris dans ses forêts.

Le 4 août 1443, Rolin dicta et signa l'acte de fondation,

écrit en latin et dont voici la traduction (1) : « Moi, Nicolas Rolin, chevalier, citoyen d'Autun, seigneur d'Authume
et chancelier de Bourgogne, en ce jour de dimanche le
4 du mois d'août de l'an du Seigneur 1443, négligeant toutes
les sollicitudes humaines, et dans l'intérêt de mon salut,
désirant par un heureux commerce échanger contre les
biens célestes les biens temporels que je dois à la divine
bonté, et, de périssables, les rendre éternels ; en vertu de
l'autorisation du Saint-Siège, en reconnaissance des biens
dont le Seigneur, source de toutes bontés, m'a comblé,
dès maintenant et pour toujours, je fonde et dote irrévocablement dans la ville de Beaune un hôpital pour les
pauvres malades, avec une chapelle en l'honneur du Dieu
tout-puissant et de sa glorieuse mère Marie, toujours
Vierge, en vénération et sous le vocable du bienheureux
Antoine, abbé. Je fais cette fondation dans les conditions
suivantes : J'érige de mes biens ledit hôpital, sur le fonds
que j'ai acquis, près des halles de monseigneur le duc, du
verger des religieux de Saint-François et de la rivière de
la Bouzaise. Ce fonds que je donne à Dieu pour l'érection
dudit hôpital est, avec tous les édifices qui y sont et seront
élevés, franc, libre et exempt de toute servitude féodale,
et affranchi de toute autre redevance par monseigneur le
duc de Bourgogne. De plus je donne et laisse au Dieu
tout-puissant, pour son honneur et sa gloire, et ceux de
sa très glorieuse vierge-mère et du bienheureux confesseu r
Antoine, dans l'intérêt et pour la fondation de cet hospice,
pour y rendre plus complètes les œuvres de miséricorde
et plus convenable le service divin, je donne mille livres
tournois de revenu annuel, sur la grande saline de Salins,
lequel revenu a été amorti par mon dit seigneur duc et

---

(1) V. BOUDROT.

comte. J'ordonne que ce revenu de mille livres soit distribué de la manière qui suit : c'est-à-dire qu'à partir du
lundi 5 août 1443, chaque jour à perpétuité, à huit heures
du matin, il soit distribué aux pauvres de Jésus-Christ
demandant l'aumône à la porte de l'hôpital, un pain blanc
de la valeur de cinq sous tournois, et qu'à chaque jour de
carême il leur soit donné le double. Cette aumône non
interrompue s'élève à la somme de cent deux francs. Le
reste des mille livres tournois sera employé à l'achèvement de l'hospice et de sa chapelle qui, comme j'en ai
l'intention et l'espérance, seront, avec le secours de Dieu,
terminés dans quatre ou cinq ans. Je promets au Dieu
tout-puissant, à la bienheureuse Marie et à saint Antoine
de faire construire cet hôpital dans des proportions et sur
un plan dignes de sa destination, à mes frais, de le munir
de lits garnis, propres à recevoir les pauvres de Jésus-
Christ, de le pourvoir du mobilier nécessaire, de fournir
sa chapelle de vêtements sacerdotaux, de livres, de calices
et d'autres ornements. Aussitôt que les édifices seront
achevés et complets je veux qu'il soit procédé à la réception des pauvres et à la célébration du service divin.
Chaque jour, dans la chapelle de l'hospice, deux prêtres,
dont je réserve le choix à moi et à mes successeurs, célé-
breront la messe à huit heures du matin. Ils seront chargés
d'administrer les sacrements aux pauvres et à ceux qui
serviront dans ledit hôpital. De même je veux qu'il soit
fait dans l'édifice principal, proche la chapelle, trente lits,
quinze d'un côté et quinze de l'autre, sans compter ceux
qui seront établis à l'infirmerie et partout où il sera besoin.
Je veux que les pauvres enfants des deux sexes soient
reçus, alimentés et soignés, aux frais de l'hôpital, jusqu'à
ce qu'ils soient revenus à santé et capables de faire place
à d'autres malades indigents. Afin que les pauvres puissent

être convenablement servis, j'ordonne que résident, à mes frais, dans cet hospice, des femmes droites et de bonne conduite, en nombre suffisant pour subvenir aux besoins des pauvres. Je veux que cet hôpital, avec ses revenus, soit régi par un Maitre, nommé par moi ou mes héritiers, et révocable à volonté. Il sera tenu chaque année de rendre compte de sa gestion, en présence du maire et des échevins, de moi, de mes héritiers ou de celui que nous déléguerons. Ce Maître recevra chaque année de bonne administration quarante livres tournois de gages (1). Comme quelques-uns de ces articles, à raison de leur trop grande généralité, auront besoin d'être éclaircis, voulant y pourvoir, avec l'aide de Dieu, je me réserve le droit de les interpréter et de les améliorer à l'avantage de l'hôpital. »

En effet, un peu plus d'un an avant sa mort, Rolin donna, le 31 août 1459, les statuts définitifs de l'hôtel-Dieu. Ce sont des modèles de précision, de sagesse et de prévoyance, et le grand chancelier appliqua à l'administration de l'hospice, aux besoins temporels et spirituels des sœurs qui le dirigeaient, aux instructions relatives à la maîtresse des religieuses dont il s'était réservé la nomination, la même hauteur de vues, la même fermeté intelligente, le même soin à n'omettre aucun détail, qu'il avait apportés à la préparation et à la rédaction de tous les actes diplomatiques de sa longue carrière ; c'est grâce à ces prévoyances que la prospérité matérielle et morale de la fondation de Beaune ne fit que grandir au cours des siècles suivants. Le pape Pie II approuva ces statuts dans une bulle solennelle, menaçant de la colère du ciel « ceux

_____

(1) Le premier intendant de l'hospice fut André Duvernoy, homme « plein de sens, de loyauté, de prudhommie et de bonne diligence ».

qui apporteraient à leur application une opposition téméraire ».

On se mit de suite au travail de la construction : le
chancelier fit venir un maître flamand, que l'on croit être
Jacques Wiscrère; au moins c'est ce qui semble résulter
d'un monument contemporain qui donne à cet architecte
le titre de *peractor* de l'édifice. « Le corps de maison du
grand Hostel Dieu de Beaune, lit-on dans une pièce du
temps, a été édifié à la semblance de l'hospital Saint-Jacques, de Valenciennes, bien que celui de Beaune soit en
constructure d'édifice de plus grande magnificence et ait
plus de litz à recevoir malades et povres (1). » Il fallut
huit années pour mettre à exécution cette œuvre monu-
mentale. Les travaux ne furent terminés qu'à la fin de
décembre 1451 : « Le jour de la feste de monseigneur saint
Sylvestre, on a béni la chapelle de l'hospital; la veille on
avait béni le cemetère. » Le 1ᵉʳ janvier 1452, six religieuses venues de Flandre entraient à l'hôtel-Dieu pour
servir les malades, qui bientôt en occupèrent tous les lits.
Le 10 janvier, « le premier trépassé fut enseveli dans le
cemeterre ».

Tel fut le début de cette grande œuvre philanthropique
et religieuse de Rolin, qui s'est perpétuée jusqu'à nos jours
dans « cet admirable hospital de Beaune qui n'a son égal
au monde (2) ».

---

(1) V., pour les détails de la construction, BOUDROT, *op. cit.*, et
ROSSIGNOL, *Histoire de Beaune*. V aussi les inventaires de l'hôpital,
notamment celui de 1501 et le procès-verbal de visite de 1633.
(2) PARADIN, p. 854.

CHAPITRE XIV

MORT DE ROLIN

Derniers jours du chancelier : dispositions suprêmes. — Il meurt à
Autun. — Émotion en Europe. — Mort de Guigone de Salins. —
Les enfants de Rolin. — Conclusion.

Les années s'étaient accumulées sur la tête du chancelier. Les fatigues de son long ministère n'avaient en rien
diminué la puissance et la vivacité de ses facultés intellec-
tuelles, mais avaient affaibli son corps et lui imposaient
le repos. En 1460, âgé de quatre-vingts ans, il donna procuration générale pour toutes ses affaires à Perreau de
Lionne et à Antoine de Vernoys, écuyers (1).

Sa mort fut digne du grand rôle qu'il avait rempli ;
tombé malade dans cette maison d'Autun qui l'avait vu
naître, et où il s'était retiré, il vit venir sa fin avec courage et voulut se mettre en règle avec sa conscience et
avec son souverain : arrivé, écrit l'éminent auteur autunois qui nous a donné ces détails (2), à ce moment
solennel de rendre des comptes à un maitre plus exigeant
que le duc de Bourgogne, il ordonna les restitutions
qu'exigeait sa conscience. Il fit rendre des prés et des maisons qu'il avait acquis par procès ou d'une façon qui lui

(1) Bibl. nat., ms. fr., t. 31960. Cette procuration fut donnée par
lettres passées sous le scel de l'abbaye de Vezelay.
(2) BULLIOT, *Société éduenne*, t. X.

semblait contraire à la justice. Peu de jours avant sa mort, il fit venir auprès de lui deux notaires d'Autun, Jean d'Aigue-Morte et Guillaume Barbier, et, en présence de Guigone de Salins et de son fils le cardinal, il rappela les recommandations qu'il avait déjà faites et voulut qu'elles fussent consignées de nouveau comme acte de dernière volonté ; il se préoccupa d'œuvres commencées ou projetées par lui, le chapitre de l'église de Notre-Dame, l'achèvement de son église et du cloître qu'il destinait aux chanoines, la construction d'une maison pour le maître des enfants de chœur ; il insista sur le paiement scrupuleux de deux mille francs de rente affectés à la fondation du chapitre de l'église Notre-Dame ; il légua à « la librairie » de celle-ci tous ses livres en latin, quelque part qu'ils fussent ; il énuméra les dons particuliers à faire aux membres de sa famille, le payement de ses écuyers, gentilshommes, archers, pages, valets et autres ; et pria sa femme et son fils de faire du bien à tous et de doter quelques jeunes filles qu'il leur recommanda ; il affecta « sa salière d'or et de cassidoine, ornée de perles et de ballois à un ciboire et repositoire de *Corpus Domini* pour être suspendu sur le grand autel de l'église Notre-Dame d'Autun ; sa coupe d'or, du poids de deux marcs, sa chaîne, du poids de trois et demi, à la confection d'un calice » pour cette même église, à laquelle il donna encore une image de Notre-Dame, du poids de trente marcs, avec une couronne d'or, depuis peu commandée à la Motte-lès-Arras, tous les draps d'or et de soie, les orfrois qu'il avait reçus récemment de Flandre, pour être affectés aux vêtements sacerdotaux ou à la décoration de l'église, « et semblablement porte l'acte testamentaire, avons donné, quitté et remis au révérend père en Dieu, notre tres cher fils, les sommes d'or à lui prêtées : c'est à savoir, à son premier voyage de **Rome**, mille écus d'or ; à son second, deux mille cinq cents écus d'or, et depuis deux mille écus d'or, ainsi que ledit révérend père en Dieu soit enclin à prier et faire prier Dieu pour le remède de notre âme, et pour certaines autres raisons, causes et considérations à ce nous mouvant et derechef lui donnons quittance ». Il n'oublia pas l'hôpital de Beaune : « Je lui ai donné, dit-il, largement le sel, mais je n'ai pu le pourvoir de blé. J'aurais désiré pour cela le doter de mille autres livres, mais le Seigneur ne m'en a point accordé le temps ; donnez autant que vous le pourrez à nos frères les pauvres, car donner à l'indigent, c'est prêter à Dieu qui nous le rendra dans son saint paradis. »

La rédaction de ces dispositions dernières occupa Rolin pendant deux jours. Il les signa le samedi 16 janvier 1461, à onze heures avant minuit. Il avait réglé tout ce qui concernait sa fortune et ses affaires personnelles.

Il songea ensuite à ce qu'il devait au duc et à la transmission de ses pouvoirs de chancelier : depuis près de quarante ans, les sceaux étaient entre ses mains et il en n'en avait fait usage que pour la gloire du souverain et la grandeur de son pays ; l'heure était venue de s'en séparer et de les remettre à celui qui les lui avait confiés. Le mourant manda à son chevet le chapitre de la cathédrale, et, en sa présence, enferma le sceau ducal dans une triple boîte sur laquelle il fit apposer le sceau capitulaire ; puis on rédigea un procès-verbal constatant la remise des insignes de son pouvoir au cardinal d'Autun, chargé par lui de les faire remettre au duc. Il prescrivit les mesures à prendre pour la sûreté du précieux dépôt, qu'une escorte de « cinquante cavaliers armés jusqu'aux dents » dut accompagner jusqu'à sa lointaine destination.

Rolin était désormais en règle avec tous ; son intelli-

gence et sa parole, qui lui furent conservées jusqu'à sa
dernière heure, ne furent plus consacrées par lui qu'à sa
préparation à l'éternité. Son fils le cardinal, écrit Chastellain, « lui donna toute absolution de paine et coulpe,
telle que le pappe, et l'assista vaillamment de la foi jusques au dernier article du passage, là où il le laissa en la
main de Dieu, son père, lequel en fit son plaisir et sa
miséricorde ». Il s'éteignit le 18 janvier 1461.

Avec l'esprit de prévoyance qu'il appliquait à toutes
choses, Rolin avait réglé lui-même ses funérailles; dans
la crainte d'une inhumation précipitée, il avait demandé
que son corps fût gardé trois jours et trois nuits avant
d'être enseveli. Il fut placé sur un lit de parade, « revêtu
d'une robe de velours noir, fourrée de martre, son cha-
peron en gorge, le chapeau sur la tête, ses housseaux
chaussés, avec ses éperons dorés, l'épée ceinte au côté,
et sa dague de l'autre (1) » et il resta exposé, pendant le
temps prescrit par lui, jusqu'à ses funérailles, qui furent
dignes du rang qu'il avait tenu.

Il fut inhumé dans sa chère église de Notre-Dame
d'Autun. On plaça sur le lieu de sa sépulture une « table »
de cuivre, sur laquelle il est représenté en costume de
chevalier, avec sa femme auprès de lui; on y grava leurs
armes avec cette inscription : *Cy gisent nobles personnes
messire Nicolas Rolin, chevalier, seigneur d'Authume, et dame
Guigone de Salins, sa femme, patrons de l'église de céans et
lesquels ont fondé les sept heures canoniales, messes et autres
divins offices, et trespassèrent, à scavoir ledit messire Nicolas
le dix-huitième jour de janvier mil quatre cent soixante et un,
et la dicte Guigone le..... jour du mois de.... l'an mil.....
Priez pour eux.*

(1) Courtépée, t. II.

Guigone de Salins ne vint pas partager la sépulture du
chancelier. Elle se retira à Beaune et y habita une maison
appartenant au chapitre de l'église Notre-Dame. Quels
motifs la décidèrent à quitter Autun? Eut-elle des difficultés avec le cardinal, son beau-fils? Cela est probable;
car on voit, peu de temps après la mort de Rolin, le droit
de patronage sur l'hospice contesté à sa veuve et reven-
diqué par le cardinal. Un procès qui ne dura pas moins
de sept années se termina par un arrêt du parlement de
Paris reconnaissant le droit de Guigone.

La chancelière donna à l'hospice huit cents écus d'or,
du vin, des ornements, un reliquaire d'une grande
richesse et d'un travail merveilleux. Puis, selon l'expression d'un auteur, elle se donna elle-même : elle
revêtit la robe des religieuses, se réduisit à la nourriture
des pauvres, et vint occuper une chambre de l'hôpital, où
elle mourut le 24 décembre 1470.

Elle fut inhumée devant le maître autel de la chapelle
de l'hospice, lieu choisi par elle pour sa sépulture. Les
grandeurs au milieu desquelles avait vécu Guigone de
Salins n'avaient sûrement pas compensé bien des désil-
lusions de sa vie intime; comme sa souveraine, Isabelle de Portugal, elle finissait ses jours dans un monas-
tère, cherchant dans le détachement de tout son passé,
dans le culte de sa foi religieuse, dans la pratique des
plus austères vertus, un titre à la miséricorde d'en haut,
pour elle et pour celui par qui elle avait plus d'une fois
souffert et qu'elle n'avait sûrement jamais cessé d'aimer;
les soins dont elle entoura ses derniers jours témoignent
hautement de cette fidélité d'affection.

Philippe le Bon apprit avec un chagrin véritable la
mort de son chancelier; c'était un avertissement pour
lui, qui approchait aussi des limites de la vie; c'était,

malgré les changements survenus, un vide difficile à
combler; c'était surtout la rupture d'habitudes vieilles
de quarante années, de liens étroits, de souvenirs de tout
un règne.

L'entourage du duc hésitait à lui apprendre la nouvelle; Philippe était alors à Bruges, malade lui-même et
alité; il savait Rolin malade et il devina, à la contenance
des assistants, qu'un malheur était arrivé. Il demanda à
l'évêque de Tournai, qui était près de son lit, s'il était
vrai que le chancelier fût mort. L'évêque, embarrassé,
répondit : « Monseigneur, qui peut vous mouvoir à
m'adresser cette question? En vérité, il est bien mort,
car il est si vieux, si cassé, qu'il ne peut plus guère vivre.
— Je ne demande pas cela, reprit le duc, je demande s'il
est mort et trépassé. » L'évêque, voyant que toute dissimulation était impossible, ne put que répondre : « Oui,
Monseigneur, il est mort. » Alors, Philippe, « levant ses
bras dessous ses couvertures », joignit les mains et s'écria
avec l'accent d'une douleur profonde : « Puisqu'il en est
ainsi, ô Dieu, mon créateur et le sien, je vous conjure de
lui pardonner ses fautes. » Pour le duc malade, ajoute le
chroniqueur, « ce sembloit comme de son chancelier mort,
proprement que mort même le venoit menacer, lequel
chancelier avoit été le chef de son sens et de sa conduite »
et de qui il tenait « l'honneur, la félicité et la gloire qu'il
avoit eus dans ce monde (1) ».

Un autre chroniqueur constate ces mêmes sentiments
de regret sincère : « Le noble duc Philippe print en si
grand déplaisir la mort de son bon serviteur Rolin, et
meslant à cela certains regrets qu'il concevoit pour les
querelles, qu'il voyoit naître entre ses neveux, le comte

(1) CHÁSTELLAIN, t. IV, p. 216.

de Nevers et d'Estampes, et son seul et légitime fils, le comte de Charollois, au moyen des seigneurs de Croï, qu'il tomba en extrême maladie. Le bon duc, avec les dévotes prières que le peuple faisoit pour sa santé, revint à la convalescence. Mais il ne fut plus si ferme qu'il étoit auparavant (1). »

La mort du chancelier eut son retentissement dans toute l'Europe et dans toutes les chancelleries, encore pleines de son souvenir. Les chroniqueurs et les écrivains du temps signalèrent comme une nouvelle considérable une mort qui, d'ailleurs, selon l'ordre des choses humaines, devait être si vite oubliée (2).

Un an après, la veuve et les enfants de Rolin obtenaient du duc, par lettres patentes des 7 et 8 mai 1462, de prendre possession des biens qui leur étaient échus par le décès du chancelier, « chacun pour sa part, et portion de succession », et, en attendant la foi et hommage qu'ils prêteront pour les terres situées « dans ses pays de Bourgogne », les héritiers devront faire le « serment de féaulté ès mains des baillis où sont situées lesdites terres (3) ». Enfin, un service anniversaire, « une offerte », fut célébré au mois de mars de la même année à Autun.

Le chancelier « avoit fait ses fils riches de grandes seigneuries et ses filles maria moult noblement (4) ». De son mariage avec sa première femme, Marie de Landes, il eut trois fils et une fille (5). Guillaume, l'aîné, dont nous avons mentionné le mariage et rappelé les aventures

---

(1) PARADIN, p. 854.
(2) V. la dernière strophe d'une épître à Philippe le Bon, CHAS-TELLAIN, t. VI, p. 166.
(3) Bibl. nat., collection de Bourgogne, t. 107, p. 200 v° et 23.
(4) Bibl. nat., ms. fr., Fontette, 35, fol. 272 v°.
(5) Sur les enfants de Rolin, voir D'ARBAUMONT, op. cit. BOULLE-MIER, *Mémoire sur le chancelier Rolin.* BIGARNE, op. cit.

judiciaires survenues après la disgrâce de son père, était chevalier, grand bailli d'Autun, seigneur d'Oncourt, Beauchamp, Villiers, Beaulieu, Ricey, Perrigny en Montagne, Corcelles, Sainte-Colombe, Vaugimois. Olivier de la Marche cite son nom parmi ceux qui joutèrent à la fête donnée pour le mariage de Jean de Salins avec une bâtarde du duc de Bavière, et parmi les chefs des trois cents Bourguignons que le maréchal de Bourgogne conduisit en 1452 à Courtrai par ordre du duc pendant la guerre contre les Gautois. On a vu les circonstances qui décidèrent son mariage ; sa femme Marie de Lévis-Couzan, dame de Bragny, était sœur du cardinal d'Arles. Il est probable qu'après la mort de Charles le Téméraire Guillaume Rolin, disgracié, on l'a vu, par ce prince, rentra en possession de ses biens ; car il mourut dans ses terres de l'Autunois, le 15 mai 1488. Son épitaphe, placée dans l'église de Notre Dame d'Autun, porte : *Ci gist dessoubs cette grande tombe le féal chevalier Guillaume Rolin, seigneur de Villiers et de Beau champs, conseiller de Monseigneur le duc de Bourgogne, fondateur et patron de cette église Notre-Dame, lequel trépassa le ... jour de ...* MCCCC... *et aussi dame Marie de Levis, sa compaigne qui trépassa le... jour du mois de...* MCCCC... (1).

Antoine Rolin, second fils de Marie des Landes, chevalier, chambellan du duc, maréchal, successivement grand veneur héréditaire du Hainaut, grand bailli et capitaine général de cette province, seigneur de Chérisy, de Fortel, de Boubers (2), d'Aymeries, Raismes, Fontaine-lès-Dijon, etc., épousa Marie d'Ailly, qui, à la mort de Guigone de Salins, prit possession, au nom de son mari, du patronage de l'hôtel-Dieu de Beaune. Antoine Rolin résida

(1) Pour sa descendance, ms. fr., t. 29017.
(2) Bibl. nat., ms. fr., 31960.

dans ses seigneuries de Flandre. Il fonda la Chartreuse de Marly, près de Valenciennes. Olivier de la Marche le cite parmi les seigneurs qui, au pas d'armes de l'arbre de Charlemagne « s'amusèrent à jouter pour apprendre le métier ». Fait chevalier par le comte d'Étampes, en 1451, il était à la bataille de Nivelle, et on le voit, en 1454, assister, avec le chancelier, au contrat de mariage de Guigone Bouton et de Jacques de Montmartin. Favori du comte de Charolais, il fut l'occasion de la brouille de ce prince avec Philippe le Bon. A la mort de Philippe, il reprit son rang à la cour du nouveau duc, fut fait prisonnier à la bataille de Montlhéry, et Olivier de la Marche l'accuse même de s'être enfui avec quelques autres. Après la mort de Charles le Téméraire, il prit le parti de Marie de Bourgogne et de Maximilien. Pour le punir, Louis XI confisqua ses seigneuries de Bourgogne et les donna à Jacques de Luxembourg. Antoine Rolin mourut à Aymeries le 4 septembre 1497.

Jean Rolin, le troisième enfant du chancelier, naquit en 1408 et eut pour parrain Jean Sans Peur. Destiné de bonne heure à l'état ecclésiastique, dont il n'avait aucune des vertus, il était à vingt-deux ans chanoine et archidiacre d'Autun : de haute intelligence, magnifique comme son père, avide comme lui d'agrandir sa fortune et sa situation, de mœurs légères (1), il fut successivement docteur en droit canonique et civil, prieur de Saint-Marcel, conseiller du duc, évêque de Chalon en 1431. Il échangea en 1436 ce siège contre celui d'Autun, et le pape Nicolas V, à la prière de Philippe le Bon, le créa cardinal le 13 janvier 1449. Bien qu'accablé de préla-

---

(1) V. d'Arbaumont, op. cit. V. aussi dans Garnier, Correspondance de la Mairie de Dijon, p. 77, la querelle du cardinal Rolin avec les Jacobins de Dijon.

tures, il s'empara, en 1451, de l'abbaye de Saint-Martin d'Autun, important bénéfice; mais il ne remplit aucun des nombreux emplois religieux dont il était titulaire. Se trouvant à la cour de Philippe le Bon en même temps que le dauphin Louis, il fut le confesseur de ce prince; mais son attachement à la maison de Bourgogne, après la mort de Charles le Téméraire, lui valut, à la fin de sa vie, les plus mauvais procédés de son redoutable pénitent. On peut citer de lui des lettres données le 19 janvier 1482 aux habitants d'Orléans pour célébrer, le 8 mai, une fête annuelle en l'honneur de Jeanne d'Arc. Très généreux, il consacra une partie de ses grands revenus à la restauration d'édifices religieux; il construisit notamment le clocher et le chevet de la cathédrale d'Autun, et enrichit cette église et celle de Chalon d'objets d'art religieux et de meubles précieux. Il fit transporter le corps de la reine Brunehaut à l'abbaye de Saint-Martin et lui fit élever un tombeau (1). Il mourut le 20 juin 1483 à Cravant, près d'Auxerre, et fut inhumé dans la cathédrale d'Autun. Son tombeau, détruit en 1793, portait cette épitaphe :

HIC JACET CADAVER

JOANNIS ROLIN, TITULO SANCTI STEPHA

NI CARDINALIS, HUJUS SANCTAE ECCLE

SIÆ EPISCOPI, CUI PRŒSEDIT PER ANNOS XLVII

ANIMA EJUS REQUIESCAT IN PACE

Philippote Rolin était fille du chancelier et de Marie des Landes, et non pas de Guigone de Salins, comme

(1) On a retrouvé récemment dans une chapelle construite par lui dans la collégiale de Beaune, sous un épais badigeon, des fresques dues évidemment à sa libéralité; il y est, en effet, représenté, avec l'inévitable chien qui accompagne tous ses portraits :

certains auteurs l'ont cru (1). Son contrat de mariage portait, en effet, qu'elle renonçait à la succession de « feue
demoiselle Marie des Landes, sa mère ». Rolin constitua
à sa fille une dot de quatre mille livres. Elle épousa en 1427
Guillaume d'Oiselet, seigneur de la Villemur (2), gouverneur de Beaune, châtelain de Pommard et de Volnay.
Le château d'Authume, dont elle hérita de son père,
passa, après elle, aux Bouton et à Philippe Chabot, amiral
de France. Devenue veuve, Philippote Rolin vint finir ses
jours à l'hôtel-Dieu de Beaune, dans la chambre où était
morte sa belle-mère Guigone de Salins et « usa le reste
de son âge au service de Dieu et des pauvres », surtout
« des griefs malades ». Une fondation de cette fille de
Rolin du 14 décembre 1483, conservée aux archives de
l'hôtel-Dieu de Beaune, mérite d'être rappelée : « Considérant qu'il n'est chose plus certaine que la mort, et plus
incertaine que l'heure d'icelle, et que chacun bon catholique doit disposer, avant qu'il décède de ce siècle dans
l'autre, des biens que Dieu lui a donnés et prêtés, afin
d'évader le vice d'ingratitude, et aussi qu'on ne peut faire
chose plus plaisante et agréable à Dieu, nostre Père et
benoist Créateur, que de prier pour les trepassez et
accomplir les œuvres de charité et de miséricorde. Pour
ce est-il que, méhue de dévocion, affin d'estre de plus en
plus participant ès grands mérites et œuvres de charité
qui journellement se font au grand hôtel-Dieu, fondé ...
par feu de très bonne et noble mémoire et mon très
honoré et redoubté seigneur et père, monseigneur Nicolas

V. la légende relative à ce chien, *Nouvelle Biographie universelle*,
Paris, Didot, 1853, t. XLII, v° *Rolin.*
(1) D'ARBAUMONT.
(2) Bibl. nat., ms. fr., 31960. Voir la quittance de Richard d'Oiselet, père de Guillaume, reconnaissant avoir reçu, pour son fils,
mille francs sur les quatre mille.

Rolin et dame Guigone de Salins, jadis sa femme et compaigne, ma feue belle-mère, dont Dieu ayt les âmes, je donne huict francs de rente, monnaie courante, sur une maison, rue Dijonnaise, à condiction que sera célébrée chacun vendredi, à l'autel Sainete-Croix, en l'Enfirmerie des griefs malades, une messe de la Croix, ou autre, selon que le jour le requerra, pour le remède de mon âme, de mes prédécesseurs et successeurs, à la consolation des povres malades. » Philippote Rolin fut inhumée dans le chœur de la chapelle de l'hôpital, près de la tombe de sa belle-mère Guigone de Salins, dont elle avait suivi les exemples et imité les vertus.

De son mariage avec Guigone de Salins, Rolin eut trois enfants :

1° Louis, chevalier, seigneur de Prusilly, qui embrassa la carrière des armes et fut tué à la bataille de Granson ;

2° Louise, femme de Jean, seigneur de Châteauvilain, qui mourut le 16 août 1497 (1).

3° Claudine, qui naquit en 1412. Elle reçut en mariage, de son père, la terre de Virieu-le-Grand, que le chancelier, on l'a vu, avait eue en fief du duc de Savoie. Elle épousa en premières noces, le 5 novembre 1447, Jacques de Montbel, chevalier, comte d'Entremonts et de Montbel, conseiller et chambellan du dauphin et du duc de Savoie (2), et en secondes noces Antoine de la Palud. Elle survécut à son mari et mourut sans enfants à Bourg en Bresse en mai 1512, âgée de cent ans.

A côté de cette postérité légitime de Rolin, il convient de rappeler d'abord l'existence de son fils Nicolas, fait

---

(1) Nous indiquons cette filiation d'après un texte des ms. fr., Bibl. nat. 29017. D'Arbaumont pense que Louise, dame de Châteauvilain, n'était pas fille, mais petite-fille du chancelier.

(2) GUICHENON. *Hist. de Bresse*, 3ᵉ part., p. 169.

prisonnier, on l'a vu, par les partisans de René d'Anjou,
dont il n'est pàs fait mention à la mort du chancelier et
qui probablement disparut avant lui, et de signaler sa
postérité naturelle, en indiquant seulement le nom de
ceux de ses bâtards légitimés par lettres patentes du roi,
légitimations déshonorantes autant qu'ordinaires à une
époque qu'un auteur a nommée un siècle de dissolution
morale (1), mais dont un autre siècle, appelé grand, a
connu le scandale peut-être encore plus cynique : Girard,
qui fut bailli du Màconnais, et Marguerite Rolin furent
légitimés en 1440; Antoine Rolin, qualifié archidiacre
d'Autun, reçut sa légitimation en 1442 (2), et Louis Rolin
en novembre 1449 (3).

Peu de destinées furent aussi unies que celles du duc
Philippe de Bourgogne et du chancelier Nicolas Rolin;
dans un but commun de gloire et de puissance, le ministre
prodigua sans relâche toutes les ressources de son génie
d'administrateur, de légiste et de politique, et, en échange,
reçut du prince fortune et honneurs; leurs noms sont à
jamais associés dans l'histoire; il semble même que cette
communauté de destinée, à peine troublée dans les
derniers jours, se soit perpétuée dans la mort. Dix ans à
peine s'étaient écoulés depuis le jour où le fils de Philippe
était monté sur le trône paternel, et avec lui avait disparu
ce grand duché d'Occident « qui valait un royaume (4) ».

Quelques années plus tard, rien ne restait davantage
de cette dynastie des Rolin, si solidement établie par son

---

(1) Vallet de Viriville.
(2) Bibl. nat. collection de Bourgogne, t. 51, p. 259 v°.
(3) Beaucourt, t. V, p. 231.
(4) D'Arbaumont, op. cit.

chef dans les grandes alliances et les hautes fonctions. Le nom du chancelier était éteint, comme celui de la maison de Bourgogne que Rolin avait contribué à faire si grande : la fortune démesurée de cette dynastie s'est misérablement écroulée auprès du cadavre « piteusement navré » trouvé dans les étangs de Nancy; l'œuvre politique de Rolin eut le même sort; tout a péri de ce qu'il avait tenté pour la grandeur de son maître et presque en même temps tout ce qu'il avait amassé pour les siens, son opulence, les titres, les alliances de ses enfants, tout avait disparu. De tant de demeures somptueuses élevées par lui, rien ne subsiste que des vestiges sur des emplacements incertains, *etiam perierunt ruinæ;* rien, sinon celle qui consacra sa meilleure pensée et qui fut comme le monument expiatoire des fautes de son passé. Le prince et le ministre subirent l'un et l'autre cette loi inéluctable de la fortune des États comme des particuliers, qui leur fait expier par la durée éphémère de leur prospérité les abus et l'absence de mesure qui ont contribué à leur élévation.

Mais il n'est que juste de constater, à la gloire du grand ministre et du souverain, qu'à côté de la ruine de l'édifice extérieur et fragile qu'ils avaient construit, l'empreinte qu'ils ont marquée dans les institutions et dans la vie des nations par eux réunies et gouvernées s'est perpétuée et agrandie : dans les Pays-Bas comme en Bourgogne, la réforme administrative et judiciaire entreprise par Rolin et par Philippe le Bon a survécu plusieurs siècles à ses auteurs, en se pliant, à chaque génération et à chaque besoin nouveau, aux améliorations nécessaires. Selon les expressions d'un auteur (1), ses effets furent aussi rapides

(1) Pirenne, *op. cit.*, p. 358.

que bienfaisants; « entreprise bien moins pour lutter contre le passé que pour répondre aux besoins du présent, elle a respecté dans ses traits essentiels ce qui existait avant elle. C'est dans le vaste domaine resté en dehors de l'administration rudimentaire du moyen âge qu'elle s'est surtout manifestée. Organiser l'action publique, l'appel, le contrôle et la surveillance des fonctionnaires, tel est par excellence le rôle qui lui fut départi », et c'est le rôle dont se sont inspirés les successeurs de la dynastie bourguignonne en développant l'application de ces conceptions nouvelles dans les États auxquels le génie du fondateur les avait destinées.

Rolin et Philippe avaient devancé leur temps : le ministre avait senti et fait comprendre à son maître que l'heure était venue où « les distractions violentes, l'ignorance et la paresse providentielle de la noblesse d'épée devaient laisser tomber la justice dans les mains patientes des clercs et des légistes; où les progrès de la prudente et laborieuse bourgeoisie devaient amener la fondation de ces assemblées permanentes (1) », de ces conseils, de ces parlements, « où la justice fut désormais la même pour tous ». Cette partie de l'œuvre du chancelier, celle-là est féconde et sans tache, s'est perpétuée dans son principe et dans ses grandes lignes et, à ce titre, elle a marqué largement sa place dans l'histoire de la civilisation.

---

(1) Rousse, *Avocats et Magistrats*, p. 276.

TABLE DES MATIÈRES

PARIS. — TYP. PLON-NOURRIT ET Cⁱᵉ, 8, RUE GARANCIÈRE. — 5017

Lightning Source UK Ltd.
Milton Keynes UK
UKHW02f0621130818
327150UK00008B/224/P